창조적 기억

창조적 기억

창조와 상기의 힘

미나토 지히로 지음/ 김경주 · 이종욱 옮김

논형

일러두기

1. 일본어를 비롯한 외국어는 현행 '외래어 표기법'을 따랐다.
2. 원주는 각 장별주로, 역주는 최소한으로 본문에서 처리하였다.
3. 원주의 해설부분은 한국어로 옮겼으나 참고문헌은 일본어 저서, 일본어 번역서 및 원서명을 표기했다.
4. 원서에는 부호 ' ', " ", 〈 〉, 「 」, 『 』 등이 불규칙적으로 쓰였는데 한국어로 옮기면서 강조일 경우에는 ' '로, 인용구나 문장은 " "로, 논문 등은 〈 〉로, 단독의 저서나 작품 등은 《 》로 통일하였다.

그러나 푸네스는 포도나무에 달려 있는 모든 잎사귀와 가지와 포도알의 수를 지각한다. 그는 1882년 4월 30일 새벽 남쪽 하늘에 떠 있던 구름들의 형태를 기억하고 있었다. 그는 기억 속에서 그 구름과 단 한 차례 본 스페인식 장정의 어떤 책에 있던 줄무늬들 그리고 께브라초 무장 항쟁이 일어나기 전날 밤 네그로강에서 노가 일으킨 물결의 모양을 비교할 수 있었다. 그러한 기억은 간단한 게 아니었다. 하나하나의 시각적 이미지는 근육, 체온 등에 얽힌 이미지와 연계되어 있다.

호르헤 · 루이스 보르헤스, 〈기억의 천재 푸네스〉, 『픽션들』,
황병하 옮김, 민음사, pp. 183~4

프롤로그
기억의 생성론

기억이란 무엇인가.

이 물음에 답하기에 앞서 우리는 자신의 기억에 의지해야 함에도 그 기억이 얼마나 미덥지 못한 것인가도 알고 있다. 이 점 때문에 책을 집필하는 내내 수없이 많은 고민을 했다.

그럼에도 기억의 문제가 향후 21세기에 걸쳐 실로 다양한 분야에서 그 어떤 것보다 흥미로운 주제가 되리라 확신한다. 우선 기억은 뇌 연구 분야의 최대 수수께끼여서 기억의 메커니즘을 모르고서는 사고나 판단, 운동 메커니즘도 알 수 없다. 의식을 탐구하는 데에도 기억의 해명이 필요하다. 우리가 자기 자신을 의식하는 것은 이전의 자신의 상태를 기억하고 전후관계를 감지할 수 있기 때문일 것이다.

개인의 기억만이 아니다. 유럽에서는 2차 세계대전 50주년을 계기로 사회적 기억에 대한 현실이 공론화 되었는데, 그 질문은 현 세계가 동일하게 공유하는 관계를 어떻게 다룰 것인가라는 물음이 가로놓여 있다. 이 질문에 대해 독일과 일본에 대한 비교가 이루어진 것도 기억이 과거만이 아닌 현재와 미래에 관계한다는 인식이 자리 잡고 있기 때문이다.

더욱이 기억은 급속도로 발달하는 산업이나 기술에서도 현실적인 문제다. 기억장치의 양적·질적인 개량이 통신기술과 손잡고 사회의 전자정보화를 단숨에 밀어붙이고 있다. 정보네트워크의 폭발적인 성장은 그 변화의 일부에 지나지 않는다. 전자적인 기억계는 우리가 예상치 못한 형태로 사회의 존재방식을 전면적으로 바꾸어버릴지 모른다. 어쩌면 자신의 부정확한 기억에 대해 고민할 필요가 없는 날이 언젠가 올 수도 있지 않겠는가?

*

이 책은 그러한 기억의 문제에 대해 인간의 창조활동의 현장에서 접근하려는 시도다. 필시 기억이라는 현상을 창조적인 측면에서 살피려는 시각은 아직 일반적이지 않을 것이다. 우리는 대개 과거의 기억이란 흡사 컴퓨터 메모리가 그러하듯이 뇌의 어딘가에 저장되어 있다가 필요에 따라 불러낼 수 있는 것이라 여기곤 한다. 어쨌든 기억이 어딘가에 코드화된 이미지로 존재한다고 보는 것이 상식적인 견해일 것이다.

이 통념에 대해 이 책은 그런 식의 기억은 존재하지 않는다는 입장이다. 상식적인 기억의 시각을 '기억의 존재론'이라 한다면, 이 책에서 시도하는 바는 '기억의 생성론'이라 하겠다. 인간의 기억은 문자나 숫자, 신호처럼 각인되어 보존되는 기록이 아닌 우리가 살아 있는 모든 순간에 제각각 변화하여 출현하는 것이다. 기억의 집적이라기보다 하나의 동적인 시스템인 것이다.

창조란 어떤 형태의 출현에 관여하는 행위다. 그 형태는 살아 있는 동안의 모든 순간에 끊임없이 변화한다. 하기야 기억을 존재가 아닌 생성으로 다루려는 방식이 생경할 것이다. 그러나 예술적인 창조의 세계에서는 기억의 동적 성격을 다양한 표현활동의 하나로 인식 가능하다. 이미 마르셀 프루스트Marcel Proust는 한 잔의 홍차 찻잔 속에서 기억의 대가람大伽藍이 출현하는 모습을 묘사한 바 있다.

이 책이 인간의 창조행위, 특히 예술적인 창조활동을 화제의 중심에 놓은 이유는 기억의 동적인 성격을 밝히고 싶었기 때문이다.

*

1장에서는 역동적인 시스템으로서의 기억의 활동을 신경세포 차원에서 개관한다. 중심이 되는 것은 1970년대 말에 제창된 이른바 신경세포 군도태설이라 불리는 견해다. 제럴드 에덜먼Gerald M. Edelman이 뇌의 활동도 자연도태에 따른다고 주장한 도전적인 이론으로 적지 않은 논란을 일으켰다. 지금은 이를 뒷받침하는 실험적인 논증이나 이론들이 꾸준히 증가하는 추세다. 신경 차원의 기억에 대해 이 책의 입장은 기억이 신경세포군의 연속적이면서도 역동적인 변화로부터 출현한다고 보는 것이다. 그러한 전제에 입각하여 이 장에서는 특이한 기억을 가진 화가나 기억술사의 예를 고찰한다.

2장에서는 기억이 구체적인 제작활동에 어떻게 관여하는지를 관찰한다. 조각가 알베르토 자코메티Alberto Giacometti, 화가 샤를 마통Charles Matton, 비디오 아티스트 빌 비올라Bill Viola가 등장하는데 이들의 표현이나 시대는 물론 지명도도 크게 다르기는 하지만 하나같이 작품 제작과정에서 기억이 본질적인 역할을 다하고 있음을 확인할 수 있을 것이다.

기억은 창조의 축이다. 『뉴런적 인간Neuronal Man: The Biology of Mind』으로 전 세계에 충격을 안긴 신경분자생물학자 장 피에르 샹제Jean-Pierre Changeux는 모든 창조는 진화라고 단언한다. 앞의 세 예술가의 활동을 살펴보면 기억은 창조고 창조는 기억임을 확인하게 된다.

3장에서는 20세기 인간 기억의 존재방식에 커다란 영향을 끼친 '사진'에 대해 살펴볼 것이다.

이 대목에서는 사진 작업을 하는 나 자신의 경험도 반영될 것이다. 우선 포토그래피 기술의 탄생 배경을 조망하고 19세기 전반 영국의 폭스 탤벗William H. Fox Talbot이 사진술을 발명했을 때 그것이 어떤 형태로 기억과 연결되어 있었는지를 생각한다.

사진은 태어났을 때 이미 그때까지 철학이나 문학이 키워낸 문화로서의 기억 속에 자리를 잡고 있었다. 이 같은 현상은 우리와 동시대를 사는 한 사진가의 활동에서도 목격할 수 있다. 시인 파블로 네루다Pablo Neruda와 조국 칠레에 대한 추억으로 사는 사진가 루이스 포와로Luis Poirot의 역경을 통해 우리는 이미지의 생성에서만 나타나는 기억의 모습을 인식하게 된다. 사진의 발명 이래 한 세기 반 이상에 가까운 빛의 경험은 21세기를 사는 사람들에게도 유무형의 영향을 미칠 것이다.

이상, 개인에 대한 기억의 존재방식을 살펴본 뒤 4장에서는 사회적 차원의 집단적 기억에 대해 역시 동적인 측면에서 검토해보고자 한다. 앞서 밝힌 바대로 20세기말의 사회에 역사와 기억의 문제는 본질적이다. 우선 고대와 중세를 거쳐 현대에 이르는 '기억의 역사'를 개관하고 '기억으로서의 역사' 대신에 '상기로서의 역사'를 제안할 것이다. 상기함으로써 우리는 과거에 일어난 모든 일을 현전現前하게 된다. 과거를 생성시킴으로써 역사를 살아 있는 것으로 만드는 시도를 사진과 영상을 통해 살펴볼 것이다.

그리고 마지막 장에서는 인간문명을 지탱하고 있는 언어에 대해 기억의 생성론이라는 입장에서 분석하고자 한다. 언어적 다양성이 20세기말에 직면한 위기적 상황을 관찰하면서 인간이 지니고 있는 '상기하는 힘'에서 가능성을 보고 싶다. 핵심적인 이미지는 바벨탑이다.

*

이상과 같이 이 책에 등장하는 예술가나 과학자는 일반적으로 친숙하지 않은 이름이 많을 것이다. 통상 예술가라 할 수 없는 사람도 다수 나온다. 잉크의 농담濃淡 속에 풍경이 나타난다고 주장하는 이론가, 완성을 목표로 삼지 않는 조각가, 색의 감각을 잃은 화가와 태어난 고향의 기억만이 이상하리만치 선명한 화가, 과거에 살았던 공간 모두를 미니어처로 만들어야 직성이 풀리는 예술가, 알츠하이머병이라는 혐의를 받으면서도 그리기를 멈추지 않는 화가, 줄기차게 사막을 걷는 영상작가, 망각을 받아들이지 않은 채 망명생활을 계속하는 사진가, 그 외에도 유실물 보관소를 침입하는 이가 있는가 하면, 버려진 필름토막을 수집하는 이도 있다.

그들의 활동의 어느 부분은 알려져 있을 수도 있고 전혀 눈에 띠지 않을 수도 있다. 모두 창조적 활동이기는 하나, 하나의 카테고리로 묶을 수 있는 것은 아니다. 애초부터 이 책은 작가론 혹은 작품론을 추구하지 않는다. 따라서 이 사람들의 이름이나 작품에 대한 기억의 유무는 중요하지 않다.

만약 이 책이 다루는 이론이나 작품, 인생을 관통하는 성격이 있다고 치면 그것은 '미완성'이라는 특징일 것이다. 그러나 그들의 생존방식, 사고방식, 작품에는 하나같이 활력이 있어 개인적으로 좋아한다. 그리고 그것들을 겹쳐서 보노라면 새로운 기억의 모습을 선명하게 예감하게 된다. 생성으로서의 기억은 완성된 것이 아닌 미완성의 상태를 통해 드러나게 될 것이다. 기억은 끊임없는 구축이므로…

차례

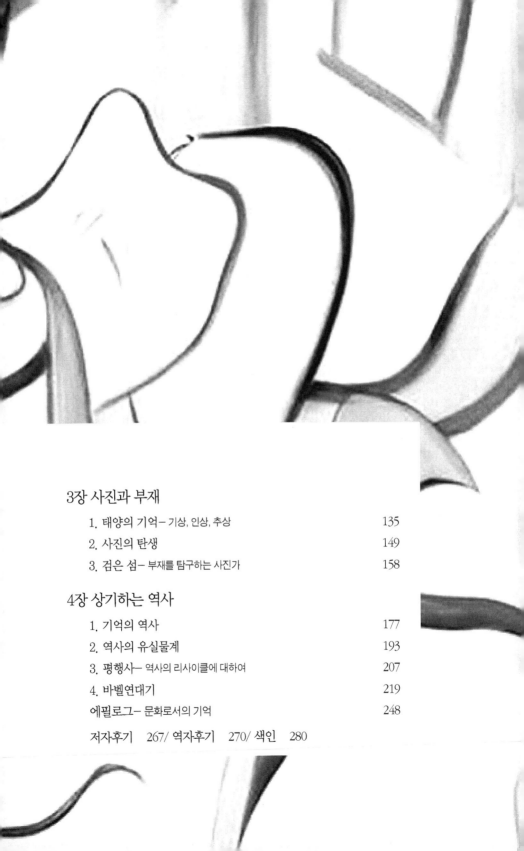

1장
기억과 창조

1. 신경다위니즘

> 피질 전체의 시냅스 총수는 10만×100억에 달한다. 1초가 흐르는 동안 하나의 시냅스를 계산한다 쳐도 32×100만 년이 걸린다. (중략) 결합의 다양성까지 따지면 그 수는 10이라는 숫자 뒤에 100만 정도가 붙는 천문학적 수치가 될 것이다. 전 우주의 양전하陽電荷입자의 수는 생각할 수 있는 범위에서 10 뒤에 영이 80개나 붙는다.[1]
>
> 제럴드 에덜먼

딥 블루Deep Blue

1996년 2월 10일 오후 4시 45분! 비로소 인공지능이란 어떤 것인지 알게 되었다. 세계 체스 챔피언 그랜드 마스터 가리 카스파로프Garry Kasparov는 아이비엠IBM사가 7년에 걸쳐 개발한 인공지능 컴퓨터 딥 블루와의 여섯 번의 승부 중 첫 경기에서 당시까지 어떤 컴퓨터도 보인 적이 없는 수手를 목격하게 된다. 딥 블루가 국면을 유리하게 전개하기 위해 사석捨石을 던진 것처럼 보인 것이다. 그가 순간 경험한 것은 초당 2억 이상의 수를 읽는다고 알려진 계산의 '양'이 '질'로 바뀔지도 모를 가능성이었다.

카스파로프는 초반전부터 적극적으로 움직이면서 상대의 실수를 유발하려 했지만 딥 블루는 그러한 도발을 마치 꿰뚫고 있었다는 듯이 체스의 말을 이리저리 움직여가면서 마침내 첫 판은 기계가 승리를 거머쥔다. 그 후 몇 차례의 인터뷰에서 카스파로프는 컴퓨터가 판단력을 갖기 시작했다는 투의 감상을 밝힌다. 전 세계에 타전된 충격의 크기는 승부의 중요성이 단지 체스의 세계에 머무는 것이 아님을 내보이고 있었다고 생각한다.

이어진 두 번째 경기에서 딥 블루의 특징을 간파한 카스파로프가 최종적으로 3승 2무 1패를 기록하여 승리를 거둔 것은 주지하는 바다. 그런데 그 결과를 듣고 가슴을 쓸어내린 이는 체스 애호가만은 아니었을 것이다. 컴퓨터 탄생 이후 정확히 50년째 되던 해, 마침내 기계가 인간을 무너뜨리는 것은 아닌가라는 진단은 일종의 묵시록적인 불안을 불러일으킨다.

동물을 사육하고 자연을 컨트롤 해온 인간으로서는 스스로 만든 기계가 인간을 뛰어넘어버릴 것이라고는 꿈에도 생각하지 못한 위협이다. 그것이 묵시록적인 전망을 갖게 한다고 치면 이는 기계와 인간의 승부이면에서 인간과 신의 승부를 보게 될 것이기 때문일지도 모른다. 과연 신은 자신이 만든 인간과 승부를 할 것인가 또 인간은 신의 수를 읽어낼 수 있을까.

열쇠는 계산이나 논리의 힘만이 아니라 오히려 감정이나 감각의 역할일 것이다. 가리 카스파로프는 그것을 '감성'이라 표현했다. 플레이어가 인간인 경우 가령 어떤 말을 희생시켜 국면을 전환할 수 있지만 컴퓨터는 그렇게 하지 못한다. 카스파로프가 1회전에서 목격한 딥 블루의 사석 작전은 실은 수식에 따른 전개의 하나다.

기계는 그것을 희생이라 여기지 않았다. 그것이 판명되었을 때 카스파로프는 컴퓨터의 기묘한 지성에 눈을 뜨게 된 것이다.

뇌는 프로그래머가 없다

필라델피아에서의 대전 풍경을 전하는 사진은 인간과 컴퓨터의 본질적인 차이를 적확하게 표현했다고 본다. 양손을 모으고 체스 판을 응시하는 가리 카스파로프 뒤에 컴퓨터 단말기를 향해 한 남성의 모습이 비친다. 프로그래머일까.

그러나 그는 대전 상대가 아니다. 딥 블루를 개발한 팀원 중 하나다. 카스파로프가 체스 판을 사이에 두고 마주한 상대는 응축된 거대 정보 산업의 틀이었던 것이다. 물론 그가 기계를 상대로 한 것은 이것이 처음은 아니다. 그러나 시합 후 인터뷰에서 챔피언은 아니나 다를까 적의 표정을 읽을 수 없었던 점, 컴퓨터의 육체적 피로나 주의력 저하가 없는 점 등 기계를 상대로 했을 경우의 어려움에 대해 토로한 바 있다.[2]

예상보다 힘든 상대였다. 3분간 5억의 수를 계산할 수 있는 스피드와 기억력이라면 천문학적인 차이가 존재한다. 이쪽은 지지 않으려고 겨우 두 수 앞, 세 수 앞의 교묘한 작전을 궁리할 따름인데다 사람인지라 지치게 마련이다. 반면 딥 블루는 흔들림 없이 이쪽을 향해 쭉쭉 치고 들어온다. 인간이 이도저도 못할 기계가 미래에 등장할 가능성이 이론적으로는 존재한다. 어쩌면 나는 기계를 이길 수 있는 방법을 알고 그 나름의 전략도 세울 수 있다. 그러나 내 기억력과 에너지에는 한계가 있다. 게다가 시합 중에는 단 한 차례의 실수도 용납할 수 없다. 컴퓨터의 두뇌는 몇 시간이고 쉬지 않고 생각하는 일이 가능하다. 상대가 다음 수를 따질 때 나는 잠시나마 뇌를 쉬게 해야 한다. 따라서 인간이 기계보다 불리할 수밖에 없다. 결과적으로 이기기 위해서는 미리 상대의 데이터베이스를 손아귀에 쥐고 있을 필요가 있다.

딥 블루와 대전하는 가리 카스파로프

미국 필라델피아에서 열린 딥 블루와의 여섯 번째 최종전에서 체스 판 말을 움직이는 가리 카스파로프. 딥 블루는 256개의 처리장치를 동시에 움직여 초당 2억 수 이상을 읽는다고 하나, 상대의 두는 방법을 학습하여 버릇이나 습관까지 간파하는 능력은 없다.

아쉽게도 카스파로프에게는 프로그래머가 없다. 그렇다면 어떻게 인간이 3분 동안 5억의 수를 읽을 수 있는 기계를 상대로 그 제한된 시간에 고작 몇 수를 따져가면서 이길 수 있었던 것일까. 계산능력이나 기억능력을 도저히 따라갈 수 없는 카스파로프에게 그 승부처는 기계가 아직 지니지 못한 감성이었던 것이다.

인간에게는 연산만을 따라 말을 움직이는 기계와는 달리 평가나 판단뿐 아니라 추론이나 감정이라는 매우 폭넓은 정신운동이 있다. 기계가 계산이라는 단일한 '언어' 밖에 모른다면 인간은 복수의 '언어'를 조합해가면서 최선의 선택을 모색하는 일이 가능하다. 그것이 인간의 강점이 되는 것일까.

달리 말하면 기계는 생각(=연산) 밖에 할 수 없지만 인간의 행동은 '생각'에 지배받지 않는다. 신체가 '생각'을 뛰어넘는 반응을 할뿐더러 뛰어난 운동신경도 있다. 카스파로프는 다음과 같이 말한다.

나는 생각하면서 두는 게 아니다. 손이 사고보다 먼저 움직인다.

이는 감정이나 감각 등의 능력이 총동원 되었을 때 당사자의 손은 기계적 사고(연산)의 속도마저 넘어선다는 의미일 것이다. 하지만 엄청난 기억력과 계산속도가 판단력이나 평가능력만이 아닌 감성까지 지닌 기계를 만들어내지 못할 것이라는 확증은 어디에도 없다. 뇌와 컴퓨터는 어디까지 같고 어떤 점에서 다른가. 가리 카스파로프라는 인간도 궁극적으로는 정보처리장치에 불과하다는 뜻일까.

뉴런인가 네트워크인가? 문제는 인간과 기계의 대립이 아니다. 핵심은 카스파로프 자신이 말한 바대로 어떻게 기계와 인간의 공동태세를 이끌어낼 것인가에 있을 것이다. 그것을 위해서는 인간의 뇌가 컴퓨터와 어떤 점에서 다른가를 확인할 필요가 있다.

왜 뇌는 그와 유사한 모델을 찾을 수 없는 독특한 존재인가. 왜 카스파로프는 그러한 뇌를 가진 인간의 우위를 믿을 수 있는 것인가. 인간의 의식, 특히 기억의 메커니즘을 밝히려는 최근의 연구는 카스파로프가 던진 질문에 조금씩 답변을 내놓고 있는 것 같다.

〈재인再認의 과학〉의 도전

이 점에 대해 제출되어 있는 가장 도전적이면서도 명쾌한 가설의 하나는 신경다위니즘Neural Darwinism이라 불리는 이론이다. 면역 항체 분자구조 해명으로 노벨생리학의학상을 수상한 제럴드 에덜먼이 중심이 되어 제창한 것이다. 그 사유의 기초는 문자 그대로 신경계의 움직임도 다위니즘으로 해명할 수 있다는 입장에 있다.[3] 의식이나 기억 등의 마음의 문제에 대한 생물학적 시점에서의 접근을 에덜먼은 '재인의 과학'이라 일컫는 문제계로 다룬다.

에덜먼의 정의에 따르면 이 경우의 '재인'이란 하나의 물질적 요소를 그것과는 직접적인 관계가 없는 별개의 물질적 요소에 대조·확인하거나 적합하게 하는 것을 의미한다. 이 때 적응을 위해 정보교환이 이루어질 필요는 없다. 그 대표적인 예가 진화다.

다시 말해 생체가 환경변화에 적응하는 것은 환경변화에 관한 정보가 사전에 주어져서 일어나는 것이 아니라 결과적으로 토대에 의해 일어난다. 집단이 변화하여 적합성을 늘리기 위해서는 어떻게 해야 하는가라는 정보교환이 환경과 생체 사이에 미리 이루어질 필요는 없다. 거기에는 '교시敎示'가 주어지지 않는다고 에덜먼은 표현한다. 진화에서는 긴 시간을 거쳐 집단에 더해지는 자연도태와 더불어 하나의 개체 내부의 체세포 조직계에도 도태가 이루어진다. 또 진화도태계는 체세포 도태계까지도 도태시킨다.

에덜먼의 주장에 따르면 이와 똑같은 의미에서 면역계 또한 '재인시스템'이다. 당초 면역은 항원이 항체분자에 타입을 각인함에 따라 구조정보를 전달하고(인식시키고) 그 다음에는 이 각인을 발판삼아 항체 단백질을 만들어가는 것으로 이해하고 있었는데 나중에 이 '교시이론'은 착오임이 드러났다.

항원이 되는 외부분자가 몸 안으로 들어오면 표면에 여러 가지 항체가 있는 세포 집단과 조우한다. 외부분자는 그것들 중 조금이라도 조합부가 맞는 항체분자를 선택하여 결합한 후 림프구의 세포분열을 촉진한다. 그 결과 같은 종류의 항체를 가진 세포가 증식하여 우세하게 됨으로써 나중에 같은 항원의 침입 시에는 그것을 훨씬 빨리 식별하여 파괴할 수 있는 것이다.

클론 도태Clonal selection라 불리는 이 증식은 사전에 준비되어 있는 세포 집단에서 어떤 특정한 세포가 항원과 결합함으로써 최종적으로 일어나는 현상이다. 여기에서 재인시스템은 미리 항체분자의 다양한 집단을 만들어두지만 어떤 것이 결합하는가에 대한 정보가 사전에 전달되어 있을 필요는 없다. 그 중에서 언젠가는 적합한 것이 나타날지 모른다는 것 뿐으로 적응상의 '매칭'이 사후적으로 일어나는 것에 지나지 않다. 이런 점에서 면역시스템은 '교시' 없는 출중한 재인시스템인 것이다. 핵심은 진화와 마찬가지로 도태가 집단적으로 이루어진다는 점이다.

에덜먼이 제창한 신경다위니즘은 이상과 같은 진화나 면역에서 보이는 재인시스템을 뇌 활동에도 적용할 수 있다는 것이다. 다시 말해 기억도 진화나 면역처럼 도태에 의해 일어난다는 사고다. 그 핵심을 이루는 이론이 신경세포도태설(theory of neuronal group selection)이다.

이 이론은 진화나 면역과 비슷한 도태가 신경세포에 작용을 한다는 것인데 여기에서도 중요한 것은 도태 단위가 하나하나의 신경세포가 아니라 신경세포 그룹이라는 점이다. 뇌의 기능을 도태이론에 따라 설명하고자 하는 참으로 대담한 시도인데 그 내용은 아주 간결하면서도 명쾌하여 대략 세 가지 원리만을 필요로 한다.

재입력이라는 원리

제1의 원리는 분자 단위에서의 발생도태다. 세포접착분자(CAM: Cell Adhesion Molecule)라 불리는 물질이 마치 풀이나 접착제처럼 세포들을 묶어서 조절·세포분열·세포죽음 등의 과정을 통해 신경세포군의 기본적인 네트워크를 만들어낸다. 그런 다음 태아의 대뇌가 발달하는 과정에서 개체의 가소성可塑性이 높아질 뿐 아니라 각각 독특한 신경세포의 결합이 이루어진다. 이것을 제1레퍼토리라 한다.

태어난 후에 이 신경세포의 결합패턴은 일정 정도 안정되지만 어떤 행동의 결과 이 네트워크 속의 특정 부분의 결합이 강화되거나 혹은 반대로 감퇴한다. 특정 시냅스 결합이 선택적으로 강화되어 즉 도태되어 여러 기능의 회로가 만들어진다. 거기에서 어떤 결합이 별도의 결합 상위

에 오는 상하관계가 생겨난다. 이것이 제2의 원리고 여기서 만들어지는 기능회로를 제2레퍼토리라 한다.[4]

제1레퍼토리가 세포접착분자에 의해 만들어지는 것에 대해 제2레퍼토리는 감각기관을 통한 자극에 의해 만들어진다. 면역의 경우에는 선택된 항체가 클론 증식해 가지만 대뇌에서는 뉴런의 결합상태가 강화되는 것이다. 이렇듯 어떤 특정한 자극에 대해 보다 강하게 반응하는 그룹이 만들어진다.

신경세포군도태설에서 가장 중요하면서 매우 특이한 부분은 이상의 두 원리 위에 세워진 가설 '재입력'이라 불리는 제3의 원리다. 우선 제1레퍼토리와 제2레퍼토리에 의해 기능적으로 다른 신경세포 회로='지도'가 만들어진다.

예를 들면, 원숭이의 시각계에서는 대략 30개 이상의 '지도'가 확인되고 있고 그 지도들은 상호 연결되어 있다. 이 연결을 낳는 것이 '재입력'이라 불리는 도태다. 별도로 입력되어 있는 두 개의 지도 사이에 연결이 있을 때 한 쪽 지도의 신경세포군이 도태되면 또 다른 한 쪽의 지도에서도 비슷한 강화가 일어난다. 이것이 재입력결합이라 불리는 활동으로 이 프로세스를 거쳐 다른 지도 간에 상관과 협력이 이루어지면서 지각의 범주가 생겨난다.

그러니까 지도들이 '말을 맞추듯' 하면서 사물이나 현상을 지각한다는 뜻이다. 별도로 신호를 받는 두 개의 지도, 예컨대 대상의 운동에 반응하는 지도와 대상의 시각적인 각도를 검출하는 지도 사이에 재입력 결합이 있을 경우 제1의 지도 안에 있는 신경세포군 조합의 도태가 제2의 지도 안에 있는 신경세포군 조합의 도태와 연동한다. 이렇게 어떤 특정한 움직임을 인지할 수 있게끔 지도 간 협동이 이루어진다.

재입력 결합이라는 접근방식은 신경세포군도태이론에서 기본적인 것이다. 운동과 감각이 재입력으로 결합되면 어떤 활동이 신경세포군을 도태시켜 하나의 감각입력에 대해 적절한 행동 출력을 강화하고 범주를 만들어낸다. 이 때 생겨나는 '적절한' 행동은 동물의 내적인 가치기준을 따른다.[5]

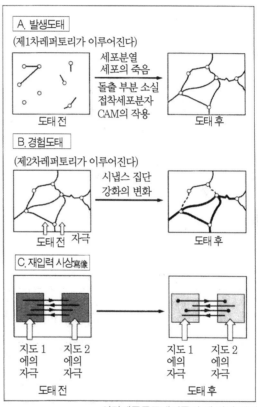

신경세포군도태이론의 세 가지 원리

A. 발생도태: 세포접착분자의 작용이나 세포분열, 도태적인 세포 죽음의 결과 해부적 네트워크가 가능하다. 이를 제1레퍼토리라 한다.
B. 경험도태: 행동의 결과, 제1레퍼토리의 시냅스 집단이 강화되거나(굵은 선) 쇠약해져(점선) 새로운 회로가 생겨난다. 이를 제2레퍼토리라 한다.
C. 재입력*: 각각 별도의 자극을 받은 복수의 지도가 연결된다. 도태 후 지도상의 검은 점은 재입력 경로의 동시적인 시냅스의 강화를 나타내고 있다. 지각 범주화perceptual categorization는 이 재입력 결합을 통해 일어난다.(Gerald Maurice Edelman, *Bright Air, Brilliant Fire: On the Matter of the Mind*, Basic Books, 1992, 발췌)

그것은 진화적인 도태에 의해 결정되어 있는 생명유지를 위한 가치체계이고 그 가치의 요구를 채워주는 범주화categorization가 도태시스템 안에서 일어나는 것이다. 에델먼에 따르면 학습이라는 고차원의 활동도 도태의 다름 아니다. 이러한 지도의 복합은 '광역사상廣域寫像'이라 불린다. 이는 시간 및 행동과 더불어 변화하는 역동적인 구조로 개개의 지도 간 변화에 의해 광역사상은 재배열 되거나 부서지거나 다른 광역사상과 교환된다.[6]

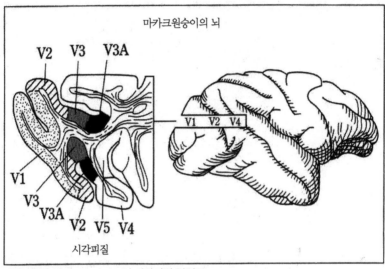

마카크원숭이The macaques의 시각피질 단면도
시각피질의 해명은 마카크원숭이의 뇌 연구를 통해 이루어지고 있다. 왼쪽 그림은 뇌를 오른쪽 그림의 위치에서 자른 단면도로 시각연합피질을 구성하는 각 영역의 피질을 나타낸다. (별책 닛케이사이언스에 실린 세미르 제키Semir Zeki, 〈뇌와 시각脳と視覚〉에서 발췌, 《別冊107 脳と心 日経サイエンス》, 1993, p. 78~89)

에델먼 등의 연구진은 재입력 강화를 시뮬레이션 할 수 있는 자동인형 automaton '다윈Ⅲ'를 만들어 가설을 입증하는 결과를 얻었다. 그러나 현실의 뇌에서 그러한 재입력을 확증할만한 실험적 소견은 있는 것일까. 그 하나는 뇌의 시각피질에서의 재입력결합이다. 시각영역에는 제1차 시각피질(V1)에서 제5차 시각피질(V5)까지의 사부영역이 있고 각각의 영역은 색, 운동, 방위 등 서로 다른 정보에 반응한다.

이들 중 서로 떨어진 '지도' 사이에 방위 자극에 대한 운동이 실험을 통해 명료해지고 있다. 시험 삼아 두 지도 사이에 있는 결합을 절단해 보았더니 두 개의 뉴런군의 동기同期적인 반응은 사라져 버렸다. 동기란 둘 이상의 주기 현상이 그들 사이의 상호 작용이나 외부로부터의 신호 작용에 의하여, 같은 위상位相 또는 일정한 위상차位相差가 되는 것을 가리킨다. 에델먼이 강조하는 바는 여기에서 시각영역의 다른 지도를 총괄할만한 '관리자'는 필요 없다는 것이다. 각각의 '지도'는 서로 재입력적으로 결합된 결과 어떤 시각정보의 조합에 대해 협조적으로 작용하는 것이다.[7]

1970년대에 시각피질에서의 이러한 기능 분화를 제안한 세미르 제키 Semir Zeki는 V1과 V2는 다른 신호를 각각 적절한 처리를 수행하는 영역으로 송신하는 우체국의 역할을 완수한다는 것 그리고 운동의 처리는 V5에서 색은 V4에서 처리된다는 사실을 보여주었다. 또 형태의 처리는 두 계통이 있어서 그 중 하나는 색 처리와 관계하여 V4를 중추로 하고 다른 하나는 V3에서 처리된다.

그러면 이들 다른 영역에서 출력된 각각의 정보는 어떻게 통합되어 우리가 느끼는 시각정보가 되는 것일까. 제키는 개개의 시각정보 통합은 하나가 아닌 다단계로 일어나며 그것은 지각과 이해가 동시에 일어나는 과정이라 밝히고 있다. 그러기 위해서는 V1에서 V5까지를 연결하는 '재회귀결합'이 필요하고 실제로 제키 등의 연구진은 V1에서 V5까지를 각각 잇는 '재회귀입력'과 '재회귀투사'의 존재를 밝혀냈다. 이러한 재입력과 재투사를 통해 운동정보 · 형태정보 · 색 정보는 동기同期와 조합照合을 반복하며 시각정보를 통합한다. 이런 견해는 용어는 다르지만 기본적으로 에델먼의 재입력 개념과 일치한다고 볼 수 있다.[8]

색을 잃은 화가

가령 V5에 손상을 입은 환자는 운동을 지각하는 일이 곤란하고 V4에 장애를 입은 경우에는 색을 전혀 분간할 수 없게 된다. 이러한 발견은 특히 색이 왜 보이는가라는 오랜 역사를 지닌 문제에 구조적 기능적인 해답을 안겨준 것으로 주목을 받았는데 정신병리학자인 올리버 색스Oliver Sacks는 최근 병리학적인 하나의 예로 색의 지각과 기억을 전면적으로 잃은 화가에 대한 보고서를 제출하였다.[9]

조나단 아이Jonathan · I는 당시 65세, 2차 세계대전 전부터 뉴욕을 기반으로 활약하는 한편 뉴멕시코에서 조지아 오키프Georgia O'Keeffe와도 같이 활동한 적이 있는 추상화가로 사고 직전에는 아트 디렉터였다. 그런데 1986년 자가용 운전 중에 트럭과 충돌한 사고로 얼마간의 시각장애를 경험한 그는 색의 감각을 완전히 잃어버리고 말았다.

화가에게서 직접 날아든 편지를 접한 색스는 사태의 특이성을 즉석에서 이해하고 적당한 연구자와 함께 조나단을 직접 만나 관찰을 진행하던 중 그것이 단순한 색맹 증상이 아니라 뉴턴과 괴테에서 헤르만 폰 헬름홀츠Hermann von Helmholtz를 거쳐 제키에 이르는, 다시 말해 색채와 지각에 관한 긴 역사로 이어지는 커다란 문제계임을 깨닫게 되었다.[10]

조나단의 특이성은 그것이 선천적인 색맹이나 어떤 특정한 파장을 분별할 수 없는 부분 색맹이 아니라 생후 65년이 지난 어느 날 갑자기 모든 색 감각을 잃어 버렸다는 점에 있다. 게다가 그 비극이 색채에 관한 한 다른 사람에 비해 훨씬 민감하고 색 없이는 작업에 임할 수 없는 화가라는 사람의 몸에 일어난 점에서 문제를 더 심각한 것으로 만들었다.

조나단을 직접 만났을 때 색스 등이 우선 이해한 것은 화가가 단순히 색에 대한 지각을 잃었을 뿐 아니라 색으로 구성되어 있던 세계 자체를 잃어버렸다는 사실이었다. 조나단이 보고 있는 세계를 우리는 흑백사진 같은 세계라고 상상할지도 모른다. 즉 정상적인 세계는 컬러 사진이고 회색의 농담만으로 이루어진 세계가 조나단의 세계일 것이라는 추측 말이다. 색스 등도 비슷한 상상을 하고 있었으나 현실은 훨씬 복잡한 것이었다.

분명히 조나단에게는 모든 것이 회색의 농담으로 보였으나 흑백사진과는 다르게 흰색은 본래의 흰색이 아니었다. 그는 흰 캔버스나 종이도 '더럽다'고 느꼈고 모든 농담이 '잘못됐다'고 느끼고 있었다. 정확하게 그 세계는 회색이 아닌 대략 조나단이 알고 있는 단어로는 표현하기 힘든 것이었다.

즉 회색이라는 색조차 잃어버렸기 때문에 명도만의 세계를 다른 사람에게 어떻게 전달해야 할지 막막한 지경에 이른 셈이다. 모든 것이 납으로 이루어진 세계! 그러므로 사람들의 얼굴은 동상처럼 생기가 없어 보인다. 모든 피부는 '쥐색'으로 보인다. 조나단은 색채가 만들어낸 일상적인 가치체계를 모두 잃어 버렸던 것이다. 야채나 과일이 모두 회색으로 칠해져 있다면 식욕이라는 것이 생기기나 하겠는가. 회색의 장미를 보고 향기를 느끼는 것이 가능하겠는가. 혹은 음악을 듣고 색채를 떠올릴 수 있겠는가. 사고 직후 조나단을 덮친 우울상태는 색을 감지할 수 없다는 데서 비롯된 것이지만 미각이나 청각 등 다른 오감과의 공명감 자체에 지장을 초래한 것에 유래한다.

신호등의 적록을 구별할 수 없게 되고 양복의 색을 조합할 수 없게 되는 등의 일상적인 곤란에 더해 조나단을 더욱 고통스럽게 한 것은 색이 보이지 않을 뿐 아니라 머릿속에서도 색상을 만들지 못하게 된 것이었다. 조나단은 '토마토는 빨갛다'라는 의미의 기억은 가지고 있었으나 머릿속에서 그려지는 토마토는 모두 검게 되어 버렸다. 꿈 속에서 보는 토마토도 검은 것이어서 현실에서만이 아니라 상상의 세계에서도 색은 흔적도 없이 사라져 버린 것이다. 고흐가 그린 해바라기가 노란 색이었다는 의미는 기억하고 있으나 그것을 상상하는 일은 불가능하다. 특히 다양한 색채를 미술적으로 썼던 추상화가에게 그것이 얼마나 치명적인 것이었겠는가를 상상하는 일은 어렵지 않다. 조나단은 마침내 미술관에도 화랑에도 발길을 옮기지 않게 되었다.

모노크롬monochrome의 그림

조나단의 예는 색스도 추측하고 있듯이 어쩌면 제키가 말하는 V4에 어떤 손상이 일어났다고 설명할 수 있을 것이다. 조나단의 시각은 형태나 운동에 관한 처리에 관해서는 이상이 없었다. 혹은 V1 · V2에서 V4로 들어가는 결합이 절단되어 색 처리를 위한 정보가 다다르지 못하게 된 것인지도 모른다. 하지만 그 다음은 더 수수께끼다.

예를 들면, 왜 조나단은 모두 '잘못되어 있다'고 느끼거나 '더럽다'고 생각하는 것일까. 제키가 지적하는 대로 색을 포함한 개개의 시각정보의 통합은 "지각이나 이해와 더불어 동시에 일어나는 프로세스"일지도 모른다. 즉 조나단이 안고 있는 문제는 단순히 사물에서 색이 사라졌다는 물리적인 현상이 아니라 사물의 성질을 이해하거나 가치를 판단하는 프로세스 자체와 관련된 것이다. 색스는 이들 '고차원'의 프로세스를 알아내는 일이 적어도 현시점에서는 거의 불가능하다고 밝히고 있다.

그러나 이 이야기는 계속 이어지는데 더군다나 놀랄만한 결말로 이어진다. 조나단은 색이 없는 세계에 어떤 의미에서 익숙해져 버렸다. 여기에서 '익숙해졌다'는 말뜻이 반드시 적응했다는 의미는 아니다. 오히려 색의 가치나 색에 대한 욕구불만frustration 자체가 그의 기억에서 점차 사라져 간 것이다. 그는 색채가 어떤 것이었는가를 망각해 버렸던 것이다. 그리고 사고 직후의 우울증 상태를 벗어나면서 그는 자신이 느끼고 있는 세계를 캔버스 위에 모노크롬으로 표현하기 시작했다.

당초 주위 사람들은 조나단의 활동에 당황하여 더 이상 회화 작업은 지속할 수 없을 것이라 조언을 한 모양이다. 그도 그럴 것이 그림은 과거 그가 그렸던 것과는 조금도 닮은 데가 없었고 거의 작품이라 할만한 '물

화가가 자동차 사고가 있은지 2개월 후에 그린 그림(위)과
2년 후에 그린 작품(아래)

사고 직후의 그림에는 색채를 잃어버린 데서 생겨난 상象의 혼란이 여실히 드러난다. 2년 후의 작품에서는 기하학적 추상이 주요 모티브를 이루고 있음을 알 수 있다. 또 원화에서는 모노크롬 외에 한 가지 색이 더해져 있다. 말할 것도 없이 화가는 색을 인식하지 못하지만 상상 속에서 색을 더함으로써 우리 감상자에게 끼칠 영향을 실험하고 있다.(Oliver Sacks "An Antholopologist on Mars")

건'이 아니었기 때문이다. 그런데 그는 체념하기는커녕 점점 더 정열적으로 때로는 하주 종일 화실에 틀어박혀 그리기를 멈추지 않더니 종국에는 전혀 새로운 스타일을 만들어 내게 된다.

처음 그의 그림은 불안정한 감정을 그대로 표현한 것처럼 거칠었는데 시간이 흐름에 따라 화면 전체에 절제와 차분함이 살아나 굉장히 이지적이면서 기하학적인 구성이 드러났다. 사고 이전에 화가가 묘사한 작품의 부정형 스타일과 비교하면 색을 상실한 후에 탄생한 그 작품들은 전혀 새로운 성질의 것임을 알 수 있다.

예술적 창조는 경험의 누적 위에 전개 된다. 그러나 색이라는 화가로서의 활동 경험에 가장 중요한 부분이 결락된 상태에서 작품 활동을 지속한 경우를 어떻게 이해해야 할까. 색스가 말한 대로 '고차원'의 프로세스가 수수께끼이기는 하지만 거기에는 에덜먼이 지적한 '역동성'이 있는 것만큼은 틀림없다.

신경세포군도태설에 따르면 기억이란 이전에 획득된 지각범주가 변화를 동반하면서 반복되는 것이다. 기억이란 이 시스템의 성질이다. 또 기억의 생화학적 기초는 광역사상에서의 시냅스의 변화다. 따라서 그것이 도태시스템인 한 기억이 항상 비슷하게 상기될 것이라고는 단정짓기 어렵다. 시간과 행동에 의해 영향을 받는 광역사상의 부분적 활동으로서 상기는 그것이 이루어지는 문맥의 영향을 끊임없이 받는다. 기억의 본질이란 이 프로세스 자체인 것이다.

조나단의 모노크롬 회화는 어떤 의미에서 기억 시스템의 가소성과 역동성을 역설적으로 보여준 경우라 할 수 있다. 재입력 결합에서 이어진 시각 영역 중 어딘가에 영속적인 손상이 발생하였고 그것은 현실의 색에 대한 지각을 불가능하게 했을 뿐 아니라 색의 개념이나 기억 자체도 상실하게끔 했다.

이는 기억이 늘 행동과 시간의 영향을 늘 받는 과정이라는 에덜먼의 주장이나 시각이 이해와 같은 레벨에서 일어나는 과정이라는 제키의 통찰을 뒷받침하고 있다. 게다가 색 처리는 이루어지지 않더라도 다른 영역은 활발하게 활동을 지속한다. 거기에는 당연히 시각 경험의 격렬한 변화가 있을 테지만 그 변화가 이번에는 지각이나 이해의 레벨 나아가 이미지의 창조라는 '고차원'의 레벨에서 행동에 영향을 준다. 이렇게 화가는 "더럽고 잘못 되어 있다"고 사고 직후 느낀 세계를 다른 형태로 인식할 수 있게 된 것이다.

의식, 즉 기억되는 현재

조나단의 이야기에서 알 수 있는 것은 결국 현실은 복잡하고 신경과학은 현실의 아주 일부분을 기술할 수 있을까 말까 하다는 점일지 모른다. 재인의 과학이 해명하는 신경시스템의 움직임도 현 단계에서는 광역사상의 레벨이 한계다. 그러나 신경 다위니즘의 입장은 최종적으로는 언어활동을 포함한 의식의 해명으로 나아갈 것이다. 이미 에덜먼은 신경 다위니즘에 의한 고차의식高次意識의 해명을 제안하고 있다. 그 기본에 있는 것이 생물학을 기초로 한 심리학의 필요성이고 의식 또한 신경도태의 연장선상에서 발생하며 진화의 산물이라는 접근방식이다.

에덜먼은 의식도 자연도태의 결과 생겨난 것임을 증명한 뒤 의식을 원의식과 고차의식으로 나누어 단계적으로 분석한다. 원 의식은 과거의 체험이나 신경세포군도태를 포함한 가치의 범주와 감각수용과의 사이에 연결된 재입력 결합에 의해 발생한다. 여기에서 가치범주계는 현재의 세계를 목전에 둔 지각범주계와 실시간으로 상호작용한다. 피질을 갖는 동물은 이러한 과거의 학습과 관련한 장면을 마주하게 되면 실시간으로 새로운 장면에서의 사건을 관련짓는 일이 가능하다.

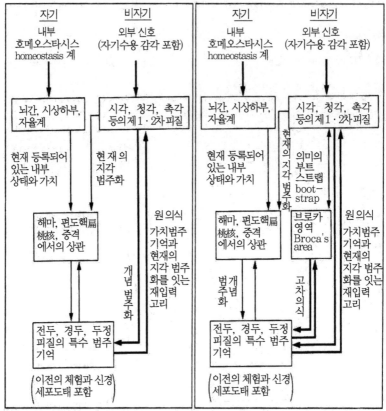

원 의식의 도식(왼쪽)

신체 내부의 상태와 가치에 관한 신호 및 신체 외부에서의 지각 범주화의 신호가 상관하여 개념영역의 가치범주 기호로 도달한다(가는 선). 이 가치범주 기억과 현재의 지각 범주화가 재입력적으로 연결되어(굵은 선) 원 의식이 생긴다. 인간의 경우 이 원 의식은 실시간으로 진행 중인 사건의 '이미지'로서 체험된다. 단 이 이미지는 뇌 속에서 이루어지는 영상이라는 의미는 아니며 다른 종류의 범주화의 상관에 대한 것이다. 가치 범주계와 지각 범주화가 실시간으로 상호작용하는 데서 에델먼은 원 의식을 '기억된 현재'라 부른다.

고차의식의 도식(오른쪽)

원 의식에서 고차의식이 발생하기 위해서는 언어영역과 가치범주 기억과의 재입력적 연결이 필요함을 나타내고 있다. 언어에 의해 원 의식에는 없었던 새로운 기억이 획득되어 개념이 폭발적으로 발달하지만 그 중에서도 가장 중요한 것은 과거와 미래의 개념이 출현하는 것이다. 이에 따라 개체는 현재적 사건을 실시간으로 지각할 뿐인 원의식에서 해방되어 '기억된 현재'는 시간 축 속에 위치하게 된다. 우리가 일상적으로 '기억 가능한' 것은 우리가 리얼타임의 시간에만 묶여 있지 않기 때문이다. 또 지각과 개념구조는 정서나 보수報酬와도 강하게 연결되어 있고 시간만이 아니라 세계나 자기의 개념까지도 가질 수 있다. 고차의식은 '의식의 의식'이다.(에델먼의 〈앞의 책〉에서 발췌 인용)

재입력결합에서 보면 원 의식이란 '기억된 현재' 혹은 '재기억 된'현재가 된다. 현재를 기억할 수 있는 것 그것이 의식의 탄생이다. 그러나 그 의식은 아직 '실시간'으로 규정되어 있고 이 단계에서는 과거도 미래도 존재하지 않는다.

따라서 원 의식에서 고차의식이 파생하려면 언어시스템에 의한 개념표징概念表徵이 필요하다. 언어 획득에 의해 비약적으로 증대한 개념능력이 가치범주와의 사이에 새로운 재입력결합을 만들어냄으로써 그때까지는 존재하지 않았던 '의미의 고리'가 생겨난다. 원 의식 단계의 지각 고리와 새로 획득된 의미 고리에 의해 자기의 개념 나아가 과거·미래라는 시간개념이 등장한다.[11]

그리하여 '기억된 현재'라는 원 의식만의 상태에서 탈출할 준비를 마련한다. 또 개념중추는 기호와 그것이 환기하는 이미지를 자기가 사는 환경과는 별도의 '세계'로 다룰 수 있게 된다. 마침내 의식은 그 자체를 의식하게끔 된다. 이것이 에델먼에 의한 고차의식의 발생이며 그것을 갖고 있는 존재가 다름 아닌 인간이라는 의미가 된다. 그렇다면 의식의 진화 과정에서 작용해 온 공통의 원리는 있는 것일까?

기억이란 무엇인가

에델먼은 생물에게서만 발견되는 독특한 원리를 '기억의 원리'라 생각한다. 기억은 생명과 진화가 일어났을 때만 출현하여 긴 시간을 거친 마침내 재인의 과학이 기술하는 바와 같은 시스템에 도달하였다. 그것은 유전, 면역, 신경적 반사, 신경세포군도태에 의한 지각 범주화 그리고 의식의 발생에 이르는 장대한 시스템이다. 각각의 기억 시스템의 구조는 다르며 각각의 특성도 그것을 담당하는 시스템에 의존한다. 그러나 그 모든 것의 공통점은 진화와 도태이자 그것이 곧 생물학적 적응계의 본질이다.

에덜먼은 이것이야말로 인간의 기억과 컴퓨터의 부호화된 기억의 가장 큰 차이점이라 강조한다. 문제는 뇌가 튜링기계Turing machine가 아니며 현실의 동물에게는 프로그래머나 교사가 없다는 데 있다. 인간의 기억에는 사건기억, 의미기억, 절차기억, 선언기억 등으로 표현되는 여러 가지 다른 특성이 있다.

그러나 어느 것이든 공통되는 지점은 기억의 애매함과 가소성이다. 우리의 기억은 부호화되어 어딘가에 저장되고 검색될 수 있는 성질의 것이 아니다. 우리의 기억이란 현재의 전후 관계나 감정의 움직임에 의해 현재에 적합하도록 구축되는 현재이자 과거인 것이다. 특히 인간의 기억이 전후관계에 의해 의미를 획득하게 된다는 사실은 아무리 강조해도 지나치지 않을 것이다.

전후관계는 재인시스템에서 결정적인 역할을 완수한다. 세포접착분자로 제1레퍼토리가 만들어질 때에는 어떤 세포군이 어떠한 과거와 현재의 상태에 있는지 즉 그 세포군이 어떠한 역사를 갖고 있는지가 중요하다.

뉴런 그룹이 자극을 받아 변화 할 때에도 또 재입력 결합을 일으킬 때에도 자극 사이에 어떤 전후관계가 있는가에 따라 상황이 바뀐다. 끊임없이 변화하는 환경을 어떤 안정성을 갖고 지각하는 우리들의 시스템은 이렇게 복수의 지도 사이에 성립하는 재입력 시스템에 의해 항상 새로운 정보로부터 새로운 범주를 만드는 일이 가능하다. 지각과 인식은 범주 구축이라는 하나의 과정을 구성하는 다른 활동이라 할 수 있다.

우리가 어떤 사건이나 사물을 상기할 때에도 역시 상기하려는 문맥이 중요한 역할을 담당한다. 아니 오히려 우리가 일반적으로 생각하는 기억, 다시 말해 고정된 퇴적으로서의 기억은 존재하지 않는다. 거기에는 상기라 불리는 구축 혹은 재구축이 있을 뿐이다. 이미 1930년대 영국의 심리학자 프레드릭 바틀렛Frederic C. Bartlett이 간파한 대로 기억이란 창조적인 구축 혹은 재구축으로 그것은 과거의 경험이나 반응에 대해 우리가 취하는 태도나 감정과 떼어내 생각할 수 없다.[12]

그 이전에는 프로이트Sigmund Freud가 단편적으로 존재하는 기억이 감정과 연결되었을 때 기억으로서 인식된다는 주장을 펼쳤다. 대뇌변연계에서의 감정의 움직임과 기억의 연결이 본질적인 것임을 프로이트나 바틀렛이 깨닫고 있었다는 말인데 그에 대해 신경생물학의 입장에서 설명을 시도한 이가 에덜먼이라 할 수 있다.

예컨대 컴퓨터의 기억이 부호에 하나의 실수만 있어도 검색 불가능한 것에 대해 신경세포도태설에 의한 광역사상은 입력에 다소 차질이 있다하더라도 유사한 출력이 가능한 유연하면서도 동적인 시스템임을 보여준다. 컴퓨터를 뇌의 은유로 여기는 일은 유익할지 모르겠다. 그러나 그것은 뇌의 모델이 될 수 없을 뿐더러 닮은꼴조차 되지 못하는 것이다.

우주에서 가장 복잡한 어떤 것

그보다 더욱 중요한 것은 이 세상에 둘이 같은 뇌는 있을 수 없으며 따라서 같은 기억도 있을 수 없다는 사실이다. 인간은 유전자라는 프로그램에 따라 만들어진 기계가 아니다. 전후관계를 중요시하는 재인시스템에서는 시간의 경험에 따라 둘이 같은 개체가 생겨나는 일은 있을 수 없다. 따라서 아무리 외견상 닮은 일란성 쌍둥이라 해도 같은 신경시스템을 가질 수 없다. 어쩌면 신경세포군도태설에서 중시하는 후성설epigenesis적인 사고는 인간의 개성이나 가능성을 재평가할 때 강력한 뒷받침이 될 것이다.

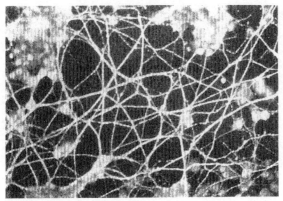
현미경으로 본 뉴런 사진

기억은 구축이자 재구축이다. 기억은 창조이자 재창조다. 따라서 모든 창조적인 행위에 신경세포군의 도태와 기억의 진화론적 성격은 결정적인 의미를 갖는다. 왜냐하면 그것은 유전자에 의해 결정된 신체구조의 틀 안에 있고 우리의 의식이나 사고가 결정적으로 열려있음을 보증保証하기 때문이다.

가리 카스파로프가 상대한 컴퓨터는 과연 초당 2억 이상의 수를 읽는 기계였다. 그러나 인간의 시냅스의 총수는 100억에 10만을 곱한 수에 해당하고 게다가 그것이 서로 결합할 가능성은 10 단위 뒤에 숫자 0이 100만 개나 계속되는 천문학적인 것이었다. 그런 와중에 챔피언은 그런 숫자와는 아랑곳하지 않고 필사적으로 두 수 앞을 보려 한다.

카스파로프는 뇌 속에 입력된 역사상의 명승부를 젖 먹던 힘까지 쥐어짜서 출력하려는 것일까? 그렇지 않을 것이다. 그의 경험은 자신의 신체 및 자신이 살아온 시간과 나누기 힘들만큼 이어져 있다. 어떤 수에는 그 때 들은 음악이 다른 수에는 그 수를 떠올리고 있을 때 마신 음료의 맛과 연결되어 있을 수 있다. 그 수로 실패했을 때의 감정이 되살아날지도 모르고 응원해준 벗들의 환성이 떠오를지도 모른다. 카스파로프 자신 내부에서는 판단과 감정, 평가와 추리 등 수많은 마음의 움직임이 서로 자극해 가면서 시시각각 변해가는 체스판의 국면으로부터 새로운 범주를 재구축하고 있었던 것이다.[13]

〈딥 블루〉는 어쩌면 그런 줄도 모르고 우주에서 가장 복잡한 무언가를 상대하고 있었던 것이다. '우울'이라는 이름의 기계는 지금 무엇을 생각하고 있을까?

2. 빌럼 데 쿠닝의 '흰 부분'

만년의 작품군

에델먼의 연구가 잘 나타내고 있듯이 언어활동을 포함한 고차의식의 해명은 아직 착수 단계에 불과하다. 그 해명이 생물학에 기초를 둔 심리학을 필요로 하는 것은 확실하지만 올리버 색스의 보고에서도 확인할 수 있듯이 현 단계에서는 예술적 창조와 신경세포 차원의 기억 메커니즘 사이에 놓인 직접적 관계를 인정하기에는 필요한 데이터가 너무 부족하다. 만약 신경세포군도태설에 따른다면 우선 '원 의식'의 발생을 설명해야 하고 거기에서 '고차의식'으로의 상승에는 언어의 해명이 불가결하다.

따라서 예술처럼 구체적인 창조행위를 신경메커니즘으로 설명하는 것과 같은 단순한 환원주의는 삼가야 하고 기억과 창조의 관계를 분석하는 데에는 그 분석 고리 속에 자기 자신의 의식과정이 관여하고 있음을 잊지 말아야 할 것이다. 그것을 잊거나 신중함을 결여했을 때 어떠한 오류를 범하게 될 것인지에 대해 미국의 추상화가 빌럼 데 쿠닝Willem de Kooning의 후기작품을 둘러싸고 일어난 논쟁은 시사 하는 바가 크다.[14]

논쟁의 발단은 화가의 1980년대 회화작품만을 모은 전람회 〈빌럼 데

쿠닝: 80년대 후기작품전〉이었다. 데 쿠닝은 1904년 네덜란드에서 태어나 1926년에 미국으로 건너왔으므로 70대 후반에서 80대 중반까지의 작품이 전시회의 주를 이룬다. 화가는 그 후 1990년에 절필해 버려서 실질적으로 만년의 작품들이나 마찬가지다.

데 쿠닝의 작품은 일반적으로 추상표현주의라 불리는 스타일의 흐름을 참작한 것으로 본다. 그 대표작이라 할 수 있는 여성상이나 추상적 풍경은 화가의 절정기인 1940년대에서 50년대에 그려진 것들이다. 미술품 투기 붐이 일었을 때 그의 작품 중 하나를 일본인이 전대미문의 가격으로 낙찰을 받아 화제가 된 일도 있었는데 만년의 작품은 50년대와는 확실히 다른 스타일을 보인다.

사람들의 호기심을 자극한 것은 작품상의 변화만이 아니다. 화가는 알코올 중독이었다. 70년대 후반부터 데 쿠닝이 심각한 알코올 의존 증상을 보여 가족들이 어떻게든 술의 유혹을 끊게 하려고 마시면 기분이 안 좋아지는 약을 몰래 투여하기도 했다고 한다.

상태가 악화된 것은 1980년 전후다. 그러나 어느 정도 약의 효과를 본 모양으로 그 후 그는 알코올 의존증에서 완전히 벗어난다. 따라서 전람회에 출품된 80년대의 작품은 나중에 알츠하이머병 진단을 받게 되는 건망증의 징후가 나타난 시기와 겹친다. 1994년 워싱턴 내셔널 갤러리 Washington, DC: National Gallery of Art에서 열린 회고전에 대해 제일 먼저 미술 전문기자들 그리고 평론가들이 일제히 비판을 목소리를 높였다. 더군다나 데 쿠닝에게는 엎진 데 덮친 격으로 그의 스튜디오 어시스턴트 중 한 사람이 전시장 작품의 대부분을 그린 것 아니냐는 소문까지 나돌았다. 어떤 평론가 등은 80년대 작품을 보는 것 자체가 화가를 모욕하는 짓이라고까지 적었을 정도다.

그 분출된 비판들의 공통점은 80년대 회화에 특징적인 것으로 그 이전에는 볼 수 없었던 흰 색으로 덮여있는 부분이다. 흐르는듯한 형태와 선은 오히려 초기 작품에서 볼 수 있었던 자유분방함을 유지하고 있었으나 그 화면에는 여백처럼 보이는 흰 색이 많았던 것이다.

거기에 그려 넣었어야 할 색이나 형태를 잊어 버린듯한 화면과 화가가 알츠하이머에 걸려 있었을 가능성은 쉽게 연결된다. 그로 인해 신경세포가 붕괴해가듯이 화면도 붕괴해간 것이 아닐까 하는 너무나도 단순한 해석이 퍼져나갔을 것이다. 이렇듯 데 쿠닝의 만년의 작품은 병에 걸린 사람이 그린 것이라는 일반적인 평가에 머무르는 것처럼 보였다.

후기라는 문제

그러나 동시에 작품을 알츠하이머병과 단순하게 결부시켜 버리는 해석이나 평가가 잘못된 것은 아닌가 하는 반대의견도 강하게 제출되었다. 문제는 단순히 신경생리학적인 수준의 것이 아닌 현대사회 특유의 사회적인 요인을 담고 있는 것은 아닌가 하는 의견이었다. 사회가 고령화함에 따라 건망증이나 알츠하이머병이 문제가 되는 것은 당연하다. 특히 미국에서는 로널드 레이건Ronald Reagan 전 대통령이 고백한 것도 겹쳐서 알츠하이머라는 여전히 해명되지 않은 병이 고도로 미디어화된 사정도 작동하였다.

미술사에서 '후기문제'라 불리는 연구가 부상한 배경에는 이러한 현대사회가 품고 있는 문제가 존재한다. 렘브란트, 모네, 피카소, 마티스 등의 화가들의 후기 혹은 만년작품에 대한 해석을 둘러싼 논의는 단순히 스타일의 변천에 머물지 않는다. 전성기까지 건강했는가 아니면 언제부터 질환의 영향을 받았는가 혹은 만약에라도 기억장애를 일으켰다면 그 회화의 가치는 변하는 것인가 등의 논의는 현대사회의 인간상을 반영하고 있는 것이다.

말할 것도 없이 이러한 논의가 어디까지 의미가 있는가의 여부도 현시점에서는 알 수 없다. 데 쿠닝의 경우는 이 '후기문제'가 실시간으로 커다란 논쟁을 불러일으킨 최초의 예라 할 수 있을 것이다.

어떤 사건이 일단 미디어를 타고 스캔들을 일으키면 아무리 그것이 오해에서 비롯된 것이라 하더라도 사태를 수습하기 위해서는 그 몇 배의 노력과 시간이 들게 마련이다. 데 쿠닝도 예외가 아니다. 〈빌럼 데 쿠닝 : 80년대 후기 작품전〉은 이 초기의 오해와 빗나간 비판을 바로잡기 위해 열린 측면이 있다.

거기에서 밝혀진 것은 다음과 같다. 우선 어시스턴트가 그렸다는 것은 소문 이상의 것이 아니었다. 캔버스를 준비하기는 했어도 그 작품을 실제로 그린 것은 데 쿠닝 한 사람이었다. 다시 말해 화가는 80년대가 되어서도 300장 이상의 작품을 그릴 수 있었다. 그것은 전시기획자의 매우 치밀한 취재에 의해 확인되었다.

더 중요한 점은 데 쿠닝의 제작방법에 있었다. 그 제작 과정은 알츠하이머병에 걸린 망각의 회화라는 이미지와는 정반대의 오히려 끊임없는 상기와 연상을 기초로 한 것이었다. 창작행위를 모두 신경 메커니즘으로 설명하려는 단순한 환원주의가 빠지기 쉬운 위험성의 한 예라 하겠다. 하지만 그것을 설명하기 전에 데 쿠닝이라는 화가가 지니고 있던 특이한 제작 태도를 알아둘 필요가 있다.

초기 작품에서 볼 수 있는 형태는 만년의 작품에 나타나는 곡선이나 형태의 원형原型처럼 보인다. 적어도 데 쿠닝의 기억은 반세기 전의 모티브를 유지하고 있다.

그 하나는 작품의 방향이다. 데 쿠닝은 생애를 통해 추상형태를 전면에 내세운 작품과 표현주의적 색채가 강한 인물상을 번갈아 그려왔는데 특히 전자의 경우 그리고 있는 작품의 위치 즉 상하좌우를 결정한 것은

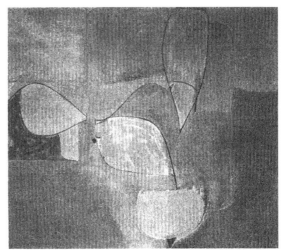

빌럼 데 쿠닝, 〈엘레지〉, 1939년

작품이 완성되기 직전일 때가 많았다.

　그는 캔버스를 상하 거꾸로 하거나 90도로 기울이면서 그려나갔다. 여태 계곡처럼 보이던 것이 산이 되는 경우가 허다했다. 나중에 밝히겠지만 데 쿠닝에게 '완성'이라는 말의 의미는 다른 예술가와는 확연히 다른 것이어서 어쨌든 작품이 완성되었다고 보이는 순간 캔버스의 상하를 거꾸로 하여 사인한 적도 있었다. 그가 사각의 캔버스를 어떻게 파악하고 있었는지는 수수께끼지만 적어도 우리와는 전혀 다른 방식으로 인식하고 있었던 것만큼은 확실하다 하겠다.

끝없는 창조

　그의 80년대 작품에 관한 연구가 밝혀낸 사실은 결과적으로 그림의 스타일은 바뀌었을지라도 기본적인 제작 스타일은 옛날 그대로였다는 것이다. 카탈로그에는 하나의 작품이 완성될 때까지의 과정을 14단계로 나누어 해설해 놓았는데 그것을 보면 화가가 캔버스의 상하좌우를 적어도 열네 번 바꾸었음을 알 수 있다. 거꾸로 놓았다가 옆으로 기울인 탓에 어지러운 위치의 변화는 선이나 색의 변화로 나타난다. 위치를 바꿈으로써 선을 그리거나 지우고 어떤 색을 늘리거나 줄이면서 화면을 바꾸어 간다. 하얗게 보인 부분 아래에는 수십 차례에 걸쳐 고쳐 그린 흔적이 있었던 것이다.

이상한 것은 그렇게 남겨진 작품군은 어느 것이나 놀라우리만치 다양한 형태와 색채를 보이는 동시에 어딘가 일맥상통하는 조화를 느끼게 한다는 사실이다. 그 이전에 누구나 알게 되는 공통점은 어떤 작품에도 서명이 없다는 점일지도 모르겠다. 서명이 있는가 없는가가 현대미술에서는 사소한 문제일지 모르나 데 쿠닝에게는 어떤 중요한 의미를 지닌다. 그도 그럴 것이 그는 실질적으로 작품의 완성을 몰랐던 화가였기 때문이다.

작품의 완성에 대해서는 전혀 관심이 없었다는 점에서 데 쿠닝과 비교할 수 있는 사람은 조각가 알베르토 자코메티Alberto Giacometti 정도일 것이다. 완성한 작품을 남기는 것이 아니라 어떤 형태에 이르는 프로세스 자체가 예술이라는 태도가 어떻게 기억의 문제와 밀접하게 연결되어 있는지는 다음 장에서 다루기로 하겠다. 어쨌든 데 쿠닝에게 완성이란 그 작품이 아틀리에에서 빠져나가는 것 외의 아무 것도 아니었다. 80년대에 이르러서는 오히려 서명을 거부한 때조차 있었다. 작품 전반에 제기되어 온 독특한 유동성은 말 그대로 끝이 없는 형태와 색의 변화 차체가 그의 예술이었다는 사실을 드러내는 것이리라.

알츠하이머 때문에 일상생활에 지장을 초래했다손 치더라도 그것이 회화 작업이라는 고도로 지적인 활동에 영향을 주었다는 증거도 없으며 또 그것을 확인하는 일 역시 불가능할 것이다. 설사 화가가 작업 중에 건망증으로 고통을 받고 있었다고 해도 그것이 바로 작품제작에 장해가 되었는가의 여부는 불확실하다.

하나의 이유는 40년대나 50년대에 화가가 만들어낸 형태나 선이 80년대의 작품에도 분명하게 나타나고 있다는 사실이다. 그러한 활달함과 조화는 명석한 정신만이 창출할 수 있는 것임을 여지없이 보여준다. 만약 화가가 선이나 형태나 색을 간직하는 기억의 팔레트를 가지고 있었다면 그는 그 모든 것을 자유자재로 쓸 수 있는 상태에 있었다고 볼 수 있다.

가령 친구의 얼굴을 잊어버렸다 해도 또 열쇠를 잠갔는지 잠그지 않았는지 떠오르지 않고 혹은 1개월 전 것을 잊어버리는 후퇴성 기억장애가 있다 하더라도 그것이 도리어 화가의 초기 형태나 선에 대한 상기를 강화시켰을 가능성도 있을 것이다.

80년대 작품만을 모은 전시회의 기획자는 그 카탈로그에서 이 작품들

빌럼 데 쿠닝, 〈무제 19〉, 1983년

을 정말로 이해하는 일은 불가능할 것이라 적었다. 이 작품들의 색이나 선을 화가가 어떻게 획득한 것인지 인쇄물에서는 확인할 수 없기 때문이다. 실물을 본 사견으로 말하자면 확실히 맞는 말이다. 하얗게 보이는 부분은 여백이 아니며 실은 그 아래에 몇 겹의 색과 선이 묻혀 있다. 검게 보이는 선도 한 번에 그린 것이 아니라 흰색과 옅은 분홍으로 그린 부분으로 한 눈으로 보면 단색의 추상처럼 보이지만 셀 수 없이 많은 색의 낙엽 위로 진눈개비가 쌓인 듯한 인상을 준다. 데 쿠닝이 이 시리즈를 그리던 막바지에 친구인 화가 카렐 아펠Karel Appel은 다음과 같이 아름다운 문장을 헌사 했다.

하나같이 빌럼 데 쿠닝은 기억을 잃었다고 한다. 그는 언어의 기억을 망각했다. 친구의 이름도 잊어버렸다. 얼굴도 잊어버렸다. 그는 세계와의 만남도 잊어버렸다. 그것이 그가 진정한 화가로서 그릴 수 있는 하나의 이유다. (중략) 그의 그림은 바람과 같다. 캔버스 위에 물감을 흩뿌리는 산들바람처럼 비현실적이고 자유로우며 언어의 세계에서는 아주 멀다. 그는 이 혹성에 잠시 표류하면서 날개 끝으로 캔버스를 채우는 천사 같다. 이것이 그가 이루어온 것, 오래 전부터 그가 이루고 있는 것이다. 그렇게 그릴 수 있는 유일한 화가, 어떤 의미에서 그가 기억을 잃어버린 것은 행복한 것이었다. 자신의 작업에만 생각을 집중할 수 있었기 때문이다. (중략) 그는 우리의 내적 생활의 깊이에 도달했다. (중략) 그것은 하늘의 소리다. 이 정도로 아주 먼 데까지 갈 수 있는 인간이 가지고 있는 창조력의 승리인 것이다.(카렐 아펠, 〈이제야말로 빌럼 데 쿠닝에 대해 말하고 싶다〉, 1990년)

그렇다면 만년의 작품을 지배하고 있는 흰색의 의미, 다시 말해 여백의 의미는 일반적인 해석과는 상당히 다른 것이 되지 않을까. 최종적으로 남은 흰색 밑에는 거기에 이르기까지 그리다 지우고 다시 그리다 지운 무수의 선과 색이 숨겨져 있기 때문이다. 어떤 선은 방향을 바꿈에 따라 별도의 선을 출현시키고 또 어떤 형태는 사라진 데서 그 이전에 그린 형태가 나타난다. 따라서 그 여백들이 망각에 의한 여백이라는 추론은 전적으로 잘못되었다.[15]

오히려 그 흰색은 시행착오를 반복할 수밖에 없는 작가가 도달한 상태인 동시에 끝을 모르는 창조자가 미래를 향해 열어 놓은 가능성으로서의 장이라 해야 한다. 데 쿠닝의 창작 태도는 그런 의미에서 자극을 재통합하면서 끊임없이 지도를 다시 쓰는 에덜먼의 대뇌 신경도태를 떠올리게 하며 기억이란 창조적인 재구축이라 주장하는 바틀렛의 생각을 훌륭하게 실천하고 있다는 느낌이 든다. 데 쿠닝은 과거에 다음과 같이 말한 적이 있다.

> 나를 매료시키는 것은 그것이다. (중략) 자신으로서는 결코 확실하게는
> 알 수 없고 게다가 어느 누구도 알지 못하는 무엇인가를 만들어 내는 것
> 이다. 나는 영원히 그것이 무엇인지 모를 것이며 누구도 알 수 없을 것
> 이다.[16]

그가 예술에 대해 이야기한 것인지 그도 아니면 기억에 대해 말한 것인지 알 길이 없지만 양자는 어쩌면 같은 것인지도 모르겠다.

3. 노스텔지어

끝없는 창조

자신이 태어난 곳으로 회귀하고 싶어 하는 바람은 틀림없이 누구에게나 있기 마련이다. 어린 시절을 보낸 집이나 길이 어떻게 되어 있는지 가

보고 싶은 마음은 동물의 귀소본능과는 또 다른 인간 특유의 심성일 것이다.

어느 날 나는 유년기를 보낸 동네를 지날 기회를 가졌다. 거의 30년만의 일이어서 정확한 주소는 기억이 나지 않는다. 근처에 사는 친구의 도움을 빌리고 기억 속의 광경을 더듬어 어찌어찌 그 비슷한 장소까지는 갔는데 자신이 없었다. 주위의 거리는 완전히 바뀌어 있었고 대부분 거기 지어진 집은 아무래도 새로워서 30년 전과 다름없는 집으로는 보이지 않았기 때문이다.

하지만 현관을 언뜻 본 다음 정원으로 돌았을 때 갑자기 "여기다"라고 확신했다. 표시가 될 만한 것이 있었던 것도 아니다. 다만 그 삼각형의 정원에 기억이 있었다. 정원의 상태가 아니라 삼각형의 정원 정점 부분에 선 순간 어린 시절 거기에 앉아 도카이도센東海道線을 바라보던 일, 여름에는 나팔꽃이 만발하던 일, 증기기관차가 달리던 일 등이 차례차례 떠올랐다. 정원이 상당히 작게 느껴졌다. 어린 아이 의 몸으로 본 세계가 그대로 남아있었다는 의미일 것이다.

성인이 되어 찾아간 어린 시절의 동네는 누구에게나 작고 좁게 느껴진다. 자세한 풍경 등은 깨끗이 잊혀 있을지라도 골목길의 폭이나 담장의 높이에 놀라게 된다. 기억은 신체감각에 의해 유지되고 있는 것이다. 드문 경우지만 어린 시절의 동네를 아주 정확하게 기억하는 사람도 있다.

1988년 샌프란시스코 소재 익스플로라토리엄Exploratorium이 기획한 〈메모리 · 아티스트전〉은 유년 시절의 기억에 관한 매우 특수한 예다. 이 전람회는 이탈리아 출신으로 샌프란시스코에 살고 있는 화가 프랑코 마냐니Franco Magnani의 회화 작품에 참고사진을 조합한 것이었는데 작품의 성질상 개최 당시부터 미술계보다는 오히려 심리학자나 정신분석가들의

흥미를 불러일으켰다.[17]

프랑코 마냐니는 1934년 토스카나 지방의 작은 시골 폰티토Pontito에서 태어났다. 피렌체에서 약 80킬로미터, 토스카나 지방 특유의 아름다운 언덕이 많은 곳이다. 그 전원지대의 조용한 생활은 프랑코가 여섯 살 되던 해 완전히 바뀌어 버린다.

그 해 그는 아버지를 잃었다. 그리고 그 다음 해에는 제3제국 독일군이 폰티토를 침공한다. 마을 사람들은 살던 집을 빼앗겨 쫓겨나고 풍요로운 과수원은 황무지가 되었다. 전쟁이 끝나고 마을사람들이 되돌아왔을 때 과거의 폰티토가 영위하던 조용한 세계는 회복 불가능할 정도로 변해있었다. 어쩌면 이때 프랑코의 마음속에도 비슷한 변화가 일어났을 것이다.

프랑코는 열두 살 때 태어난 고향을 뒤로하고 여행길에 오른다. 그리고 한 번 폰티토에 돌아갔다가 1965년 미국으로 이민을 결단하여 말과 습관이 다른 신대륙에 도착한다. 하지만 급격한 환경 변화는 프랑코가 예상한 것 이상의 정신적인 부담이 되어 원인불명의 고열과 환각 증세를 보여 부득이 입원하게 된다.

이때부터 그의 머릿속에서는 폰티토만이 현실성을 띠는 것이 되었다. 퇴원해서도 프랑코는 미국과 샌프란시스코의 일상에는 거의 흥미를 느끼지 못하고 오로지 폰티토만을 생각하게 된다. 흡사 기억 속의 광경에 이끌리듯 어느 날 그는 그림붓을 든다. 이리하여 그는 기억 속에 있는 고향 마을만을 그리기 시작했던 것이다.

가상현실의 마을

전람회에서는 프랑코의 화화작품과 더불어 현실의 폰티토를 촬영한 사진이 전시되었다. 그림과 사진을 배열하는 것이 화가의 의사에 따른 것인지는 의문이다. 나중에 설명하겠지만 필시 화가는 사진을 필요로 하지 않았을 공산이 크다. 하여간 그것들을 둘러본 관객이라면 프랑코의 기억이 이상하리만치 정확한 것에 놀라지 않을 수 없을 것이다. 프랑코는 어떠한 사진이나 영상도 보지 않은 채 20년에 걸쳐 고향의 풍경을 그려왔다는 점에 주목해야 한다.

그 작품들에는 사진 같은 정확함이 있다. 확실히 프랑코의 머릿속에는 어떤 의미에서 사진 이상으로 리얼한 폰티토의 풍경이 존재하고 있었다. 존재하고 있었다기보다는 그러한 풍경에 그가 느닷없이 사로잡히는 것이었다. 전람회에 맞춰 발행된 박물관 팸플릿은 그 불가사의한 광경을 다음과 같이 설명하고 있다.

> 프랑코의 작품 대부분은 그가 그의 머릿속으로 어떤 특별한 광경이 갑자기 들어온다고 말한 대목의 '기억의 섬광'에서 시작된다. 프랑코는 종종 그 광경을 매우 화급하게 종이 위에 기록해야 한다고 느끼고 마시던 잔을 바에 남긴 채 스케치를 하러 귀가한 일도 있었다.

마치 그 순간 스트로보strobo가 발광하여 어떤 광경이 촬영된 것처럼 그의 머릿속에는 폰티토의 광경이 나타난다. 프랑코는 아틀리에로 돌아와 스케치북을 꺼낸다. 그는 종이 위에 포석鋪石을 깐 길을 그리기 시작하는데 그것은 그가 그 때 실제로 그곳을 걷고 있는듯 모든 세부까지 리얼하다.

그것만이 아니다. 오른쪽을 보면 교회 탑이 보이고 왼쪽을 보면 완만한 구릉이 눈에 들어온다. 오른쪽에서는 종소리가 왼쪽에서는 개천의 시냇물 소리가 들린다. 프랑코는 기억의 풍경 속을 자유롭게 다니면서 스케치한다. 그리고 흡사 지금 거기를 걷고 있기라도 하듯이 그는 머리와 몸을 좌우로 움직이면서 폰티토의 풍경을 묘사한다.

이 행동은 기묘하지만 이른바 시뮬레이터simulator를 몸에 두른 사람의 행동과 닮아 있다. 액정 고글이나 데이터 글러브data glove, 혹은 전신형 슈트 타입의 인터페이스를 걸치고 컴퓨터로 만든 가상의 마을을 걷는 인간은 마치 그가 보고 있는 가상환경을 현실의 그것에서처럼 머리나 몸을 움직이게 된다. 그 동작을 데이터 글러브나 데이터 슈트가 읽어 들여 화상을 컨트롤하는 것인데 프랑코가 기억의 광경을 묘사하는 모습은 제3자의 눈에 이와 똑같이 비칠 것이다.

프랑코가 그린 폰티토의 그림과 같은 장소를 같은 시점에서 촬영한 사진

프랑코의 시각적 기억의 적확성에 놀랄 따름이지만 그것이 기계적인 기록과는 다르다는 것을 사진과의 비교에서 알 수 있다. 사진의 이미지는 과거의 어느 순간에 공간 속 어떤 지점에서 본 광경으로 당연히 그것은 광학적인 조건에 좌우된다. 한편 기억 속의 이미지는 위의 그림이 나타내고 있듯이 어느 순간에 한정되지 않을 뿐 아니라 어떤 공간의 한 지점에서 본 광경도 아니다. 거기에는 복수의 시간과 복합적인 시점이 섞여 있다. 올리버 색스는 프랑코가 창에서 본 교회의 그림을 〈구성적 원근법〉이라 부르는데 여기에서도 기억의 재구축적인 성격을 엿볼 수 있을 것이다. 프랑코가 기억의 신scene을 표사할 때의 시점은 과거의 한 지점이 아닌 생동하는 시간이자 공간인 것이다. 기억이란 운동이며 그것은 지속이라 바꿔 말할 수도 있을 것이다.

게다가 프랑코는 그 곳의 소리나 냄새, 손놀림까지도 어렴풋이 느낄 수 있다. 가상현실이 목표로 하는 전감각형 시뮬레이터를 프랑코는 이미 실현해버린 것은 아닐까.

아니 오히려 프랑코의 기묘한 경험은 가상현실이라는 것의 본질을 생각하기 위해 흥미로운 재료를 제공해주고 있는 것이다. 가상의 현실체험이란 무엇인가를 생각하기 전에 기억의 모양새를 생각해야 한다. 프랑코의 회화가 나타내는 행동과 이미지와 장소를 상기하는 것과의 관계상 수수께끼는 그대로 가상현실이라는 기술의 근본에도 가로놓여있는 문제인 것이다.

따라서 회화와 더불어 출품된 사진은 프랑코라는 화가의 시각적인 면에서만 의미가 있다. 프랑코의 기억상은 3차원이며 또 그것이 시각에서 출발한다고는 하지만 전신적·전감각적인 것임을 잊어서는 안 된다. 사진과 비교하여 흥미로운 것은 그림 속 건물의 척도가 사진과는 상당히 다르다는 점이다. 말할 나위도 없이 프랑코는 어린 나이의 신체적인 눈높이로 보거나 느낀 마을을 그렸다. 창으로 보이는 교회나 길도 현실보다는 다소 크게 묘사되어 있다. 이 대목은 일반의 경험과 비슷할지도 모른다.

돌의 촉감

올리버 색스도 이 '기억의 예술가'의 작품에 흥미를 지닌 사람 중 하나였다.[18] 색스는 프랑코 본인만이 아니라 가족과 친척을 만나 조사를 추진하였는데 마침내는 프랑코와 함께 폰티토를 방문하기에 이른다. 샌프란시스코에서의 전람회가 예상 이상의 반향을 불러일으킨 탓에 색스와 프랑코는 피렌체에서 개인전과 강연회를 열었다. 그 사이의 결과는 색스의 보고서에 자세히 나와 있지만 가장 흥미로운 점은 프랑코에게 폰티토로의 귀환은 플러스 · 마이너스 양쪽 모두에 작용한 사실이다.

맨 처음 프랑코는 유년 시절 기억 속의 광경과 30여년 만에 찾은 마을의 새로운 광경과의 충돌과 혼란 속에서 자기 자신을 잃어버린 채 9개월간 그림붓을 쥘 수 없게 된다. 프랑코는 이 때 폰티토로 돌아간 일을 몹시 후회하지만 혼란이 사그라진 다음에 남은 것은 역시 유년 시절의 광경이었다. 그 후 두 번째로 방문했을 때 색스가 동행한 덕도 있겠지만 지난번보다는 충격이 덜 하였고 오히려 마을의 세세한 부분을 다시 살펴봄으로써 창작의욕을 가다듬었다. 그를 오랜 세월동안 함께해온 아내의 죽음에도 풀이 죽지 않고 창작을 지속할 수 있었던 것은 그의 작품을 많은 사람이 감상해 주었고 특히 고향 사람들이 프랑코를 따뜻하게 맞아준 덕분이었다.

참으로 놀라운 것은 이렇듯 수많은 만남과 충격에도 불구하고 프랑코 작품의 본질은 거의 바뀌지 않았다는 점이다. 그는 고향방문 이후에도 그 전과 같이 유년 시절의 마을을 계속해서 그려나갔다. 기억의 정확함만이 아니라 그 집요한 고정성에는 역시 외상이라는 말 밖에 표현할 방법이 없음을 절감하게 한다.

색스는 거기에서 프랑코 작품의 중요한 성격을 지적한다. 그의 머릿속에 등장하는 폰티토의 광경에서는 어떤 슈퍼컴퓨터를 동원해도 실현 불가능할 만큼 고도로 정밀한 3D모델의 존재를 떠오르게 한다. 그러나 프랑코가 몇 백 장의 그림을 그리든 그의 유년기 경험을 재현하지는 못할 것이다. 왜인가?

프랑코의 그림에는 인간의 모습이 나타나지 않기 때문이다. 그는 분명히 기억 속의 폰티토를 걸으면서 개에게 쫓기거나 마을 사람들과 스친다. 그 사람들 중에는 프랑코가 20년 만에 귀향하여 재회했을 법한 사람도 포함된다. 하지만 그들 중 누구 하나도 끝내 그의 화면에 나타나는 경우는 없다. 정확하기 이를 데 없는 기억의 그림에 숨어있는 어떤 중대한 상실의 체험을 색스가 아니더라도 느낄 수 있는 대목이다.

처음 고향을 방문했을 때 현실의 폰티토를 목격하고 오지 말았어야 했다고 후회한 프랑코가 현실을 받아들이게 된 계기는 그가 교회탑의 돌을 접한 순간이었다.[19]

그 놀라운 기억은 그 돌들 하나하나의 세부까지 묘사할 수 있게 했지만 실제로 그 돌과 접촉한 순간 그는 기억의 폰티토가 바뀌지 않았음을 안 것이다. 새로운 건물로 보이지 않게 된 구릉, 과거에는 들릴지 않았을 기계음, 가솔린 냄새, 현실의 폰티토는 분명히 변해 있었다. 그럼에도 돌만큼은 그대로였던 것이다.

그의 촉각은 기억하고 있었다. 돌은 프랑코의 기억의 그림을 구축하고 있는 물질이다. 그 벽은 프랑코의 마음의 한계였다. 프랑코가 태어난 고향은 돌의 벽으로 둘러싸여 있고 어떤 것도 그보다 앞서 나아갈 수 없다. 전차조차 그것을 무너뜨리고 침입하지 못할 것이다. 그리고 화가 자신도 그 벽 밖으로 나가는 일은 없을 것이다. 그가 벽 저편으로 추방당한 사람들을 만나러 갈 이유는 없는 것이다.

기억술사의 세계

프랑코의 기억상像의 선명함과 안정성은 이른바 기억술사의 그것을 연상시킨다. 실제 프랑코는 이주하기 전에 직인으로 취직을 하여 이미 보통사람 이상의 뛰어난 기억력으로 주위 사람들을 놀라게 했다고 한다. 프랑코의 기억이 가장 선명한 것은 유년 시절의 폰티토에 대해서 만이고 기억술사처럼 새로운 사물을 기억할 수 있었던 것은 아니다. 하지만 전람회 기획자나 색스가 밝히고 있듯이 장소에 대한 기억의 정확함 그리고 장소의 기억과 공감각Synesthesia적인 기억과의 결합에는 역시 기억술의 세계와 통하는 바가 있을 것이다.

프랑코의 예에서 우리가 금방 떠올릴 수 있는 것은 알렉산더 루리아 Alexander Luria의 저작으로 유명한 아라비아 태생의 유대인 기억술사 솔로 몬 셰레솁스키Solomon Shereshevsky 통칭 쉬Sh(또는 루리아의 에스Luria's S — 옮긴이)일 것이다.[20] 역사적으로 유명한 기억술사 중에서도 쉬의 기억력 이 특히 뛰어난 점은 그 능력에 한계가 없다는 것과 동시에 몇 년이 흘러 도 그 능력이 떨어지지 않았다는 것이다. 루리아는 일련의 실험이나 질 문을 통해 그 놀라운 기억력의 비밀이 비범하게 발달한 기억像的記憶과 강 한 공감각적 경험에 있음을 발견했다.

상이나 상징을 만드는 능력, 시각상과 음성상을 서로 변환시키고 나아 가 그것을 공감각적으로 연결하는 능력, 하나의 기억이 다른 기억을 제 거하거나 억제하지 않는 것 등 통상의 기억이론으로는 설명하기 어려운 능력 중에서도 특히 루리아를 놀라게 한 것은 쉬의 기억이 전면적으로 이미지에 기초를 두고 있으되 논리적인 기억은 작동하지 않았다는 점이 다. 무의미한 기호나 문장을 의미 있는 형태로 변환하여 기억하는 방법 은 믿기지 않을 만큼 복잡한 법칙을 가지고 있음에도 16년 후에 갑자기 물어도 틀림없이 같은 방법으로 떠올렸다는 점에서 두드러진다. 이에 대 해 루리아는 다음과 같은 결론을 내린다.

> 그의 기억은 기억의 법칙보다 오히려 지각 · 주의의 법칙을 따른다. 즉
> 그가 단어를 재생하지 못하는 것은 그것이 잘 보이지 않다거나 주의를
> 기울이지 않은 경우이다. 또 그의 상기는 형태의 밝음, 형태의 사이즈,
> 형태의 배치 혹은 아무런 관계가 없는 음성에 의해 생긴 반점 등 형태가
> 명료한가의 여부에 의존한다.

이미지 기억에 필적하는 또 하나의 특징은 변환된 형태를 어떤 도시

속에 배치하는 방법이다. 예를 들어, 1936년에 이루어진 공연으로 무의미한 음의 나열을 분절하고 각 음절을 의미 있는 단어로 변환한 후 그 단어들을 과거에 쉬가 살았던 바르샤바의 마을 속에 배치하는 예가 나온다. 그 마을에는 하숙하고 있던 아파트의 큰집, 넝마주의, 유모, 탑, 우유가게, 여자상인, 하얀 판, 욕조, 역사박물관 등 사람이나 사물이 배치되어 있고 쉬는 마치 그 마을을 산보하듯이 차례차례 기억과 상기를 반복한다.[21]

마을의 기억은 정확히 프랑코가 그랬듯이 시각적인 동시에 청각·후각·촉각과 연결되어 있다. 그는 "기억술 공연 때에는 흔히 비슷하고 작은 길에 있는 경우가 많다"고 한다. 마을의 이미지를 만들어가면서 기억하고 있다기보다는 이미 머릿속에 존재하는 마을을 거처로 삼고 있다고 보는 편이 맞을 것이다.

다만 이러한 기억법은 쉬가 처음으로 개발한 것은 아니다. 쉬를 연구하고 있던 시점에서 루리아가 모르고 있었던지 혹은 고의로 언급을 피한 것인지는 알 길이 없다. 나중에 다루겠지만 장소와 이미지를 연결짓는 방식은 그야말로 고대 그리스 이후 기억술의 전통 속에 자리 잡고 있는 것이다.

쉬가 맨 처음 루리아의 연구실을 방문한 것은 1920년대고 기억술사로서 활약한 것은 30년대의 일이었다. 쉬 자신은 그 능력을 시각적 능력 혹은 이미지 능력이라 불렀는데 특히 그 경우 그가 사용하는 형태의 개념이 종종 사진이나 영화와 같은 광학기술을 떠올리게 하는 대목은 흥미롭다. 상의 밝음이나 크기가 기억의 명료함에 부합하는 즉 영상공간이다. 보통 사람이 '생각'하는 것을 쉬는 '본다'. 그는 그것이 실제로 보인다고 몇 번이나 되풀이하고 있다. 예를 들어, 쉬는 기억술 공연에서 주의해야 할 점을 다음과 같이 말한다.

나는 각각의 공연이 얽히지 않게 하려고 불투명한 필름으로 마치 칠판을 덮듯이 한 다음 머릿속으로 칠판을 문질러서 닦아냅니다. 그리고 그 필름을 칠판에서 떼어내듯이 합니다만 그때 따닥따닥 하는 소리가 납니다. 공연이 끝나면 써놓은 모든 것을 지우고 칠판에서 떨어져 필름을 머릿속에서 뺍니다.

이 칠판의 에피소드에서 상상할 수 있듯이 쉬에게 정말 곤혹스러운 점은 어떻게 기억할 것인가가 아니라 어떻게 잊을 것인가이다. 예컨대 쉬에게 일반적인 의미에서의 망각은 없고 생각하고 싶지 않은 것은 기억 공간 속에서 그 형태를 어둠 속에 두거나 작게 하여 그 앞을 아무렇지 않게 지나치는 것이다. 쉬의 이야기가 소름이 돋는 것은 끝없이 기억할 수는 있어도 결코 잊을 수 없다는 보르헤스적인 세계가 실제하고 있다는 데서 오는 것인지도 모른다.

뭔가 멋진 것

쉬의 불가사의한 기억의 세계에 대한 비밀은 최종적으로 비밀인 채로 남아있다. 하지만 그것을 풀 열쇠 하나가 어디에 있는지를 루리아와 어쩌면 쉬 자신은 막연하게나마 느끼고 있었던 것 같다. 그것은 쉬의 유년 시절의 기억과 관계된 부분이다. 루리아는 어린 시절의 기억이 언어처리가 이루어지기 전에 정착한다는 점에서 중요하다고 전제한 후, 쉬의 유년기의 기억이 어른이 된 후에도 언어처리를 거치지 않은 것에 주목한다. 즉 쉬는 간난 아이가 느낀 감각을 그대로 감각으로서 느끼고 있는 것이다.

그는 한 살 이전의 감각을 다음과 같이 회상한다.

어머니를 내가 그것으로 인식하기 전까지는 '환상적인 것'으로 지각하고 있었습니다. 형태나 얼굴은 없었고 있는 것이라고는 몸을 웅크리고 있으면 뭔가 좋은 일이 벌어지는 그런 것이었습니다. … 그것은 기분이 좋은 것이었습니다. 나는 어머니를 마치 당신이 사진기의 어둠상자를 통해 사물을 보듯이 보고 있었습니다. 처음에는 아무것도 구별할 수 없었고 둥글고 작은 구름–반점만 보였고 다음으로 얼굴이 나타났으며 그 다음에 얼굴의 특징이 확실하게 드러났습니다. 어머니가 저를 품에 안습니다. … 저는 어머니의 손길을 알아차리지 못하고 반점이 생긴 뒤 제게 뭔가 이런 일이 생깁니다.

어머니의 얼굴을 선명하게 볼 수 있습니다. (중략) 맨 처음 그것은 흰 연기 같은 것이었고 다음으로 기분 좋은 것 다음으로 얼굴 그리고 그 다음은 움직임입니다. 아버지는 목소리로 알 수 있었습니다.

루리아는 쉬의 이 회상이 있은 후 그것이 그의 유아기 경험을 떠올린 것인지 아니면 루리아와 마주 앉아 있을 당시의 쉬가 그 자리에서 얻은 어떤 것을 반영했는지를 분간하기는 곤란하고 그것에 대해 생각해봐야 유익한 결과는 얻지 못할 것이라 밝히고 있다.
한편 루리아는 여기에 쉬의 기억술의 열쇠가 되는 공감각적인 표현이 이미 나타나고 있음을 주목하고 어린 아이에게 특징적인 감각과 경험의 미분화된 상태가 쉬에게 남아있는 것은 아닐까 하고 지적한다. 다음과 같은 예는 그것이 기억술에 쓰이는 이미지인 것인지 아니면 어린 시절의 경험인 것인지 분간하기 힘들다.

소리가 울려 퍼지면 눈앞으로 작은 돌들이 날아다닌다. 손가락은 뭔가 로프 같은 것 울퉁불퉁한 것을 느끼며 다음으로 짠 물의 맛 …그리고 또 뭔가 흰 것.

소리 · 맛 · 시각적 형상과의 결합 혹은 연결은 쉬의 기억술의 기본 중 하나다. 랭보Arthur Rimbaud가 모음과 색을 연결한 〈모음Voyelles〉이라는 시를 연상시킨다. 이상과 같은 유아기나 유아기의 회상에는 확실히 유아가 느낀 감각이 그대로 언어화되어 있음과 동시에 그 경험이 회상 당시 쉬의 기억술을 통해 해석된 듯한 부분이 있다.

모친의 존재가 구름에서 반점이 되고 반점이 얼굴이 된 뒤 거기에서 마침내 특징이 나타나는 과정은 상상에 의한 재구성이라 할 수도 있는데 그것이 어느 정도 기간을 두고 떠오른 것인지 쉬가 말하고 있지 않기 때문이다. 또 자신의 주위 모습을 사진기를 통해 보듯이 자세히 들여다보았다는 기술에는 시각상을 활용하는 기억술사의 지식이 얼굴을 드러내고 있다. 과연 그는 유아의 감각을 회상한 것인가 그도 아니면 과거의 정경을 다시 현재화하여 경험한 것인가.

그러나 과연 양자는 별개의 것이라 할 수 있을까. 루리아는 생각해봐야 소용없다고 정리했지만 역시 최종적으로 문제가 되는 것은 이 회상과 경험의 관계다. 쉬의 비길 데 없는 기억은 확실히 강고한 기억의 흔적을 남기고 있는 듯이 보인다. 하지만 그 모두가 실은 어떤 의미에서 현재의 경험에 기초하고 있다고도 해석 가능한 이유는 여기에 있다.

쉬는 10년 이상 전에 암기한 복잡한 수식을 하나도 틀리지 않고 말할 수 있었다. 여기에서 중요한 점은 그가 완전히 같은 기억상이나 공감각적 연상을 동원하여 수식을 복원했다는 것이다. 구름이 반점이 되고 반점에서 특징이 드러나듯이 어떤 의미에서 상상적인 이미지의 구축이 유아기에도 청년기의 기억술에도 공통적으로 이루어진 것이라면 쉬의 기억이란 어떤 흔적을 남기는 것이 아니라 형태를 만드는 절차의 문제가 아닐까.

루리아가 쉬의 기억의 불가사의함을 연구하고 있던 것과 거의 같은 시기인 1932년 영국의 심리학자 프레드릭 바틀렛은 기억이란 상기라고 했다. 바틀렛에 따르면 기억이라는 것은 뭔가가 머릿속에 남아있는 것이 아니라 상상적으로 구축되는 것이다.

> 상기란 고정된 무수의 생명 없는 단편적인 흔적을 다시금 자극하는 것이 아니다. 그것은 상상의 재구축 혹은 구축이며 우리의 과거에 대한 반응이나 경험의 조직된 총체와 보통은 이미지나 언어의 형태를 띠고 나타나는 뭔가 두드러지는 점 등에 대한 우리 태도의 관계에서 만들어지는 것이다. 따라서 그것은 거의 정확했던 선례가 없고 암기의 가장 기본적인 예에서도 그러하다. 기억이 정확해야 한다는 것은 중요하지도 특별하지도 않다. [22]

바틀렛의 연구는 상당히 의식적으로 'memory=기억'이라는 단어를 쓰지 않고 어떻게든 'remembering=상기'만으로 표현하려 한 나머지 약간 난해해진 감도 있지만 어쨌든 그의 결론은 화가 프랑코나 기억술사 쉬의 세계를 이해하는 데 이중적인 의미에서 중요하다. 기억이 상상의 재구축이라는 결론의 앞부분은 모든 감각을 동원하여 유년 시절의 마을을 다시 체험再體驗한 프랑코나 공감각적인 기억상을 자유자재로 구사한 쉬의 기억술을 잘 설명해준다.

하지만 "기억이 정확했던 선례는 없다"고 한 뒷부분은 프랑코나 쉬의 경우에는 들어맞지 않는 것이 아닌가 하는 의문이 남는다. 쉬의 정신은 흔적을 무한히 수용할 수 있는 것인가 그도 아니라면 이미지의 강력한 창조력인가에 대해 루리아도 틀림없이 고민했을 것이다.

서번트Savant들의 기억

이 점에서 기억과 지성의 문제가 복잡하다는 사실을 보여주는 것이 이른바 '이디오 사방Idiot Savant' 혹은 '서번트 증후군Savant syndrome'이라 불리는 현상이다. 이는 정신병이나 발달장애에 의한 중증장애를 갖고 있는 사람이 기억, 음악, 계산, 미술 등 여러 분야에서 경이로운 재능을 발휘하는 현상으로 알려져 있다.

일본에서는 회화에 놀라운 재능을 보인 야마시타 기요시山下淸나 야마모토 요시히코山本良比古가 알려져 있는데 서번트 증후군을 과거 1세기의 기록까지 거슬러 올라가 조사한 미국의 정신과의사 대럴드 트레퍼트Darold A. Treffert는 그것이 동서고금을 막론하고 출현하는 불가사의한 증상이고 또 이 특이한 재능들을 보이는 사람들에게 백치라는 지금까지의 호칭이 전혀 상응하지 않다는 사실을 객관적으로 밝혀냈다.[23]

서번트의 재능은 일반인이 갖고 있는 능력 전체에서 보면 매우 한정된 범위에서만 발휘된다. 또 그것이 일반적인 의미에서의 취미나 심심풀이가 아닌 서번트 자신에게는 다른 무엇과도 바꿀 수 없는 '행위'다. 그 재능은 회화나 음악에 머무르지 않고 계산능력이나 냄새에 대한 기억 혹은 방향감각이나 시간감각에 뛰어난 사람이 있는데 트레퍼트가 조사한 서번트들 중에 특히 미술적 재능에 탁월한 재능을 보인 알론조 클레몬스Alonzo Clemons는 경력 등은 전혀 다르지만 프랑코와 공통점이 많다.

알론조는 1956년에 태어나 세 살 때 넘어져 뇌손상을 입었다. 특히 언어 능력에 현저한 장애를 입어 지금도 구사 가능한 어휘가 몇백 자를 넘지 못한다. 일상적인 대화조차 부자유스런 알론조가 실은 미국 전역에서 전시회를 열었고 그의 작품이 비싼 가격에 거래되는 저명한 조각가란 사실을 알고 놀란 사람은 트레퍼트만이 아니었다. 또한 1948년 이후 개인전에서 수많은 조각 작품을 발표해온 그가 이른바 서번트임을 아는 사람은 많지 않다고 한다. 알론조의 청동 조각은 그의 개성과는 독립하여 평가를 받고 있는 셈이다.

알론조의 말 조각상

현실의 입체복제라고밖에 할 수 없는 질주하는 세 마리 말의 움직임 자체를 훌륭하게 재
현했다. 이 작품은 19세기 프랑스 화가 제리코Théodore Géricault가 그린 달리는 말의 다리
움직임이 현실의 그것과 달랐던 점, 또 그것을 밝힌 것이 사진술이었다는 점 등의 에피
소드를 상기시킨다. (대럴드 트레퍼트, 다카하시 겐지로 역, 〈왜 그들은 천재적인 능력을
보이는 것일까〉, 소시샤草思社, 1990)

그의 작품은 대부분 동물인데 예를 들어, 달리는 세 마리의 말을 표현
한 조각에는 움직임에 대한 아주 정확한 관찰만이 재현 가능한 약동감으
로 충만하여 사진으로 봤을 때에는 달리는 말의 영상에 화상처리를 더한
컴퓨터 그래픽 작품으로 착각했을 정도다. 더욱이 알론조는 무언가를 참
고하면서 조형 작업에 임하는 것이 아니다. 그의 작품 제작 과정을 트레
퍼트는 다음과 같이 밝히고 있다.

알론조는 기억에 기대어 조각 작품을 만들었다. 예를 들면, 동물원이나
책, 텔레비전 등에서 그 동물을 그저 한 번 보는 것만으로 충분했다. 그
것만으로도 세부에 걸쳐 정치하고도 입체적인 복제품이 만들어졌다. 힘

줄이나 근육까지 실물 그대로 재현했다. 꼭 복사기 같다. 평면적인 사진에서 어떻게 입체적인 상을 만들어내는 것인지 수수께끼가 따로 없다.

정확함만이 아니라 제작 속도도 예사롭지 않아서 작은 것은 20분 만에 만들어 버린다. 그야말로 입체 복사기다.

현재 알론조가 고집하는 소재는 마이크로크리스탈린 왁스Microcrystalline Wax인데, 손이나 손가락을 정교하게 움직이면서 그 소재를 훌륭한 조각 작품으로 만들어낸다. 점토를 손으로 개어서 대강의 형태를 만든 다음 손가락으로 세세한 부분을 다듬고 손톱으로 테 두르거나 표시를 그어 정치한 작품을 완성한다. 송곳을 사용하기도 하는데 이것은 그가 사용하는 유일한 도구다.

알론조는 이러한 조각 기술을 어떻게 습득한 것일까? 그도 그럴 것이 그는 단 한 번도 미술교육을 받은 적이 없다. 하지만 머리에 부상을 입기 전부터, 다시 말해 두 살 무렵부터 이미 점토세공에 흥미를 보여 주위를 놀라게 할 만큼 재능이 있었다고 한다. 점토에 대한 흥미는 사고 후에도 계속되어 특별시설에 들어가서도 점토 조각만큼은 비정상적인 집착성향을 보였다고 한다. 어떤 때는 다른 학습에 방해가 된다고 하여 점토를 압수당하자 교정의 아스팔트를 긁어모아 작은 동물을 만든 뒤 자신의 침대 밑에 숨긴 일도 있었다.

직관상直観像의 활동인가

알론조가 기억에 의존하여 작품을 제작하는 모습은 서번트가 아닌 프랑코 마냐니의 선명한 삼차원 기억상을 떠올리게 한다. 이렇듯 선명하고도 정확한 기억상을 어떻게 얻을 수 있는가를 설명하기 위해 종종 직관상이라는 현상을 가정한다. 서번트 연구자인 트레퍼트는 '직관상'이라는 단어 자체에 명확한 정의가 없다면서도 거기에는 크게 두 가지의 현상이 있음을 인정한다.

하나는 시각대상이 제거되었음에도 그 지각상이 오래 남는다는 것인데 잔상 현상 같지만 그것이 마치 아직 존재하고 있기라도 하듯이 일정 기간 동안 보인다는 점에서 광학적인 현상과는 다르다.

트레퍼트에 따르면 어린이는 이러한 직관적인 능력을 많든 적든 갖고 있다. 언어능력을 쓸 수 있을 때까지 유아는 구체적인 이미지를 기억하고 떠올릴 수 있다. 그것은 정확히 발달을 위한 일종의 도구로 사용되다가 언어능력의 성장과 더불어 서서히 소멸된다. 직관상은 상의 대상이 사라진 뒤에도 같은 장소에 40초 이상 보이는 것을 조건으로 하고 있으나 그것을 더욱 더 긴 시간 동안 볼 수 있다면 알론조처럼 조각 작품 제작이 가능하게 되는 것인지도 모른다.

다른 하나의 직관상은 '시각 이미지 기억'이라 불리는 것으로 마치 사진을 찍듯이 어떤 시각상이 영구히 고정되는 현상이다. 대량의 정보를 빠짐없이 기록하고 그것을 수시로 꺼낼 수 있는 사진이나 복제 같은 기억이다. 앞서 살펴본 마냐니가 기억의 그림을 그릴 때처럼 눈이나 머리를 움직여 다각도로 관찰할 수 있는 선명한 기록이다. 자극의 잔존이라 여겨지는 협의의 직관상과는 달리 이 '시각 이미지 기억'은 회상상回想像으로 시간의 흐름에 따른 감퇴를 동반하지 않는다. 반영구적으로 보존 및 재생이 가능한 광디스크를 연상시킨다.

하지만 마냐니의 경우가 그러했듯이 영상장치의 메타포에는 주의해야 한다. 아무리 딱 들어맞는 비유라 하더라도 과연 서번트들이 드러내는 기억상이 사진이나 영상 혹은 비디오 등의 광학적 메커니즘을 갖고 있는지 여부는 별개의 문제다.

이른바 '스트로보 기억'이라 불리는 짧으면서도 선명한 기억을 포함하여 광학상과 기억상이 얼마만큼 닮아있고 얼마만큼 다른가를 밝히지 않으면 직관상이라는 개념도 유효하지 못할 것이다. 과연 우리의 뇌는 어떤 정경을 촬영하거나 복제할 수 있는 것일까 혹은 무한한 저장능력을 가진 기억매체가 어딘가에 있는 것일까.

만약 뇌의 어딘가에 광디스크 같은 기억매체가 있다면 왜 알론조는 한 순간 봤을 뿐인 동물의 사진에서 그 전체상을 만들 수 있는 것일까. 그는 사진에 비친 말의 한 쪽면 밖에 보지 않았고 동물원의 철책 밖에서 봤을 뿐이다. 그런데도 그 조각 작품은 흡사 그가 그 말 주위를 수없이 돌며 관찰했거나 혹은 실제로 말을 타고 달린 적이 있는 것처럼 표현해낸다.

트레퍼트는 그것은 정확히 비디오의 정지화면과 같은 것이 아닐까 하고 추측한다. 그런데 직관상이 광학적인 것이라면 한 마리의 말 조각을 위해서는 정지화면 수천 매가 각인되어 있을 필요가 있다. 그뿐 아니라 컴퓨터 그래픽과 같은 3D프로그램에 의해 보이지 않은 부분을 시각화해야 한다. 과연 한 번 봤을 뿐인 시각정보로 그것이 가능할까.

마냐니나 알론조의 놀라운 능력에 대해 꼭 이러한 기록 장치나 기억 흔적을 가정할 필요는 없다. 루리아는 쉬의 기억이 직관상 기억과는 전혀 다른 것으로 이해하고 있었다. 그것은 매우 복잡한 이미지 기술을 구사해야 가능하며 공감각이 결정적인 작용을 끼친다. 루이아는 쉬의 능력이 기억의 법칙이 아니라 "지각의 법칙 혹은 주의의 법칙을 따른다"고 명확하게 밝히고 있다. 오히려 비주얼 감각의 몇몇 성질이 그들(마냐니, 알론조, 쉬) 내부에 특히 강화된 결과 어떤 지각 범주만 기형적으로 발달한 것이라고 생각할 수는 없을까.

집중!

그것은 다름 아닌 집중이다. 트레퍼트가 서번트 증후군에서 공통적으로 발견되는 특징으로 든 것이 집중력이다. 그들의 강한 집중력은 미술적 조형만이 아니라 음악이나 계산 등 모든 능력에 공통적으로 관찰된다. 감정과 더불어 집중은 기억의 잔존도에 결정적인 요인이 된다. 기억을 잘하기 위한 실용서의 도입부에는 반드시라고 해도 과언이 아닐 정도로 무언가를 기억하고 싶을 때에는 우선 그것에 집중하라고 적혀있다.

우리가 무언가에 집중했을 때 그 대상이 의식의 중심으로 오고 그 이외의 것은 주변으로 물러난다는 사실, 다시 말해 어떤 것에 집중하기 위해서는 다른 것이 희생된다는 사실을 경험적으로 알고 있다. 의식적인 집중의 범위는 대단히 좁다.

윌리엄 제임스William James에 따르면 집중이란 동시에 존재하는 복수의 대상 혹은 사고의 흐름 하나가 명석하면서도 선명한 형태로 마음을 점유하는 것이다. 집중할 수 있는 대상이나 사고는 많아야 하나 아니면 둘이어서 일반적으로 많은 것에 동시에 집중하기는 어렵다. 따라서 집중은 고도로 선택적이다.

이러한 집중의 성질은 어디에서 유래하는 것일까. 생각할 수 있는 하나의 기원은 몇몇 가능한 행동 가운데 하나를 선택해야 하는 동물 행동에서의 도태. 어떤 동물이 적의 습격을 받았을 때 많은 반응들 중 어느 것 하나를 선택해야만 한다. 그것이 생존이 걸린 행동이라면 하나의 행동 패턴을 선택하고 그것을 즉시 실행으로 옮기는 능력이 자주 선택될 것이다. 의식적인 집중의 범위가 좁다는 사실은 어쩌면 생존이 걸린 선택이라는 특수한 성격에서 유래할 것이다. 이때 일반적인 각성상태보다 더욱 지향성이 있는 까닭은 집중이 행동에 하나의 방향을 부여해야 하기 때문이다.

신경세포도태설은 집중도 재인 시스템의 일부로 생각하는데 고차의식에서의 집중메커니즘은 훨씬 복잡할 것으로 예측한다. 선택은 하나가 아니다. 계획의 선택, 가치의 선택, 시간적 예측의 선택에 대한 상태에 따라 광역사상의 상태가 조절된다. 에덜먼은 집중이 단일한 과정이 아니고 신경계의 상당한 영역이 관여할 가능성이 있다고 지적한다.

서번트들에게 공통적으로 나타나는 집중력과 그 이외의 것에 대한 무관심이나 주의 저하에서 그들의 놀라운 능력의 비밀을 찾아낼 수는 없을까. 뇌의 어떤 부분에 대한 손상이나 정신병 등 어떠한 원인으로 집중메커니즘과 광역사상에서의 우위성에 변화가 일어나 결과적으로 그들에게 통상적으로는 생각할 수 없는 기억력이 주어지는 것은 아닐까. 시각상에서 입체상을 만들어내는 지각범주가 극도로 발달한 것이라 추측할 수 있을 것이다. 아주 특수한 경우이기는 하지만 이것도 상기의 한 형태가 아닐까 한다.

기억의 요람

여기에서 서번트들이 흔히 보통의 일상생활을 영위하는 데 필요한 능력을 결여하고 있고 또 그들의 조각이나 음악 혹은 계산 등의 능력이 특기나 취미가 아닌 그들에게 필요불가결한 '행위'라는 사실을 떠올릴 필요가 있다. 만약 집중의 메커니즘이 생존에 중대한 행위로의 도태에서 비롯된다면 같은 의미에서 서번트들의 능력은 그들에게 생존과 같은 무게를 지닌다. 그들의 엄청난 집중력은 생존을 위해 '신경계가 선택한' 능력이라 할 수 있을 것이다.

문제의 열쇠는 루리아가 느끼고 있었고 혹은 프랑코의 경우가 보여주듯이 지각과 감정과 경험이 미분화된 유년 시절의 기억상태에 있는 것 같다. 즉 에덜먼이 말하는 제1레퍼토리에서 제2레퍼토리가 형성되는 어느 시점에서 혹은 제2레퍼토리에서 재입력 결합이 일어나는 과정에서 특수한 지각 범주 능력이 생겼을 가능성이다. 프랑코나 쉬의 유년기 기억 모두가 언어적 처리 이전의 기억이고 그것은 지각과 인식 및 경험이 한 덩어리로 되어 있다.

어떤 서번트에 관해 올리버 색스가 표현한 것처럼 그것은 "거대한 기억의 태피스트리tapestry(무늬를 넣어 짠 양탄자나 벽걸이— 옮긴이)이고 거기에는 방대한 어쩌면 무한의 정보가 그려져 있어서 모든 것을 단독으로 혹은 연관지어 볼 수 있는" 상태에 가깝다. 여기에서는 본다는 표현을 쓰고 있지만 오히려 감각적으로는 시각과 같은 대상지향적인 것이 아니라 특별히 피부감각적인 세계다.[24]

혹시 기억의 고향이 피부감각에 있는 것이라면 알론조에게 점토나 마니에게 돌은 단순한 소재가 아닐 것이다. 그들이 일상생활에 필요한 능력은 결여하고 있을지 모르지만 적어도 점토나 돌에서 그들은 그들에게 가장 중요한 세계를 견고하게 파악하고 있다. 그것은 우리들 대부분이 현실적으로든 감각적으로든 고향을 상실하고 있는 것과는 대조적이다. 기억의 심연은 점점 깊어지는데 그 끝없는 탐구의 도상에서 우리는 "어쩌면 상기하는 것이란 어딘가에서 상실을 수용하는 것이 아니었을까" 하는 생각에 다다르게 된다.

4. 장과 기억술

우리는 일상생활에서 과거와 미래라는 동시존재co-existence를 왕복한다. 정신이라 불리는 것의 본질은 열린 미래와 반복 불가능한 과거와의 사이에 놓인 지평을 이동할 수 있는 능력에 있다. 정신적인 자유의 여신으로 이곳을 지배하는 이는 기억의 여신 므네모시네Mnemosyne다.[25]

한스-게오르그 가다머Hans-Georg Gadamer

장소 뉴런

기억술은 대체 뇌의 기능과 어떤 관계를 맺고 있는 것일까. 기억술사 쉬가 가지고 있던 장소의 기억과 공감각의 복합은 확실히 신경세포 차원에서의 어떤 연합을 느끼게 한다. 공간적인 배치에 비정상적으로 민감한 재입력이 이루어졌던 것일까.

1971년 영국의 연구자 존 오키프John O'Keefe는 쥐의 해마체Hippocampus에 장소에 특이하게 반응하는 뉴런이 있음을 발견했다. 오늘날 '장소 뉴런'이라 불리는 이 세포는 어떤 장소에 갔을 때만 발화發火하는 것이다. 장소 뉴런을 연구하고 있는 도야마대학富山大學의 오노 다케토시小野武年 교수에 따르면 238개의 해마체 뉴런을 조사한 결과 33개가 특정 장소에 반응을 보였다고 한다. 게다가 그 뉴런들 중에서 특정 방향에 대해 반응하는 '방향응답 뉴런'도 발견되었다.[26]

'장소 뉴런'이 흥미로는 것은 그것이 해마체에서 발견되었다는 점이다. 해마체는 대뇌변연계에 있는 기억의 중추인데 이곳은 또 감정의 움직임情動에도 중요한 역할을 하는 것으로 알려져 있다. 정동반응情動反應과 장소의 기억이 해부학적으로 근접해 있다는 사실은 이른바 에피소드 기억에서의 장소정보의 중요성을 간접적으로 설명해주는 것 같다.

장소와 기억에 대해 경험적으로 말한다면 대다수의 사진가는 상당히 발달한 장소기억을 지니고 있다고 생각된다. 자신이 촬영한 것이라면 그것이 수만 장이라 하더라도 어디서 찍었는지 틀림없이 말할 수 있을 것이다. 물론 특정 필름을 찾으려 할 경우 우선 촬영일자를 떠올릴지 촬영장소를 떠올릴지에 따라 개인차가 클 것이다. 그러나 일반적으로 일시보다는 장소의 기억 쪽이 훨씬 빼어날 것이라 생각한다.

'장소 뉴런'의 성격이 밝혀짐에 따라 기억술의 의미도 다른 각도에서 고찰할 수 있게 될 것이다. 나아가 상상을 확장하면 케오스의 시모니데스Simonides of Ceos 이후 기억술과 장소 뉴런 사이에는 이동과 기억을 둘러싼 인류확산사의 흔적을 살펴볼 수 있을지도 모른다.

기억술의 흐름

그리스 신화의 시인 시모니데스에서 시작되었다고 전해지는 기억술은 인공적 기억이라 불리는 기명記銘(새로운 경험을 우선 머릿속에 새겨 기억함– 옮긴이)과 상기의 기술체계다.

시모니데스는 어떤 귀족의 축하연에 초대받아 주인에게 경의를 표하는 서정시를 바쳤는데 그 시구에는 쌍둥이 신 카스토르Castor와 폴리데우케스Polydeuces에 대한 찬사도 포함되어 있었다. 주인은 이에 화가 나서 약속한 사례는 절만 밖에 지불할 수 없으니 나머지는 쌍둥이 신에게 받으라고 전한다.

잠시 뒤 시모니데스는 면회를 원하는 젊은이가 기다린다는 전언을 듣는다. 시모니데스가 자리에서 일어나 밖으로 나가 보았으나 그럴만한 사람의 모습은 보이지 않는다. 그때 연회장 지붕이 무너지면서 주인이고 손님할 것 없이 모두 와륵에 깔려 불귀의 몸이 된다. 유해는 하나 같이 신원을 파악할 수 없을 만큼 뭉개져 있었으나 시모니데스는 누가 어디에 앉아 있었는지를 기억하고 있었으므로 달려온 친족에게 각각의 유해를 가르쳐줄 수 있었다. 참석자가 자리한 장소를 기억하고 있었던 시모니데스는 이 경험에서 기억술의 원리를 생각해낸다. 그런데 시모니데스를 호출한 젊은이란 실은 쌍둥이신이었고 시모니데스의 목숨을 건져냄으로써 그들을 위해 읊조린 시의 보수를 지불했던 것이다.

장소(loci)와 이미지(imagines)로 기억력 강화를 꾀하는 기억술은 이렇게 그리스에서 로마 그리고 중세에서 르네상스로 계승된 특수한 지知의 체계인데 1966년 프랜시스 예이츠Frances A. Yates의 노작《기억술The Art of

Memory》(1966)이 간행될 때까지는 거의 잊어져 있던 문화였다.[27]

지금 생각해보면 알렉산더 루리아가 희대의 기억술사 쉬에 대한 연구를 그 정도로 상세하고 공공연하게 했으면서 기억술에 대해 단 한 줄도 언급하지 않은 것은 기이하달 수밖에 없다. 루리아 교수조차 알지 못했을 정도로 전통적인 기억술이라는 분야는 완전히 잊혀 있었던 것이다. 기억술 자체가 망각된다는 사실은 생각해보면 얄궂은 이야기기는 하다.

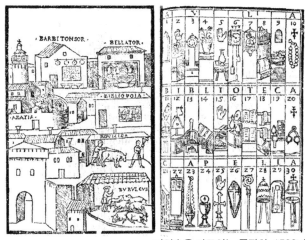

기억술을 가르치는 목판화, 1520년

메리 캐루더스Mary Carruthers에 의하면 기억술이 부활한 것은 12세기에 접어들어서다. 이 도판은 장소와 이미지의 조합에 의한 기억의 방법을 설명하고 있다. 우선 도시 안에 여섯 개의 장소- 수도원, 이발소, 갑옷창고, 서점, 가축의 우리, 도축장이 있다. 숫자와 알파벳을 붙인 표는 수도원의 예를 나타내고 있다. 기억하는 자는 이 방들과 도서관을 머릿속으로 찾아다니면서 각각의 방 속에 놓인 시계나 가구, 예배용 도구 등 10개의 오브제에 단어를 연결하여 암기한다.

고대 그리스에서 탄생한 기억술은 특정 장소에 이미지를 결부시킴으로써 어떤 논의나 사건을 기억하는 기술이라 요약할 수 있을 것이다. 확실히 루리아가 연구한 기억술사 쉬가 쓴 방법이다. 쉬는 예이츠의 저작은 물론 어떠한 기억술의 책도 알지 못한 채 오로지 독자적으로 인공적 기억의 기술을 익혔으므로 불가사의할 따름이다.

또 역사적인 기억술 자체는 잊혀 있더라도 상상과 연상을 기억의 증진에 사용하고자 하는 생각은 오늘날에도 통속적인 기억법 관련 서적을 통해 반복적으로 출판되고 있다. 어쨌든 고대 그리스 도시의 다양한 공간을 장소로 정하여, 기억하고 싶은 내용에 대응하는 여러 형태나 사물을 배치해가는 기억술은 논의나 변론에 필수불가결한 기술로 발전했다.

장소의 기억

나는 이 고대의 기억술을 방불케 하는 광경을 어느 날 우연히 목격한 적이 있다. 그곳은 모로코의 고도古都 페스Fez 메디나Medina(모로코의 전통시장− 옮긴이)였다. 오래된 벽에 둘러싸인 메디나의 내부는 중세 시가지가 그대로 남아있는 미로인데 자동차는 전혀 들어갈 수 없다. 교통은 도보나 당나귀를 이용하는 수밖에 없다. 그 미로 속을 다소 불안한 마음으로 걷고 있자니 구불구불한 골목 저편에서 일단의 노인들이 걸어왔다.

서너 명의 노인이었을 것이다. 하나 같이 희고 긴 옷을 몸에 두른 노인들은 한 줄로 늘어서서 이쪽으로 걸어왔다. 맨 앞의 사람이 지팡이를 들고 있어 맹인인줄 알았다. 문득 브뤼헐Pieter Bruegel의 그림을 생각했다. 옆까지 가까워지자 비로소 알게 된 것이지만 그들은 꾸란 문구를 앞서거니 뒤서거니 주고받으면서 시가지를 돌고 있었던 것이다.

그들의 모습에서 기억술을 느낀 것은 그들이 암송한 문구 때문이 아니다. 중얼거리는듯한 그 창화唱和를 비록 통역해 주었다 하더라도 내용까지 이해하지는 못했을 것이다. 단어가 아닌 선두의 노인을 비롯한 그들의 걸음걸이나 몸동작에서 장소와 이미지의 결합을 느낀 것이다.

그들은 골목 한 가운데를 걷지 않고 반드시 한 손을 벽에 대고 걸었다. 가끔씩 멈추어 서거나 입을 다물고 귀를 기울이면서 뭔가를 확인하듯이 걷는 것이었다. 확인할 수는 없었지만 어쩌면 그 모습은 머릿속에 이미지를 붙여 장소를 설정한 고대 그리스인의 행동과 상통하는 데가 있지 않을까 싶었다.

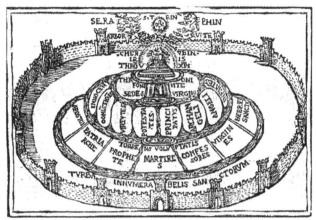

코시모 로셀리|Cosimo Rosselli, 〈기억의 장으로서의 천국〉
성벽에 둘러싸인 천국 내부에 종교적인 기억을 위한 '장소'가 표시되어 있다.

사상가로서 기억에 대해 매우 심원한 고찰을 전개한 아우구스티누스 Aurelius Augustinus는 《고백록Confessiones》에서 다음과 같이 기억술을 방불케 하는 기술을 남겼다.[28]

나는 기억이라는 들판과 넓은 방에 도착한다. 거기에는 감각이 여러 가지 것에 대해 빚어낸 무수한 이미지들의 보고寶庫가 있다. 거기에는 또 감각이 포착한 것을 우리가 늘리거나 줄이거나 혹은 다른 방법으로 바꾸어가면서 생각해내는 모든 것들이 쌓여있다. (중략) 내가 그 보고 안으로 들어가 내가 찾는 것을 내놓으라고 명령하면 어떤 것은 금방 나오지만 다른 것은 겨우 찾을 수 있어서 말하자면 먼 곳의 창고로부터 운반되듯이 나온다. 또 어떤 것들은 무리를 지어 내가 다른 것을 찾고 있는 중에 주제넘게 가운데로 툭 튀어나와 방해를 한다. 내 상기를 가로막는 이것들을 나는 마음의 손으로 내쫓는다. (중략) 또 어떤 것은 내가 바라는 바대로 열을 지어 정연하게 나타나 앞의 것은 뒤의 것에 뒷걸음질 치며 자리를 양보하고 내가 찾을 때 다시 나타날 수 있도록 준비한다. 이러한 일모두는 내가 기억에 의지해 무언가를 말할 때 일어나는 것이다.

윗글을 요약하면 기억이 어떤 장소에 이미지의 보고로서 쌓여 있을 것, 거기에는 질서가 있을 것, 그것들은 여러 방법으로 증감 및 변화하고 있을 것 등이다. 예이츠는 아우구스티누스가 고전적 기억법을 훈련 받은 것이 아닐까 추측한다.

기억의 극장

기억술의 역사를 대충 살펴보면 당초 웅변술의 범주에 속해 있던 기억술은 중세에 수사학으로서 스콜라적 학문의 일부가 되는데 이때 암기해야 할 내용은 오로지 성서의 해석이었다. 기억술이 수사학으로 다루어졌다는 의미는 결코 작지 않다. 사항이나 논의를 기억하는 기술에서 기억하기 쉬운 문장술로의 이동을 의미하기 때문이다. 즉 어떤 문장을 어떻게 잘 외울 것인가의 문제에서 보다 간단하게 외우기 위해서는 어떤 문장의 구성이 적합한가에 대한 연구로 진전한 셈이다.

기억술이 세계를 파악하는 표징체계로 발전하는 것은 르네상스 시기 헤르메스주의Hermeticism적 마술사상이고 예이츠가 밝힌 이탈리아의 조르다노 브루노Giordano Bruno, 줄리오 카밀로 델미니오Giulio Camillo Delminio로부터 영국의 로버트 프래드Robert Fradd를 거쳐 라이프니츠Gottfried Wilhelm Leibniz에 이르는 마술적 사고의 흐름이다.

그 특징은 카밀로의 〈기억의 극장〉이나 프래드가 기억극장을 고안할 때 참조한 것으로 알려진 셰익스피어의 〈글로브극장Globe Theatre〉으로 대표되듯이 기억술이 인공적인 건축으로 실현되었다는 점에 있다.

한마디로 건축이라고는 하지만 카밀로처럼 실제로 존재하는 건축에서 예수회 수도사 아타나시우스 키르허Athanasius Kircher의 실현 불가능한 기억의 신전연구에 이르기까지 다양하지만 거기에서 얼마간의 유형을 정리하는 일은 어렵지 않다. 예이츠의 연구 성과물의 절반이 카밀로에서 시작하여 프래드 및 〈글로브극장〉으로 끝나는 데서 알 수 있듯이 대표적 형식은 극장이다.[29]

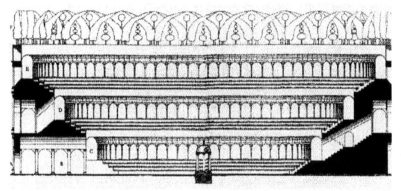

폴리필리Poliphili에 의한 〈비너스 극장〉
중앙에 비너스의 샘이 있고 각각의 층에는 다른 화초를 심는다. 기억술적 정원의 특징은 시각적 이미지는 물론 냄새나 소리 등을 이용하는 데 있다.

단적으로 말하면 기억술을 연구한 사상가들의 기억 자체가 기원의 신화에서 유래하는 장의 기억에 사로잡혀 있었기 때문일 것이다. 기억의 여신 므네모시네가 낳은 아홉 명의 뮤즈들은 각각 서사시, 역사, 서정시, 음악, 비극, 종교음악, 무용, 희극, 천문을 관장한다. 두말할 나위 없이 극장은 어머니인 므네모시스가 거처로 삼기에 가장 적절한 장소다. 시모니데스가 장과 이미지를 결부시켜 기억했다는 기원의 신화는 분명히 기억술의 탄생 장소가 예술의 장이었음을 나타낸다.

그러나 고대와 르네상스 시대에는 확실한 차이도 존재한다. 고대의 기억술이 도시나 풍경 혹은 방의 배치 등 많든 적든 현실에 존재하는 구조 나아가 각각 독자적인 특징을 갖춘 구조를 채용한 데 대해 르네상스 시대의 기억술은 하나 같이 기하학적인 형상을 기반으로 하고 있다. 수학과 천문학에 마술적 밀교를 조합한 고도로 추상적인 구조가 특징이다.

기억과 보행

극장과 더불어 중요한 구조는 탑이다. 로버트 프래드는 7층으로 된 〈영적 구조〉라 명명한 탑을 구상하고 있었고 키르허는 1679년에 출판한 기서 《바벨탑》에서 성서에 전하는 탑의 실재를 언어학적·건축학적으로 기술하면서 거기에 마술적 기억술의 기원을 제시한다.

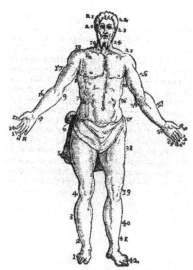

필리포 제주알도Filippo Gesualdo, 〈기억의 장으로서의 신체〉, 15세기
신체 각 부위와 대조하여 기억할 수 있도록 42개의 자리가 표시되어 있다.

4장에서 논하겠지만 바벨탑은 언어적 혼란의 신화로서만이 아니라 기억과 상기의 상징으로서 중세에서 오늘날에 이르기까지 계속 살아 있다.

안톤 프란체스코 도니Anton Francesco Doni, 〈이상도시〉, 1552년
르네상스기의 작가 도니가 생각한 이상도시. 중심부에 거대한
돔이 위치한 기억술의 공간이다.

이러한 건축물과 병행하여 정원 또한 기억술에서 빠질 수 없는 장이
었다.

건축적 기억술이 르네상스기에 이르러 고도로 사유적인 것이 되었다
면 정원은 고대의 기억술, 다시 말해 이미지를 덧붙인 장소를 걸음으로
써 상기하는 기억의 몸짓을 남긴 것이라 할 수 있을 것이다. 이미 중세에
는 수도원의 회랑이나 중정이 기억술의 장으로서 적극적으로 이용되고
있었다. 이에 대해서도 후술하겠지만, 그 영향은 아득한 19세기 사진술
의 탄생에까지 미치는데 17세기에서 18세기의 기억술은 조경술의 발전
과 불가분의 관계가 있을 것이다.[30]

걷기와 이동에 따라 바뀌는 경관과 그것이 사색에 미치는 영향이라는
관점에서 보면 조경술은 우선 시학과 밀접한 관계가 있다. 또 기하학적인
정원의 설계에는 마술적 기억술과의 관계뿐 아니라 어떤 지리를 축소하
여 정원에 투영하는 식의 조경술과 지리학의 병행관계도 인정되고 있다.

예이츠는 17세기의 예로 프랜시스 베이컨Francis Bacon이 기억술에 관해 깊은 지식을 갖고 있었다고 썼다. 베이컨의 저택의 회랑 하나에는 채색 된 유리창이 있었는데 그 유리창마다에는 새나 꽃, 동물 등의 모양이 새겨져 있었다. 베이컨이 그것들을 장소와 이미지에 의한 기억술에 활용했던 게 아닐까 하는 추측이 전해져 오고 있다. 그러한 채색 유리창은 유럽의 성이나 저택, 사원에서 볼 수 있다. 핵심은 기억술의 소양이 있는가의 여부다. 낯익은 성에서도 기억술의 관점에서 다시 살펴보면 생각지도 못한 발견이 있을지도 모른다.

극장, 탑, 정원 등 하나 같이 기억술과 관련된 건축물의 최종적인 종합 공간은 성이다. 오늘날에는 바로크 성관城館과 정원의 구조에서 상기와 망각의 드라마를 끌어낸 알랭 레네Alain Resnais의 영화《지난 해 마리앙바드에서L'année dernière à Marienbad》(1961)가 인상적인데 다소의 차이는 있겠지만 화면상의 성이나 수도원은 어딘지 모르게 기억술적인 공간의 성격을 띤다.

프랑스 리모쥬Limoges 서쪽에 있는 로슈슈아르Rochechouart 현대미술관은 15세기의 성안에 있다. 리무쟁Limousin 지방의 풍부한 초록을 조망할 수 있는 아름다운 성이다. 특히 다다이스트이자 사진가로 유명한 라울 하우스만Raoul Hausmann의 컬렉션을 중심으로 크리스티앙 볼탕스키Christian Boltanski를 비롯한 현대작가의 작품이 성관 내부에 설치되어 있고 다양한 기획전도 열린다.

성안 여기저기에 '수렵 공간'이라 불리는 방이 있다. 15세기 사냥 모습이 벽 전체에 묘사되어 있는데 거기에서 처음으로 오늘날 유럽에 남아있는 숲은 전체가 정복된 것임을 짐작하게 된다. 초록의 풍경은 실은 과거 사냥감이 달리던 숲이 사라져 비로소 출현한 것임을 15세기 수렵 공간이 일러준다. 로슈슈아르성이 품고 있는 뜻밖에도 잃어버린 숲의 추억이었던 것이다.[31]

기억술의 성

정상적인 경험에서 우리의 감각은 기억이라는 매체를 통해 다른 모든 감
각을 내장한다. (중략) 모든 예술에는 기억을 통해 그 외의 모든 예술이
포함된다.

이탈리아의 철학자 안토니오 루치Antonio Lucci는 《어떤 예술과 그 외의
예술》에서 여러 예술을 결합하는 것으로 기억을 중심에 두었다.
　게다가 예술에서의 기억이란 일상생활에서 기억이 맡는 것 이상으로
본질적인 역할을 담당하고 있다. 기억 자체가 예술이다. 다양한 모든 예
술을 하나도 남김없이 종합한 것이 그것이다. 고대 신화가 기억의 신 므
네모시네를 뮤즈들의 어머니의 신으로 상상했을 때 어떤 의미에서 이점
을 확실히 꿰뚫고 있었던 것이다.
　기억의 신 므네모시네는 제우스와의 사이에서 9명의 미의 신을 낳았
다. 다시 말해 서로 다른 예술 사이에는 기억이라는 공통의 어머니에 의
해 부여된 관계가 있다. 여러 예술 사이에 생겨나는 시대적 경향을 분석
하면서 마리오 프라츠Mario Praz가 주목한 것은 안토니오 루치가 제시한
상기의 이론이다. 프라츠는 여기에 더해 윌리엄 워즈워스William Wordsworth
가 내린 시의 정의 즉 "정숙한 가운데 기억을 되찾은 정서"를 인용한다.
　예술의 본질을 공상이나 감각이 아닌 기억에서 유추하려고 한 대목이
루치의 독창적인 점이고 이를 수용하여 프라츠는 실생활상의 기억과는
다른 미적 기억의 역할을 밝히기 위해 《기억의 신 므네모시네Mnemosyne:
the Parallel between literature and the visual arts》를 저술한 것이다.[32]
　그렇다면 우리는 21세기에도 박물관의 상상상想像上의 어머니를 그리
스 신화 속의 기억의 여신 므네모시네에게서 찾을 수 있을까. 그러기 위
해서는 여러 예술 간 교감을 촉진하고 하나의 예술에서 다른 예술로 여

행을 떠날 수 있는 공간을 만들어야 할 것이다. 기억이란 우선 자유로운
이동이어야 한다.

　프랑스 투르Tours에서 한 시간 정도 걸리는 작은 마을 변두리에 와롱성
Le Chateau d'Oiron이 있다. 비교적 최근의 일인데 구피에Gouffier 가문이 지은
이 17세기 성관에서 악어가죽을 비롯한 진귀한 컬렉션과 성 2층에 그려
진 동서고금의 실재 혹은 가공의 동식물 관련 천정화가 발견되었다. 성
내부의 어딘가에 역사적으로는 박물관의 전신에 해당할 〈진귀품수집실〉
이 있었음에 틀림없다. 이 색다른 성관 내부에 '호기심과 불가사의Curios &
Mirabilia'를 테마로 한 현대미술관을 오픈 했다.[33]

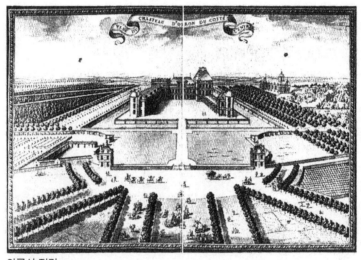

와롱성 전경

　호기심과 불가사의를 테마로 한 와롱성은 성 전체에 감도는 연금술적
인 분위기를 계승하고 있다. 우선 4원소를 길잡이로 한 컬렉션이 정교하
다. 예를 들어, 〈공기〉에는 파나마렌코Panamarenko의 비행기구, 〈불〉에는
찰스 로스Charles Ross가 사막에서 태양광으로 태운 365장의 설구이 판,

〈물〉에는 다니엘 스포에리Daniel Spoerri의 약병 등 물질성이나 운동성을 강조한 작품이 많다. 원소와 더불어 인간의 오감 역시 중요한 테마다. 사탕을 만드는 장치가 있는가 하면 백열전구 밑에 놓인 유리잔 안의 붉은 와인의 방순芳醇한 향기가 감도는 방이 있는 식으로 상당히 다채롭다. 작가들의 출신지도 5대륙에 걸쳐 있어서 시공을 초월한 〈호기심과 불가사의〉를 구현했다고 할 수 있다.

와롱촌의 환경과 직접 연관된 작품도 적지 않다. 바르셀로나의 사진가 호앙 폰트큐베르타Joan Fontcuberta는 와롱성 굴 안에서 발견되었다는 미지의 생물 표본을 만들었다. 크리스티앙 볼탕스키의 초상화는 와롱촌의 초등학교 학생을 매년 촬영해가면서 벽을 채우는 작품이다. 과거에는 명사의 초상화가 걸려있었을 공간이다.

성 안의 식당에는 라울 마렉Raul Marek이라는 작가가 완성한 테이블 세트가 줄지어 있다. 이것은 와롱촌 사람들을 매년 한 번씩 한 자리에 초대하여 열리는 만찬회를 위한 실용품으로 마을 사람들의 옆얼굴이 그려진 접시와 와인 잔, 낙인이 새겨진 냅킨 세트로 되어 있다. 와롱성은 쉼 없이 성장해나가는 일종의 살아있는 미술관인 셈이다.

완성된 작품을 수집하기보다는 매년 여러 명의 아티스트를 성으로 초청·체재하게 함으로써 특정한 공간을 제작하게 하는 것이 와롱성의 방침이다. 그 작품들은 성과 와롱촌의 역사에 호응하면서 얼마간 '호기심과 불가사의'에 관계하는 존재가 되었다. 이는 미술이라는 틀을 넘어선 현대 미술–역사–박물관이라 해도 될 것이다.

끊임없이 과거를 재심의하고 현재를 재구성하여 그것을 미래에 투영하는 것이 기억이라 한다면 기억은 진행형으로 존재할 수밖에 없다. 기억은 이동능력을 갖는다. 기억은 항상 용솟음치는 것이자 건축되는 것이다. 므네모시스는 앞으로도 이동과 창조 속에 모습을 드러낼 것이다.

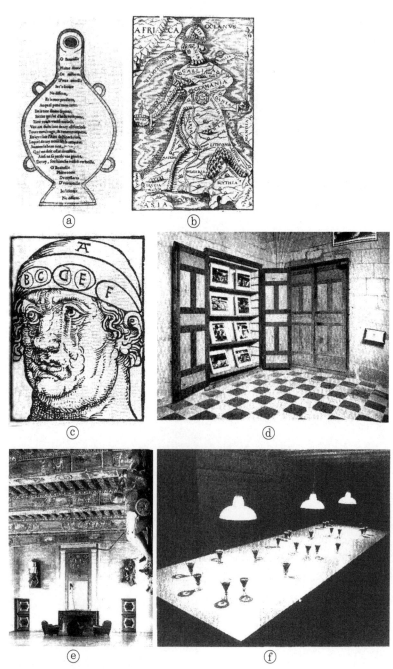

외롱성의 기억술적 도상세계

a. 투르지방의 우주론: 프랑수아 라블레François Rabelais, 《가르강튀아와 팡타그뤼엘 *Gargantua and Pantagruel*》제5서(1964년)에서 발췌. 기괴한 항아리 안의 내용물은 시일까 신주神酒일까?

b. 지도와 우주론의 방: 제바스티안 뮌스터Sebastian Münster, 《코스모그라피아*Cosmographia*》 제6서(1598년)에서 발췌. 신체의 부분과 이미지를 연결하는 기억술의 예. 르네상스의 세 계관에서는 유럽이 여성으로 되어 있다. 머리 부분이 이베리아 반도, 목장식이 피레네산 맥, 덴마크의 왼손이 쥔 홀笏의 띠가 영국, 이탈리아의 오른팔 앞에 시칠리아라는 구슬이 쥐어져 있다. 심장이 독일이다. 신체를 흐르는 대동맥은 도나우강이고 정확히 간肝 부근 에서 흘러 나와 헝가리의 평야를 지나 흑해로 빠져나간다. 이 여왕은 분명히 합스부르크 가의 유럽을 체현하고 있고 프랑스 등은 형태도 그림자도 없다..

c. 알브레히트 뒤러Albrecht Dürer. 지知의 자리는 머리 전면에 있다는 말일까. 머리글자 A 가 관冠의 위치에 있다.

d. 와롱성 1층 〈말의 회랑〉과 〈포모르Fomoire의 방〉

e. 와롱성 2층의 〈왕의 방〉과 다니엘 스포에리의 작품 〈12개의 부분적 신체〉: 16세기 왕 의 방에는 갑옷과 투구 혹은 트로피가 장식되어 있었지만 오늘날의 예술가는 잡동사니를 짜맞춘 인형을 벽에 걸어놓았다. 갑옷과 투구는 수많은 전투를 기념하기 위한 것이지만 스포에리의 인조인간android이 기념하는 것은 현대사회와 물질의 투쟁처럼 보인다.

f. 빌 컬버트Bill Culbert 〈전구의 방〉: 유리잔 속의 액체를 통해 전구의 그림자가 테이블에 비친다. 방에는 고급 포도주 향이 충만하다.

원주

1) Gerald M. Edelman 著, 金子隆芳 訳, 《脳から心へ―心の進化の生物学Bright Air, Brilliant Fire: On the Matter of the Mind, Basic Books, New York, 1992》, 新曜社, 1995. 이 책은 일반인을 대상으로 쓰인 것이다. 이하의 신경세포군도태설에 관해서는 같은 저자의 보다 전문적인 神沼二真 訳, 《トポバイオロジー―分子発生学序説Topobiology: An Introduction to Molecular Embryology, Basic Books, New York, 1988》, 岩波書店, 1992도 참고했다.

2) 카스파로프와의 인터뷰는 주로 다음의 기사를 참조했다.
斉藤彰, 〈カスパロフ氏対戦相手を振り返る〉, 読売新聞, 1996. 2. 1

3) 정신활동을 다위니즘으로 이해하려는 시도는 19세기에도 있었다. 프랑의 철학자 이폴리트 아돌프 텐Hippolyte Adolphe Taine은 "우리의 모든 심상image 사이에 항상 발생하는 생존경쟁에서는 처음부터 보다 큰 에너지를 제공받은 심상이 그것을 구축하는 반복법칙에 의해 대항 심상을 격퇴할 힘을 보존·유지한다"고 주장했다. 또 에델먼에게 커다란 영향을 끼친 미국의 심리학자 윌리엄 제임스는 "생각하는 것은 선택하는 것이다"라고 했다.
Jean-Pierre Changeux 著, 塚田裕三監 訳, 《分子と記憶―脳の高次機能を解明する基本戦略Molécule et mémoire, Dominique Bedou, Gourdon, 1988》, 同文書院, 1991, p.65

4) 뇌의 회로는 고정적이지 않은 가소성을 갖는다는 설이 일반적으로 인정받게 된 것은 1970년 이후다. 1963년에 미국의 데이비드 허블David Hunter Hubel과 토르스튼 위즐Torsten Nils Wiesel이 발견한 고양이의 시각신경세포의 광반응특성 변화가 계기가 되어 환경이 신경세포의 변화를 초래한다는 사례연구가 잇달아 발표되었다. 허블과 위즐은 일련의 연구 성과로 1981년 노벨생리의학상을 받았다. 뇌의 해부학적인 구조의 큰 틀은 유전적으로 결정되는데 그것이 실제로 어떠한 회로를 만드는가는 제1레퍼토리가 만들어지는 시기 혹은 감수성기라 불리는 젖먹이 시기에 경험이 미치는 영향에 의해 결정된다. 다음의 문헌은 가소성 연구의 1인자가 '가소성은 기억의 수수께끼를 푸는 열쇠'라고 주장하는 주요 저작이다. 塚原仲

晃, 《脳の可塑性と記憶》, 紀伊國屋書店, 1987.
또 가소성연구를 포함하여 일본의 뇌연구 최전선에 대해서는 다음 책에 잘 정리
되어 있다.
立花隆, 《脳を究める―脳研究最前線》, 朝日新聞社, 1996

5) 어떤 범주를 만드는 데 얼마만큼의 자극이 필요한 것일까. 그건 그렇다 치더라도
동물은 어떻게 소수의 샘플에서 범주화를 이루어내는 것일까. 에델먼은 범주화의
사례로 그림을 학습하는 비둘기에 관한 연구를 든다. 헌스타인Richard Herrnstein
과 세렐라John Cerella가 연구한 비둘기는 물고기 그림을 식별하는 것은 물론 만화
의 이미지나 주인공의 형태도 식별했다. 비둘기는 수중생활을 하지 않고 만화도
모르는 것이 당연하다. 그럼에도 비둘기는 말의 사용 없이 일반화 할 수 있었던
것이다. 이에 대해 에델먼은 "이러한 비둘기의 행동은 전통적인 학습이론으로는
설명하기 힘들다는 결론에 이르게 한다. 본래 그림을 이용한 학습프로그램에는
보상학습이 포함되어 있었는데 비둘기의 뇌에는 이러한 행동을 용인하는 구조상
의 특징이 있음에 틀림없다"고 주장한다. (에델먼 앞의 책, 《トポバイオロジー》,
p.239)
에델먼은 비둘기의 놀랄만한 행동 뒤에 재입력적 범주화가 작동하고 있음을 확인
한 것이다. 비둘기의 인지행동에 대해서는 게이오대학의 와타나베 시게루渡辺茂
교수팀이 매우 흥미로운 연구 결과를 보고했다. 동물의 인지에 대해서는 물론 인
간의 그림에 대한 인식도 시사점이 많다. 우리 인간은 실험 대상인 비둘기처럼 피
카소의 사진을 보고 있는 것은 아니다. 그러나 그림에 대한 인지행동에는 비둘기
에게도 갖춰져 있는 범주화능력이 필요한 것이 사실이다.
渡辺茂, 《ピカソを見わけるハト―ヒトの認知, 動物の認知》, 日本放送出版協
会, 1995

6) 여기에 언급된 사상이란 감각기 수용면상의 점과 뇌 층상의 점이 대응한다는 의
미다. 세계의 3차원 정보가 감각기의 2차원 정보로 변환되어 신호를 뇌로 보낸
다. 광역사상이란 개개 사상의 복합 위에 성립하는 고차원의 구조이자 복수의 재
입력지도와 감각―운동의 역동적인 결합이다. 광역사상은 시간 및 행동과 더불어
변화한다. 기억은 광역사상 내부의 시냅스집단에서 일어나는 연속적인 변화, 즉
범주화 할 수 있도록 하는 변화 속에서 출현한다.
"지도 전체의 감각활동이 신경세포군을 도태시키고 그것이 적절한 출력, 다시 말
해 행동을 유발하여 범주가 되는 것이다. 그러한 시스템은 신호 간 상호관계의 통

에 따라 결정되는 것으로 컴퓨터와는 다르다. 이들 변화는 부호 메시지를 전하는 교시敎示가 아닌 도태시스템에서 일어난다."(에덜먼, 앞의 책, 《脳から心へ》, p.109)

7) 재입력 결합과 연상 관계를 시사하는 연구는 다른 데서도 이루어지고 있다. 도쿄대 미야시타 야스시宮下保司 교수 팀은 원숭이에게 프랙털도형을 보여줌으로써 자극도형과 상기도형이라는 별개의 뉴런군에 대해 발화하는 한 쌍 사이에 연상기억을 만들어내는 데 성공했다. 이 훈련은 자극반응의 반복에 의해 시냅스가소성에 입각한 학습이 이루어진 결과로 받아들여지고 있다.(立花隆 앞의 책, 《脳を究める―脳研究最前線》, p.202)

8) 제키의 연구는 이하를 참고 했다.
Semir Zeki, 〈脳と視覚A Vision of the Brain, Blackwell Scientific Publications, Oxford, 1993〉, 《別冊107 脳と心 日経サイエンス》, 1993.06.16.

9) Oliver Sacks, An Anthropologist on Mars, Knopf, New York, 1995. 더불어 조나단 아이Jonathan · I에 대해서는 프랜시스 크릭Francis Crick의 저서도 참고할 만하다. 中原 英臣 訳, 《DNAに魂はあるか―驚異の仮説The Astonishing Hypothesis: The Scientific Search For The Soul, Charles Scribner's Sons, New York, 1994》, 講談社, 1995

10) 색의 인지나 색을 아는 것에 관한 문제는 심리학, 생리학, 철학, 기술과학 등이 다른 분과학문과 만나는 장으로서 현재에 이르고 있다. 색의 인지에 관해 제키의 선행연구자로 중요한 연구를 한 사람은 에드윈 랜드Edwin H. Land다. 랜드는 폴라로이드 사진의 발명가로 알려져 있는데 사진에 대한 기술과 지식이 인지심리학에 공헌한 사례로 꼽힌다.

11) 말의 출현을 설명하기 위해서는 생물학과 언어이론의 통합이 필요하다. 그래서 에덜먼은 언어발생에서의 유전적인 구조를 인정하면서(예컨대 후두 윗부분의 형태)도 이른바 촘스키 유파가 주장하는 유전적으로 프로그램된 언어습득 장치 이론은 멀리한다.
언어의 성립은 여기에서도 재입력 결합을 통한 신경세포군도태에 의해 설명된다. 그는 이것을 언어후성설이라 부른다. 언어를 관장하는 것은 대뇌피질 좌측에 있는 브로카구역Broca's area과 베르니케구역Wernicke's area임은 널리 알려져 있다. 이 영역만이 뇌의 청각, 운동, 개념영역과 재입력적으로 결합하여 고차의 식을 낳는다. 브로카—베르니케구역이 음성언어의 기본요소인 음소와 그 순서의 범주화를 통합함으로써 언어를 생성한다는 이 이론은 매우 흥미롭다.

구문론syntax이나 문법의 기초로서 필요한 것은 음성과 의미의 재귀적인 연합이다. 이를 위해서는 언어 순서의 범주화가 이루어질 필요가 있다. 이 범주화가 언제 일어났는가. 에델먼은 원시적인 언어공동체는 피진 영어pidgin English와 닮은 회화형태를 갖고 음운체계에서 의미체계로 진화하여 거기에서 구문체계가 생성했다고 본다. 소리와 개념 및 몸짓의 연합을 학습하기 위해서는 원 의식이 있어야 한다. 그러나 유전적으로 결정된 기존의 규칙은 필요치 않다. 촘스키는 언어의 자연도태설을 멀리했지만 인간의 언어본능을 자연도태로 설명하는 입장은 현재 촘스키 유파의 언어학자들도 지지하고 있다. 언어의 발생과 도태에 관해서는 이하를 참조하기 바란다.

Steven Pinker 著, 椋田直子 訳,《言語を生みだす本能 The Language Instinct, HarperCollins, New York, 1994》, 日本放送出版協会, 1995

12) 대뇌기능국재론localizationism을 역사적으로 재평가하고 고정된 흔적으로서의 기억이라는 논리에 대해 명쾌한 반론을 제기한 이는 이스라엘 로젠필드Israel Rosenfield다. 데이비드 마David Marr가 제안한 시각의 계산이론을 비판적으로 검토하고 에델먼의 신경다위니즘을 알기 쉽게 소개하면서 로젠필드는 "현재에 적합한 방법으로 만들어진 과거"로서의 기억의 모습을 묘사한다. 역시 바틀렛과 연결되는 견해다.

Israel Rosenfield 著, 菅原勇・平田明隆 訳,《記憶とは何か―記憶中枢の謎を追う The Invention of Memory: A New View of the Brain, Basic Books, New York, 1988》, 講談社, 1993

Frederic Bartlett, Remembering, Cambridge University Press, Cambridge, 1932

13) 체스의 세계에서 마스터나 그랜드마스터급이 되면 국면을 기억하는 능력이 일반인과는 비교할 수 없을 정도로 뛰어나다고 알려져 있다. 대국 중의 말의 배치를 수초 간 바라보는 것만으로 재현할 수 있는 그들의 기억력은 단순한 시각적 기억이 아니다. 체스의 규칙에 관한 지식과 추론, 판단능력과도 깊이 결부되어 있다. 전혀 의미가 없는 무작위적인 말의 배치에 대한 기억은 마스터나 일반인 모두 그다지 차이가 없다는 것이 실험을 통해 밝혀졌다. 이에 대한 일련의 연

구에서도 특히 사이먼과 바렌필드Simon, H. A. and Barenfield의 연구는 마스터들
이 소수의 범주 속에 엄청나게 많은 패턴의 수에 말의 배치를 넣어 버리는 능력
을 제시한다(Roberta Klatzky 著, 箱田裕司 · 中溝幸夫 訳, 《記憶のしくみ：認
知心理学的アプローチHuman Memory: Structures and Processes, W. H.
Freeman, New York, 1975》, サイエンス社, 1982, p.547 참조).

14) 데 쿠닝 논쟁에 관해서는 주로 다음의 기사를 참조했다.
'De Kooning's Twillight', ART news, December, 1995
Willem De Kooning: The Late Paintings, the 1980s, Distributed Art Pub Inc,
New York, 1995.
이 전람회는 1995년 10월부터 미국의 샌프란시스코 현대미술관에서 시작하여
미니아폴리스, 독일의 본, 네덜란드 암스테르담을 순회한 후 1997년 4월에 뉴욕
현대미술관에서 일정을 마칠 예정이다.

15) 데 쿠닝이 남긴 〈공백blank〉이나 거기에 이르는 셀 수 없을 정도로 많은 수정의
의미는 미술사적으로 보아도 굉장히 재미있는 것이다. 그 몸짓은 어쩌면 르네
상스 시기까지 거슬러 올라갈 수 있을 것이다. 수정 전의 선을 남겨놓으면서 계
속 그려가는 데생 혹은 다양한 시행착오를 같은 화면상에 남기는 데생은 이탈리
아어로 'Il pentimento', 프랑스어로 'repentirs'로 불리며 이는 17세기에서 18세
기에 걸쳐 많은 화가들의 습작에서 엿볼 수 있다. 이 시간적인 전후관계를 동일
한 공간에 남기는 르퐁테르repentirs라는 표현은 신경생리학자의 흥미를 끌었다.
J-P 샹제는 뉴런 차원에서의 회화를 언급하면서 다음과 같이 지적한다.
"그리기 전에 화가는 우선 어떤 의도 내지는 최초의 사고 즉 그림의 도식Schema
을 정초하기 위해 심적인 틀 짜기를 할 것이다. 모든 창조는 진화다. 화가는 뇌
속의 도식을 선이나 터치로 현실화한다. 만들어지는 작품과 연속적으로 개입해
들어오는 돌발적인 것들, 뇌 속의 정신적 이미지는 상호간에 끊임없이 영향을
주고받는다. 이것이 에른스트 곰브리치Ernst Gombrich가 말한 '도식과 수정'이고
르퐁테르가 나타내는 것이다."
《ニューロンの人間L'homme neuronal, Librairie Arthème Fayard, Paris,
1983》(新谷昌宏 訳, みすず書房, 2002)의 샹제에게 화면에 남는 선이나 그리다
만 흔적은 창조하는 뇌의 프로세스를 반영하는 것에 다름 아니다. 그리고 모든
창조는 진화라는 그의 주장은 데 쿠닝의 마지막 작품에도 물론 해당한다.
Jean-Pierre Changeux, Raison et Plaisir, Éditions Odile Jacob, Paris, 1994,

p.128
또 이 주제에 관해서는 1991년에 루브르박물관이 흥미로운 데생전시회를 기획
한 바 있다.

Repentirs, Réunion des Musées Nationaux, 1991

16) 앞의 데 쿠닝전 카탈로그, p.59

17) 프랑코 마냐니의 회화에 대해서는 전람회 기사와 주도면밀한 논문을 게재한 박
물관 기관지를 참고하기 바란다.

Exploratorium Quaterly, Summer, 1988

18) 〈The Landscape of his Dream〉, Oliver Sacks, 앞의 책에 수록

19) 프랑코의 이야기를 읽고 누구나 머리에 떠올릴 법한 것은 역시 프루스트의 《잃
어버린 시간을 찾아서》일 것이다. 이 놀라운 '기억소설' 속에는 유명한 두 종류의
기억-의식적인 기억과 무의식적인 기억 외에도 장소나 회상에 관해 이해하면
할수록 끝이 없는 고찰로 채워져 있다. 너무 유명하지만 여기에서 그 일부를 인
용하는 것이 프랑코는 물론 다음에 등장할 여러 작품이나 이론을 생각할 때 유
익할 것 같다.
"(중략) 대체 어디에서 이렇게 강렬한 즐거움이 내게 찾아온 것일까. 그 즐거움
은 홍차와 과자 맛으로 연결된 것이겠지만 그것을 무한히 넘어서서 같은 성질의
것이 아닌듯한 기분이 든다. 이 즐거움은 어디에서 오는 것이고 무엇을 의미하
는 것일까. 어떻게 해야 그 의미를 알 수 있을까. (중략) 내 안에서 진동하고 있
는 것은 그 맛과 결부되면서 내 표면으로 부상하려는 이미지, 시각적인 회상임
에 틀림없다. 그러나 그것은 너무 멀리서 막연하게 파닥거린다. 흔들거리는 색
체의 소용돌이가 혼돈과 뒤섞여 무색으로 보이는 그 빛의 반영을 그럭저럭 눈여
겨보았다 쳐도 그 형태는 분별할 수 없고 또 그 반영에 대해 그것이 동시에 생겨
난 데다 떼려야 뗄 수 없는 관계에 있는 맛을, 그것이 어떤 과거의 어떤 상황에
관한 것인지 통역자에게 풀어달라고 부탁할 수도 없는 노릇이다. (중략) 갑자기
회상이 떠올랐다. 이 맛 그것은 내가 콩브레 시절에 레오니 숙모의 방으로 아침
인사를 하러 갔을 때 숙모가 자주 그 홍차나 보리수차에 적셔서 건네주던 그 작
은 마들렌 조각의 맛이었던 것이다."(《스완네 집 쪽으로》)
"이 마티네에서 겨우 지금 내가 파악하여 깨달은 것, '시간'이 그것에 입각하여
내 생애를 배열한 저 상이한 면의 모든 것이, 어떤 인생을 이야기하려 하는 책에

서는, 보통 사용되는 평면 심리학에 대해 입체 심리학이라 불러 마땅한 것을 적용해야 한다는 점을 나에게 생각하게 하면서, 확실히 나 혼자 그 서고 안에서 생각에 몰두하는 사이 기억의 작용에 의해 부활한 과거에 새로운 미를 더한 것이다. 왜냐하면 기억은 과거를 조금도 수식하지 않고 과거가 현재였던 순간의 모습 그대로를 현재로 데려와, 인생이 그 근본에서 전개하는 그 '때'의 위대한 확대를 실제로 제거하기 때문이다."(〈되찾은 시간〉)

20) Alexander R. Luria 著, 天野淸 訳, 《ルリヤ偉大な記憶力の物語: ある記憶術者の精神生活 The Mind of a Mnemonist − a little book about a vast memory, Harvard University Press, Cambridge, MA ,1968》, 文一総合出版, 1983

21 미국의 심리학자 헌트와 러브E. Hunt and T. Love는 1972년에 VP라는 이름의 1935년 라트비아 태생의 기억술사를 연구했는데 이 VP와 쉬는 몇 가지 유사점이 있다. 더욱이 유년 시절을 보낸 장소가 70킬로미터 밖에 떨어져 있지 않았다는 사실도 보고되고 있다. 흥미롭게도 VP는 매우 뛰어난 체스 플레이어로 동시에 여러 상대와 체스를 두어도 각각의 국면을 기억할 필요는 없었다고 한다. 그러나 VP는 쉬와는 다르게 이미지보다는 언어형의 기억술을 썼다.(Roberta Klatzky, 앞의 책, p.538 참조)

22) Frederic C. Bartlett, 앞의 책
바틀렛은 특히 기억의 재현 능력을 시험하는 데 북아메리카 원주민의 이야기를 사용한 것으로도 유명하다. 〈유령들의 싸움〉이라는 제목의 전설인데 그 이야기의 재생 시에 발견되는 기억의 '왜곡'을 자세하게 조사하는 과정에서 바틀렛은 피험자가 이야기의 주제에 대해 어떤 표상을 만들고 있는 게 아닌가 하고 상상했다. 이것을 그는 스키마schema라 불렀다. 스키마는 개인적인 정동情動에 동화되어 재현할 때 왜곡을 불러일으킨다. 이 추상적인 표상은 이야기는 물론이고 어쩌면 조형예술에서도 관찰될 것이다. 바틀렛의 이론이 현대 역사학 연구에 중요한 관점을 제공하고 있는 것에 대해서는 4장에서 다룬다.

23) 더스틴 호프만 주연의 《레인맨》으로 알려지게 된 서번트Savant syndrome에 대해서는 올리버 색스도 몇몇 저작에서 다루었고 그 외에도 이미 많은 문헌이 나와 있다. 여기서는 대럴드 트레퍼트의 다음 저작을 참고했다.
Darold A. Treffert 著, 高橋健次 訳, 《なぜかれらは天才的能力を示すのか─サヴァン症候群の驚異 Extraordinary People: Understanding Savant

Syndrome, Bantam, New York, 1989》, 草思社, 1990

24) 피부감각과 기억의 문제에 대해서는 졸저《考える皮膚》(増補新版) 青土社, 2010을 참조(한국어판《생각하는 피부: 촉각문화론》, 논형, 2014).

25) Hans–Georg Gadamer, *The Relevance of the Beautiful and Other Essays*. Trans. N. Walker. ed. R. Bernasconi, Cambridge: Cambridge University Press, 1986

26) '장소 뉴런' 연구에 대해서는 立花隆 앞의 책 p.264 참조

27) Frances A. Yates 著, 青木信義 訳,《記憶術》, 水声社, 1993

28) Frances A. Yates, 앞의 책, p.73

29) 레이날도 페루기니Reynaldo Perugini는 다음 저서를 통해 예이츠의 연구를 계승하는 형태로 기억술과 이상도시의 관계를 명쾌하게 정리했다. 특히 아타나시우스 키르허Athanasius Kircher의 바벨탑을 기억술과 연관지어 풀어놓은 점이 흥미롭다.
Reynaldo Perugini 著, 伊藤博明 · 伊藤和行 訳,《哲学的建築—理想都市と記憶劇場Dell'architettura filosofica, Palombi, Roma, 1983》, ありな書房 , 1996

30) 조경술과 기억술의 관계에 대해서도 최근 연구가 활발하여 1995년에 유럽의 연구자들을 중심으로 한 심포지엄이 열렸다.
Le Jardin Art et Lieu De Memoire, Vassiviere en Limousin, 1995

31) 예를 들어, 여기에서 열린 젊은 조각가 슈테판 발켄홀Stephan Balkenhol의 전시회는 숲의 역사에 대한 재고를 촉구하는 것이었다. 발켄홀의 조각은 통나무를 깎아 만든 것이다. 거친 끌의 흔적이 만들어내는 공격적인 질감이 어느 숲에서 넘어진 나무의 존재감을 두드러지게 한다. 거기에는 인간 군상, 용, 큰 나무를 휘감은 뱀, 원을 이루는 곰의 무리 등 유럽의 숲의 신화와 관련된 것들이 조각되어 있다. 숲을 정복함으로써 성립한 예술이 다시 한 번 숲의 기억 을 되살리고자 한다. 권력의 공간이었던 성 안에서 그려진 그림을, 무늬를 넣어 짠 태피스트리를, 연주된 음악을, 맛본 요리를 상기한다. 그리고 그 다양한 예술을 제시하면서 영원히 잃어버린 숲의 깊이를 헤아리는 것이다.

32) Mario Praz 著, 前川祐一 訳,《記憶の女神ムネモシュネー 文学と美術の相関関係Mnemosyne: the Parallel between literature and the visual arts, Princeton University Press, New Jersey, 1975》, 美術出版社, 1979 / 高山宏 訳,《ムネモシュネー 文学と視覚芸術との間の平行現象》, ありな書房, 1999

33) 와룡성의 특징은 르네상스 시대의 기억술을 바탕으로 성을 방문하는 사람이 시간과 공간을 자유롭게 재조합해가는 일종의 상상력 게임으로서의 미술관이라는 점에 있다. 어쩌면 기억술을 미술의 문맥에서 소생시킨 유일한 사례일 것이다. 이 아이디어는 전 퐁피두센터 디렉터이자 〈대지의 마술사전Magiciens de la terre〉에서 미술관에 새로운 지평을 연 쟝 위베르 마르탱Jean-Hubert Martin에게서 나온 것이다.

2장
회상의 힘

1. 황금색 돌— 자코메티 1946년의 기억에 대하여

작은 목의 추억

아프리카에서 아시아로 그리고 아메리카로 적도를 따라 여행을 계속하다가 어느 해 여름 나는 에콰도르의 밀림지대로 들어갔다. 안데스산맥 동쪽으로 아마존강 천의 원류가 흘러나오는 곳이다.

이웃 페루와의 국경분쟁이 이어지는 이 주변은 일찍이 서구인이 목사냥족(종교적 의식으로 다른 부족을 습격하여 머리를 베어 오는 풍습을 가진 부족— 옮긴이)으로 두려워한 슈아르족Shuar people이라 불리는 사람들이 살고 있었다. 슈아르를 비롯하여 산재하는 마을에는 그대로 사람의 이름이 붙은 곳도 있다. 그런 마을의 잡화점 구석에 아이 주먹만한 '건조한 두상'이 매달려있는 것을 본 적이 있다. 전승의 증거로 가져온 적의 머리 부분을 어떻게 미라로 만들고 축소한 것인가는 불가사의한 모양이다. 황회색의 머리 부분에 길고 검은 머리카락을 늘어뜨리고 있어 오싹하기 짝이 없고 토산물인 것을 알면서도 도저히 만지고 싶은 마음이 서지 않는다.

물론 20세기 말에 아무리 그렇더라도 과거의 머리 사냥이 이루어졌을

리 만무하고 전리품이 남아있을 가능성도 없다. 들은 바에 따르면 아주 잘 만들어진 모조품의 재료는 산양의 내장이라고 한다. 어쩌면 깨끗이 씻은 위장을 미리 깎아둔 인간의 머리 형태에 씌워 그 위에 채색과 모발을 가미했을 것이다. 그래서 솔기가 없는 것이리라.

밀림에서 돌아오는 도중에 마카스Macas라는 도시의 이발소에 들렀다. 파리가 꺼진 전구 주위를 날아다니고 있었다. 들어간 순간 땀이 비 오듯 쏟아졌지만 냉방 같은 것은 애초부터 바라지도 않았다. 두 개밖에 없는 의자 중 하나를 권하기에 앉아서 문득 바라봤더니 화장품이 늘어선 낡은 유리창 한쪽에 예의 토산물이 매달려 있다. 수년째 햇빛이 닿는 곳에 매달려있었던 때문인지 원래의 '건조한 두상'이 더욱 말라서 피부색이 희뿌옇게 바래있다. 가짜라는 사실을 알고 있으면서도 표정을 느끼고 만다. 원래는 어떤 얼굴을 하고 있었을까. 인간의 머리라는 것은 이렇게 작아져도 얼굴의 특징은 남는 것일까. 어딘지 쓴웃음을 낳는 '건조한 두상'을 멍하니 보고 있자니 이발소 안쪽에서 돌아 나오는 남자의 모습이 거울에 비쳤다. "어떻게 잘라 드릴까요, 세뇨르"

엷은 미소를 띠고 있는 것 같기도 한데 흐린 거울로는 잘 보이지 않는다. 얼굴을 돌리려는 순간 가위의 차가운 감촉이 귓등으로 다가왔다.

동굴의 기억

1901년 스위스, 이탈리아어권의 작은 마을 보르고노보Borgonovo에서 태어난 알베르토 자코메티Alberto Giacometti는 유년기를 근교의 스탐파Stampa에서 보내며 인상파 화가였던 아버지 밑에서 데생과 조각을 시작한다. 자코메티가 나중에 이 유년기를 회상하며 쓴 문장에는 〈내일, 유사流砂〉라는 제목이 붙어있다.

어릴 적(4세에서 7세 사이) 내가 바깥 세상에서 본 것을 말하자면 나의 즐거움에 도움이 되는 것들뿐이었다. 특히 그것은 바위와 나무였고 또 동시에 두 개 이상인 경우는 드물었다. 지금 떠오르는 것은 적어도 두 여름 사이에 나는 주위의 사물 중에서도 내가 사는 마을에서 800미터 떨어진 곳의 커다란 바위, 또 그것과 관계가 있는 것만 봤다. 그것은 금색으로 된 하나의 바위였는데 아래쪽에는 큰 구멍이 있었다. 그 속은 죄다 뚫려서 동굴이 되어 있었는데 물이 그렇게 만들어 놓은 것이었다. 동굴 입구는 낮고 옆으로 이어져 있었으며 높이는 그 당시 내 키만 했다. 내부 곳곳은 더욱 깊게 뚫려 있어서 훨씬 안쪽에는 다른 작은 동굴이 뚫려 있을 것 같은 느낌이 들었다.[1]

자코메티 가족, 1909년
왼쪽부터 알베르토, 디에고, 브루노, 아버지 지오반니, 오틸리아 그리고 어머니 아네타.
사진은 20세기 가족의 기억을 만들고 있다. 유년 시절의 기억- 어머니와 아들의 시선 교차.

이 바위의 존재를 가르쳐준 것은 그의 아버지로 바위에 난 구멍은 곧바로 소년들의 멋진 놀이터가 되었다. 소년들은 이 바위를 '한 명의 여자 친구'처럼 사랑하여 온종일 바위 근처에서 보내게 된다. 이 바위는 문자 그대로 그들의 세계의 중심이 되었던 것이다.

이 바위를 발견하고 나서 우리의 가장 큰 관심은 입구의 크기를 확인하는 것이었다. 그것은 우리가 알맞게 드나들 만큼의 넓이여야 했다. 그런데 안쪽의 작은 동굴 속에 몸을 웅크리고 들어갔을 때 나는 하늘을 나는 듯이 기뻤다.

어린 아이에게만 일어나는 일, 자신만 알고 있는 비밀의 장소를 발견한 것이다. 자코메티에게 그것이 특별한 기억으로 자리 잡은 것은 이 바위와 짝을 이루는 별도의 바위가 나타났기 때문이다.

소년은 나중에 또 다른 바위를 발견하게 되는데 그것은 피라미드 상태에 돌출된 검은 바위로 주위에 동굴 같은 입구는 없었다. 이 두 번째 바위는 소년에게 공포감을 안겨줬다. 거기에 가까이 가는 것조차 두려울 정도의 혐오감을 느낀 소년 알베르토는 결국 이 바위를 친구들에게 말하지 않았을 뿐 아니라 두 번 다시 그것을 보러 가려 하지 않았다.

회상은 계속 이어진다. 동굴에 대한 매우 강한 애착은 지팡이와 자루를 들고 대장정에 나서 스스로 굴을 파고 몸을 누이는 공상의 계획으로까지 발전해간다.

눈 덮인 목장을 떠난 나는 딱 몸이 들어갈 정도의 구멍을 파려고 시도했다. 표면에서는 둥근 구멍이 보일 뿐이고 그 구멍은 한참 작아서 뻥 뚫려 있을 따름이었다. 나는 구멍 밑에서 자루를 열려고 생각한다. 그리고 일단 거기에 들어가게 되면 그곳은 아주 따뜻하고 어두울 것이라 상상했다. 나는 큰 기쁨을 맛볼 것임에 틀림없다 (중략) 그 날이 오기도 전에 나는 종종 이 기쁨의 환각을 경험했다.

이 계획은 결국 실현되지 못하고 끝났음을 고백한다. 그는 자신만의 구멍을 발견하거나 만들어 거기에서 세계를 바라보고 싶어 하는 욕망은 그 뒤로도 계속된다. 초등학교에 들어가게 되었을 무렵부터 자코메티가 꿈꾼 나라는 시베리아였다. 그 끝없이 펼쳐진 설원 속의 이즈바라 불리는 장소에서 세계를 바라보는 것이 그의 꿈이었던 것이다. 이즈바가 만약 러시아어 izba라면 통나무 오두막의 의미가 되지만 그 시점에서 어떤 의미를 띠고 있었는지는 확실하지 않다.[2]

적어도 그곳은 따뜻한 장소로 작은 창이 있다. 그 창에서 머나 먼 평원을 바라보기 위해 공상 속의 소년은 종종 시베리아를 방문한다. 정경은 다르지만 눈 속에 판 구멍이나 비밀의 바위동굴에서 세계를 바라보고 싶다는 것과 기본적으로는 같은 욕망인 것이다.

흥미롭게도 자코메티는 1958년에 이 회상기를 다시 읽었을 때 이 이즈바가 있는 시베리아란 당시 그가 살고 있던 스위스의 마을이었음을 알게 되었다고 덧붙인다. 어린 시절의 기억을 적은 문장을 다시 읽고 그 회상의 의미를 일부러 덧붙인다는 것은 그것이 상당히 중요한 의미를 띠고 있었음을 방증한다. 더 흥미로운 것은 덧붙인 시점에서 삭제한 회상의 최종 부분의 이야기다. 자코메티는 오랫동안 다음과 같은 공상을 하지 않으면 안심하고 잠들 수 없었다고 적고 있다.

> 숲을 빠져나와 회색의 성까지 도달하여 거기에서 두 명의 남자와 두 명
> 의 여자를 살해하고 성에 불을 붙인다. 이상의 모험을 이루어내고서야
> 녹색의 연못 부근에서 만족하고 잠이 든다.

1933년에 잡지 《혁명을 위한 초현실주의Le Surrealisme au Service de la Revolution》에 발표한 이 회상은 너무 노골적인 프로이트적 정경설정으로 인해 오히려 당혹감을 불러일으킬 정도다. 독자는 예외 없이 제1의 바위를 여성=모친=자궁, 제2의 바위를 남성=부친=남근이라 해석할 것이고 그것을 그대로 최후의 성이라는 공간으로 연결지을 것이다. 당시 이루어진 앙드레 브르통André Breton이나 폴 엘뤼아르Paul Éluard와의 교신과 함께

읽어보면 이것은 역시 자코메티가 초현실주의운동 속에서 생각해낸 꿈의 해석으로서의 창작이 아닌가 하는 의구심이 든다.[3]

그러나 후반 들어서의 덧붙인 글과 최후의 성 부분의 삭제를 생각하면 전반의 동굴이나 눈밭에 구멍파기 부분은 사실이었다고 믿어도 좋을 것 같다. 적어도 58년이라는 생의 만년에 가까운 시기에 자코메티가 이것을 재회상하여 남긴 것이기 때문이다. 이 구멍(혹은 굴)의 기억이 중요한 의미를 띠기 시작한 것은 어쩌면 오브제를 창작하던 초기가 아닌 초현실주의와 결별하고 모델을 세워 데생과 조각을 재개한 후의 일이 아니었을까.

기억의 미로

이 회상과 재회상에서 우리는 바로 자코메티가 지니고 있는 기억의 어떤 특징에 주목하게 된다. 우선 그에게 기억이란 과거의 어느 한 점에 속하는 절대 부동의 흔적이 아닌 어쩐지 그것을 회상하는 시점에서 새롭게 재구성되었을법한 성질의 것 같다.

1933년에 시베리아라 기억하고 있던 그 기억을 4반세기 후에 다시 회상하며 스위스였음을 '깨닫는다'. 자코메티가 기억을 재구성함으로써 자신의 기억으로 가는 가장 좋은 예는 1946년에 발표한 〈꿈 · 스핑크스 벚나무 · T의 죽음〉이라는 제목의 기묘한 꿈 이야기일 것이다.[4]

타이틀이 제시하는 대로 이 짧은 에세이는 대략 세 부분으로 이루어져 있다.

1. 우선 자코메티가 커다란 거미에게 공격을 받고 금방 꿈인 것을 안다. 그런데 꿈이라고 안 것도 실은 꿈속에서 본 것이고 그 꿈은 거미를 퇴치하고 그 사체를 버린 후에야 겨우 깨어난다.
2. 그 전주 토요일에 스핑크스 벚나무라는 이름의 아마도 사창가에서

친구와 점심을 먹은 기억.

3. 그때 생각난 T라는 이름의 친구가 죽었을 때의 기억.

자코메티는 《라비랑트Labyrinthe》지에 친구 T의 죽음에 대해 글을 쓰기로 약속한 탓에 그가 살고 있던 같은 아파트 옆방에서 죽은 T에 대해 생각을 떠올리는 과정에서 그와 관계없는 여러 기억이 출연하였고 그 기억들에 시간적인 순서를 매길 수 없게 된다. 그도 그럴 것이 다른 꿈이나 기억 사이에는 서로 관계없는 양쪽을 연관지으려는 다른 기억이 파고들어오기 때문이다. 이 대목은 앞서 서술한 아우구스티누스의 기억론을 떠오르게 한다.

예컨대 1의 커다란 거미에게 공격을 받는 꿈 이야기를 스핑크스 벚나무에서 친구에게 들려주는 사이에 자코메티의 머리에는 어렸을 적 눈 덮인 지면을 파서 훔친 빵을 묻으려 한 일이라든지 버려야겠다고 생각한 빵을 꼭 쥐고 베네치아의 거리를 달리고 있는 자신의 모습이나 수많은 운하와 다리를 통과한 후에 결국 더러운 하천 지류로 빵을 던져 버린 광경 등이 떠오른다.

또 커다란 거미에게 공격을 받는 꿈에서 깨어난 뒤 자코메티는 고름이 나오는 병 즉, 성병에 걸려있음을 발견하지만 그것이 발병할 것이라는 사실은 이미 일주일 전에 스핑크스 벚나무=사창가에서 점심을 먹었을 때 예감하고 있었음을 떠올린다. 또 약을 사러간 약국을 나왔을 때 눈앞에 있던 카페 간판이 〈꿈속에서〉였음을 떠올린다.

굳이 구조상의 특징을 하나 지적한다면 자코메티가 일상적으로 다녔거나 알고 있던 장소가 기억의 결절점이 되어 있었던 것이리라. 파리의 카페나 선술집과 그것들 사이의 경로가 기억과 기억 사이의 경로와 중첩되어 있다. 구조상에서 또 하나 주목하고 싶은 것은 최후에 꾼 거미의 꿈이 이중으로 겹쳐있다는 점이다.

자코메티는 이것을 '꿈속의 꿈'이라 적고 있고 이 꿈은 예의 카페 간판 〈꿈에서〉와 이어져 있다. 이 '꿈속의 꿈'이 기억 전체 속에 위상의 topological 구조를 부여하는 장치로서 작동하고 있는 듯한 인상을 받는 것이다. 하나의 꿈속에 있는 요소가 이번에는 실제로 있었던 기억의 일부분이 되어 그 부분이 다른 꿈속에서 등장한다.

아주 적은 쪽수의 내용인데다 각각의 사건이 선명함에도 불구하고 전체는 마치 미로처럼 되어 있다. 그러나 그것은 자코메티가 그러한 효과를 기대하여 예컨대 보르헤스의 단편작품과 같은 구조를 갖게 하려고 의도적으로 썼기 때문은 아닐 것이다. 거꾸로 이러한 내용을 자코메티는 어떻게 정리해야 좋을지를 모르는 상태에서 머릿속에 스치는 이미지를 가능한 한 한데 모으려고 한 것이다. 그리고 마침내 그는 획기적인 정리법을 발견한다.

자코메티의 기억판

이야기를 복잡하게 하는 것은 자코메티가 앞으로 그 이야기를 쓰고자 하는 자신을 해당 이야기 속에 자리를 잡게 하려는 점에 있다. 그는 지금 파리 18구의 바르베스 로슈슈아Barbes-Rochechouart의 큰 길 카페 테이블에 앉아 꿈과 현실을 포함한 모든 기억을 한눈에 볼 수 있는 도면을 그리려 한다. 《에크리Écrits: articles, notes et entretiens》에는 그 개념도가 나타나 있다.

최초의 아이디어는 모든 사건을 그것이 일어난 순서에 따라 시계열時系列화하는 것인데 이것은 금방 불가능하다는 것을 알 수 있다. 이것이다라고 최초의 기억에 도달하기 위해서는 그 후에 일어난 모든 사건을 통과할 수밖에 없게 된다. 기억된 사항의 상자가 선분으로 묶여 있는 파이프와 같은 것이기는 하지만 물론 이것으로는 자코메티의 상기의 방식과

맞지 않는다. 그의 상기는 미리 배관된 파이프 속으로 물이 흐르는 것과 같은 것이 아니다.

　다음으로 자코메티가 생각해낸 것은 모든 사건을 평면상에 배치하는 방법이었다. 마치 여러 요리를 테이블 위에 올려놓듯이 개개의 요소를 어디에서든 바라볼 수 있다. 즉 구조가 일차원에서 이차원으로 바뀐 것을 의미하는데 이것으로도 하나의 기억이 다른 기억의 일부가 된다는 동적인 구조를 제시하는 일은 불가능하다. 그는 각각의 사건 배치가 아닌 사건 간 관계를 제시하고 싶은 것이다. 모든 사건과 장소와 감정과의 결부가 정리되기 위해서는 아무래도 삼차원적인 모델이 필요하게 된다. 그래서 그의 머리에 번쩍 떠오른 것은 다음과 같은 것이었다.

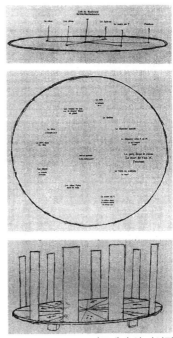

자코메티의 기억판

복권 추첨 원반처럼 보이기도 하지만 원주 상에 세워진 판은 묘비 즉, 사자死者의 기억판 갑자기 모든 사건이 내 주변에 동시에 존재하고 있다는 느낌이 들었다. 시간은 수평의 둥근 고리가 되었다. 시간은 동시에 공간이었다. 그리고 나는 그것을 묘사하려고 시도했다. (중략) 그것은 거의 반경 2미터의 선에 의해 몇 개의 구획으로 나뉜 원반이었다. 각각의 구획에는 개별 사건의 이름과 날짜 및 장소가 써져있고 원 주변에는 구획에 대해 한 장의 판이 서 있었다. 서로 다른 폭의 이 판들은 허공으로 떨어져 있었다. (중략) 판 위에는 각각의 구획에 대응하는 이야기가 적혀 있었다. 나는 이상한 희열을 느끼며 이 원반이라는 시공간 위를 돌아다니는 나를 발견하고 내 앞에 걸려있는 이야기를 읽는 나를 보고 있었다. 자유롭게 마음에 드는 곳에서 시작할 수 있었다. 예를 들면, 1946년의 꿈에서 시작하여 한 바퀴 빙 돌아 오브제를 앞에 두고 내가 수건으로 문질러 수개월 전으로 도달할 수 있었다. 원반 위에서 각 사실의 방향을 찾아내는 일은 대단히 마음에 들었다.[5]

이것이 1946년 《라비랑트》지에 발표된 내용이다. 어쩌면 이것은 자코메티가 남긴 글 중에서 가장 기묘한 내용을 담은 것에 속할 것이다. 이 기억판은 거의 자코메티가 언어만으로 구축한 조각 작품과 같은 리얼리티를 갖추고 있다. 이 기억판 속에는 해당 문장을 적은 저자뿐 아니라 그 문장을 쓰게 된 경과까지도 적혀 있다. 원래 크기대로 포개 담을 수 있게 만든 한 벌의 그릇 혹은 상자 구조로 되어 있는 에세이의 내용이 이 기억판에 의해 실현된 셈이다.

이 기억판은 룰렛과 같은 형태다. 자코메티는 룰렛이 아닌 카페 테이블 형상에서 이것을 생각해냈을 테지만 기억이 회전판 형태를 띠고 있다는 것은 흥미롭다. 그도 그럴 것이 이 형상은 우리가 주마등이라 부르는 빛의 완구와 그대로 닮아있기 때문이다. 또 자코메티는 그 수평성에 고집했다고 밝히고 거기에 직경 2미터라는 구체적인 크기까지 제시하고 있다.

왜냐하면 이 기억판 위를 돌아다님으로써 그는 기억속의 다양한 장소를 자유롭게 다녀야 하기 때문이다. 정확히 자유로운 지평을 이동하는 므네모시네Mnemosyne 원반이다. 게다가 이 회전판은 '주마등 같은 기억'이라는 은유가 아니라 구체적인 조각 작품에 상당하는 물리적인 구조를 갖추고 있는 것이다.

룰렛의 숫자 부분에는 각각의 사건 이름과 날짜 및 장소가 적혀 있고 그 바깥쪽에는 각각의 이야기가 수직으로 세워져 있다. 이 수직으로 세워진 부분이 가장 독창적이라는 사실은 의심의 여지가 없다. 개개 사건의 '데이터'를 발밑 수평 부분에 두고 회전시켜 그 사건에서 만들어지는 '이야기'를 수직에 둔다. 이러한 시간은 공간적으로 정리될 뿐 아니라 각 사건의 회전 운동 속에서 다른 이야기가 끼어드는 구조도 설명할 수 있다.

또 이야기가 쓰인 판의 수직성은 부여된 구체적인 숫자만으로도 충분히 자코메티다운 것이다. 그는 한 장 한 장의 언어의 조각을 통해 커다란 즐거움을 가지고 바라보는 자신을 상상한다. 글의 마지막에 그는 다음과 같이 밝히고 있다.

> 하지만 판은 아직 비어있는 상태다. 이 판들에 적힐만한 말의 가치는 물론이고 그 말 사이의 상호 관계조자 나는 알지 못한다.

줄어드는 조각상

주마등을 닮은 광학 구조의 이 기억장치의 의미를 이해하기 위해서는 당시 조각가가 만든 작품으로 되돌아갈 필요가 있을 것이다.

조각상을 만드는 자코메티, 1955년

배경에 비치는 작은 조각상 시리즈는 수메르나 이집트의 출토품처럼 보인다. 벽에는 무수의 긁힌 자국과 데생의 흔적. 검은 그림자처럼 보이는 것은 누군가의 초상이다. 생애를 통해 임시거처를 전전한 예술가의 최소한의 공간과 최소한의 물질이 낳는 최대의 현실. 그것이 이 기억의 아틀리에에서 지속된 끊임없는 구축과 파괴와 재구축이었다.

1940년 이래 자코메티의 관심의 중심은 작은 조각상이었다. 조각상의 높이는 3센티미터 전후로 대좌를 포함하여 십몇 센티미터의 작은 크기다. 48년에 브라사이Brassai가 촬영한 아틀리에 사진을 보면 이렇게 작은 조각상이 10여 개 줄지어 있는데 그 절반은 입방체의 대좌 위에 세워진 성냥개비로밖에 보이지 않는다. 그것들은 자코메티의 말에 따르면 언제부턴가 작아지기 시작한 것이고 조각가가 그것을 막으려고 해도 작아지는 것을 그만두지 못하여 마침내는 손가락으로 살짝 건드리기만 해도 넘어져버리는 것이었다.

그것을 자코메티는 두려운 것이었다고 적고 있다. 동시에 그 작은 조각상들은 큰 작품을 축소한 것이 아니라 멀리서 바라봤을 때의 인간의 모습이라고도 말했다. 그러면 조각상이 점점 작아지는 것은 대상에서 한없이 멀어져간다는 것이 된다. 그러나 자코메티는 그 작품들을 아틀리에에서 계속해서 만들었기 때문에 어떤 인간을 실제로 100미터 떨어져서 만들어간 것은 아니다.

1940년 어느 날 큰 길에서 멀리 떨어진 여성의 인상이 자코메티의 기억 속에 자리를 잡은 이후 기억 속에 존재하는 대상과 자신과의 거리에서 조각상을 제작하게 된 것이다.[6] 따라서 멀어져 가는 대상의 상은 어떤 시점에서 물리적인 한계를 넘어 버려 손가락 하나로 사라져버리게 된다. 그 소멸과 교환되듯이 우리 손 안에는 자코메티 예술의 핵심이라 할 수 있는 절대적인 거리 개념이 남게 된다. 즉 극한의 작음의 끝의 가상적인 허무 속에 절대가 나타나는 것이다.

그러나 사르트르의 도움을 빌려가면서까지 관념적인 결론을 서두를 필요는 없을 테다. 다시금 실제로 제작된 조각상을 바라보기로 하자. 자코메티는 검지보다 작은 이 조각상들을 어떻게 만들었을까. 나이프 아니면 못 끝으로 긁었을 것이다. 그런 사진도 촬영되어 있는 모양이다. 자코메티는 그 작음을 위하여 세부 묘사는 희생시켰다고 적고 있다. 하지만 자세히 들여다보면 세부를 소홀히 한 것은 아니다. 그 작음 속에서의 가능한 표정은 간직하고 있다. 그것은 손가락 끝으로 느낄 수 있는 한계의 크기, 자코메티의 촉각이 만들 수 있는 한계 형태다.

실은 〈꿈 · 스핑크스 벚나무 · T의 죽음〉 속에서 이 크기의 문제는 로마 성 베드로 대성당에서 일어난 것으로 나온다. 대성당에 들어가는 인간이 개미처럼 작은 크기가 되는 것은 척도상의 문제다. 그러나 겉보기의 크기와 존재와의 사이에는 어떤 관계가 있음에 틀림없다. 이러한 조각상의 크기의 문제는 기억과 연상의 문제로 대두되는 것이다.

기억 속에서는 무한히 멀어져 가는 모델이 조각가의 손가락 끝에서 조각상으로 태어난다. 기억 속의 인간을 보이지 않을 정도로 멀리 두려고 하면 할수록 현실에서 태어나는 조각상은 얼굴을 가까이대고 자세히 들여다 봐야한다. 마침내 무수의 조각상이 결국 석고의 파편이 되어 부서져 나간다. 기억이 물질을 초월해버리기 때문이다. 따라서 자코메티의 작은 조각상의 표면에서 우리가 보는 것은 기억 속의 거리와 석고라는 물질 상에 제한된 현실의 거리에서 일어난 모순의 흔적인 것이다.

　시간을 반죽하는 손

　같은 시기에 쓴 에세이와 작은 조각상들에서 자코메티의 작품을 낳은 장의 특이성이 보이는 듯한 느낌이 든다. 그 장은 하나가 아닌 몇 개의 층으로 나누어 생각할 수 있을 것이다. 중요한 점은 그 장들을 어떤 상징으로 다루지 않도록 주의하는 것이다.

　첫 번째로 유년기에 경험한 장소. 그것은 몸을 누일 수 있는 어두운 돌로 대표되는 고향의 지리적 환경임과 동시에 이즈바라 불리는 상상 속의 대지이기도 하다. 어쨌든 유년기의 신체가 경험한 구체적인 크기를 지닌 장이다.

　두 번째는 다른 시간과 공간을 꿰어 묶고 있는 솔기로서의 장이다. 예컨대 어두운 돌 밑에 뚫린 구멍, 설원에 파인 구멍, 거미의 사체를 버린 구멍, 빵을 묻은 구멍, 죽은 T의 열린 입, 웨이터의 입, 빵을 버린 운하. 그것은 시간적으로 더듬을 수 있으나 수없이 갈라져 있다. 개개의 기억은 상호 이동이 가능하고 기억들은 언어적인 관계가 아닌 위상기하학적인 관계를 갖고 있다.

　세 번째는 아틀리에의 공간이다. 두 사람만 있어도 움직임이 불편하고 더욱이 겨우 비를 피할 정도여서 겨울에도 난방이 제대로 되지 않는 작은 방. 묘혈에 묘 만들기를 하고 있는듯한 인상을 주는 극한적인 작품 제작의 장이다.[7]

　이 셋의 장이 겹치는 곳에서 자코메티의 손이 움직인다. 석고나 점토 같은 물질로부터 조각상을 일으켜 세우는 과정에 자코메티는 항상 이 다른 장들을 동시에 횡단한다. 이때 흥미로운 것은 첫 번째와 세 번째 장이 바위와 점토라는 광물에 의해 촉각 차원에서 직접 결부되어 있다는 점이다.

또 자코메티는 두 번째 장에서도 예를 들면, 거미의 털, 손이나 땀의 차가움 등을 반복함으로써 촉각적인 기억을 이야기 한다.

구제네바의 호텔에서의 자코메티와
그 작업장〈라비랑트〉제1호, 1944년

이 세 장 중에서 사진으로서 재미있는 것은 가운데 것이다. 누군가가 떠난 흔적처럼도 보이고 앞으로 누군가를 맞이하려는 듯이도 보인다. 허공에 걸려있는 듯한 불가사의한 시간 감각이 느껴진다.

다시 말해 조각상이 작아져 가는 과정에서 자코메티의 손가락은 형이상학적인 것에 의해 움직이는 것이 아니라 촉각을 중심으로 한 신체적 기억에 의해 움직인다는 사실이다. 거기에서 신이나 절대성을 발견하는 것은 분명히 보는 사람의 자유지만 그러나 작가가 느끼고 있던 구체적인 감촉을 놓치면 안 된다.

세 개의 장은 그의 기억 속에 흔적으로서 이미 존재하는 것이 아니다. 오히려 자코메티의 손끝이 점토나 석고, 종이와 같은 물질에 닿는 매순간 그 장에서 생성되는 것은 아닐까. 어떤 작은 조각상이 출현했을 때 장의 상태와 별개의 조각상이 출현했을 때의 상태는 다르다. 책상 위에 놓인 점토나 석고 무더기는 자코메티가 말하듯 시간과 사건, 장소와 감정과의 혼돈스런 덩어리에 다름 아니다. 그 산더미 속에서 어떤 특정의 거리와 자태를 건져 내는 것은 조각가의 손이다. 손이 움직이는 한 그 덩어리에서 같은 조각상이 출현하는 일은 있을 수 없다.[8]

르네 부리René Burri 촬영, 〈디에고의 상을 만드는 자코메티〉, 1969년
조각가가 죽은 직후에 비평가 존 버거John Peter Berger는 이렇게 적었다. "그의 양손은 기도하는 손이다. … 만약 시대가 달랐다면 자코메티의 작품은 종교예술이었을 것이다."

축소하여 종국에는 소멸해버리는 조각상을 앞에 두고 자코메티가 경험한 것은 진정으로 절대적인 거리의 존재였던 것일까. 그의 꿈에 대한 기억과 에세이를 살펴보면 그것과는 정반대로 절대적인 거리나 부동의 흔적이 없는 세계는 아니었던 것처럼 보인다. 그것은 곧 그의 조각이 그러했듯이 항상 재구축되는 과거이자 현재로서의 기억이다. 기억이 항상적인 구축이자 재구축이기 때문에야말로 손은 쉼 없이 움직여야만 했던 것은 아닐까.

흙덩어리로부터 형태를 끄집어내는 손에서 알프스의 바위와 이즈바와 거미가 생성한다.

조각가에게 뇌수 속에 남는 조각상은 어떠한 가치도 없다. 그것을 만들어내기 위해 시간을 반죽하는 손 그 자체가 기억이자 그것이 유일한 기억이었을 터이다.

2. 거울나라의 릴리풋— 샤를 마통의 작은 방

자코메티의 아틀리에

나무로 된 테이블 위에 크고 작은 유리병이 놓여 있고 그 사이에 그림붓이나 팔레트가 어지럽게 널려 있다. 한쪽 구석에 자투리 천으로 싼 조각상이 있고 그 아래에는 석고더미 속에서 신문지가 삐져나와 있다. 테이블 맞은편에는 긁힌 자국과 구멍이 난 벽이 있다. 그것들 전체가 유리 벽을 친 천정에서 부드러운 빛을 반사하고 있다.

이것이 알베르토 자코메티의 작업실 풍경이다. 보다 정확하게 말하면 샤를 마통Charles Matton이 재구성한 자코메티의 아틀리에다. 보다 더 정확성을 기하자면 에른스트 샤이데거Ernst Scheidegger가 1960년에 촬영한 사진을 바탕으로 샤를 마통이 1980년대에 재구성한 자코메티의 아틀리에다.

  샤를 마통에 의한 미니어처인 이 작품을 처음 봤을 때 놀라움보다는 무언가 오싹한 느낌을 받은 기억이 난다. 재구성이라는 단어가 주는 기계적인 이미지 이상의 어떤 정체 모를 무언가가 있기 때문이었을까.

〈재구축한 알베르토 자코메티의 아틀리에〉, 1987년
안쪽 벽에 남겨진 무수의 긁힌 흔적과 데생에 기억에 대한 마통의 강박적인 감각이 나타나 있다.

미니어처로서 잘 만들어진 것은 확실하다. 찢어진 옛날 신문의 문자는 읽을 수 있었고 유리병에는 색이 다른 액체가 들어있었으며 조각상에 감긴 헤진 천, 긁힌 벽의 구멍, 석고무더기의 건조 정도 등 어느 것 하나 놀라울 정도의 질감인 것이다. 게다가 그것들을 비추는 빛의 부드러움. 사진을 근거로 만든 것이라고는 도저히 믿겨지지 않는 현장감이 있다. 그 장소를 찾은 자만이 알 수 있을 만한 종류의 치밀한 대목이 단순한 재구성을 넘은 기묘한 욕망을 느끼게 할 것이다.

거의 같은 시기에 샤를 마통은 화가 프랜시스 베이컨Francis Bacon의 아틀리에 미니어처도 제작하였다. 어지럼이나 혼돈스러움은 자코메티의 미니어처 이상의 것이지만 그 재구성 역시 으스스할 정도로 박력이 있다. 어지럽게 널리 신문지나 잡지 등은 말할 것도 없고 기름때로 얼룩진 천에서 산더미 같은 그림도구에 이르기까지 그야말로 탄성을 자아낼 만큼 정밀하다. 그 세부에 대한 무시무시한 고집스러움을 느끼게 하는 것은 아틀리에 안쪽 중앙에 놓인 둥근 거울일 것이다. 저 유명한 거울의 녹 하나하나까지 충실하게 재현되어 있다.

그뿐만 아니다. 놀랍게도 작자는 아틀리에를 실제로 방문한 적도 없고 우리가 잘 알고 있는 같은 사진을 근거로 제작한 것이다. 어쩌면 사진을 크게 확대한 다음 확대경으로 디테일을 재현했을 것이다. 그러나 이차원의 사진에서 어떻게 이 정도로 현장감이 있는 삼차원 모델을 만들 수 있었을까. 베이컨의 아틀리에는 대부분의 많은 사진가가 촬영한 바 있는데 작품은 자료사진이 갖고 있는 정보량을 육화한다기보다는 그 이상한 밀도를 재현하는 쪽에 관심이 있는 듯도 보인다. 어찌 되었든 이 작업의 특수성 때문에 마통이라는 이름의 불가사의한 작가는 종종 사진전에서 소개되었는데 80년대 이전에는 오히려 화가로서 혹은 단편영화 작가로서 알려져 있었다.

거울 흉내내기 놀이

1932년 태생인 마통은 회화를 비롯하여 조각, 영화, 사진과 다양한 표현형식을 통과하면서 방대한 수의 작품을 생산해내는 한편 이른바 미술계에서는 거의 전설적인 존재로 일컬어지고 있었다. 87년 파리의 사진센터에서 열린 개인전은 이 예술가가 미술만이 아니라 건축이나 철학 등 다른 분야에서 남몰래 주목을 받고 있음을 느끼게 하는 것이었다. 본격적인 개인전은 그 시점에서 25년만이었다고 하니까 역시 아는 사람은 아는 종류의 존재였던 것이리라.

그런데 그 후 얼마 지나지 않아 수수께끼처럼 보이는 존재를 만천하에 드러내기라도 하듯 마통은 200쪽 이상의 상세한 자서전을 붙인 작품집을 발표한다.[9] 예술가의 작품집으로서는 이례적이라고도 할 수 있는 제작방식에 당혹감을 느낀 독자도 많았다고 한다. 주의 깊게 읽으면 역시 보통의 자서전이 아닌 자신의 회상 부분, 마통에게 영향을 준 사상가나 예술가의 인용 부분, 자신의 작품을 콜라주하듯 편집하여 페이지를 넘길 때마다 예술가의 반생을 그린 단편영화를 보는듯한 울림이 있다.

자코메티와 닮아 어린 시절의 기억이 흥미롭다. 파리와 교외의 시골을 왕래한 유년기에 이어 2차 세계대전 중에 소개지에서의 경험에 대해 쓴 대목에 거울놀이 이야기가 나온다. 마통이 10세 무렵의 일이다.

> 우선 거울 속에 자신의 얼굴과 방 전체를 비춘다. 놀이라는 것은 그 거울 속의 세계를 주의 깊게 보면서 그것이 방을 반사한 것이 아니라 또 하나의 다른 현실이라고 생각하도록 하는 것이었다. 갑자기 놀라운 일이 벌어진다. 영원을 느낄 수 있다. 일종의 황홀상태에 빠져 버린다. 왜일까. 좌우반사의 방이 전적으로 미지의 방이 되고 벽 맞은편 창 밖에 무엇이 있는지 알 수 없게 되어 버리기 때문이다. 떠도는 혜성처럼 방은 시간에서도 공간에서도 벗어나 버린다. 그 다음에 우리는 이상적인 방 만들기

에 돌입한다. 그것은 마치 밤에 커튼 닫기를 잊은 미지의 타인의 방을 엿보는 것과 닮아있었다.

이 '거울 흉내내기 놀이'는 마통과 친구들이 좋아한 놀이였던 것 같다. 그가 그림붓을 들기 시작한 17세 무렵까지 때와 장소에 따라 지속하였음을 밝히고 있다. 거울 속의 방을 꾸며나가는 상상의 놀이가 그 후의 작품과 직접 관계가 있는지의 여부는 마통 스스로 밝히지 않고 있다. 그러나 회화나 미니어처 작품 속에 거울이나 실내풍경이 빈번히 등장하는 것은 확실하다. 마통의 회상을 좀더 살펴보자.

(거울 속의) 장관은 기묘한 것이었다. 왜냐하면 그것은 시간이라는 슬픈 한계를 벗어나는 것이었기 때문이다. 우리는 거기에서 결코 죽는 일이 없다는 환상을 살고 있었다. 생을 위협하는 것은 아무것도 없었다. 그것은 과거의 어느 때를 다시 사는 현재와 같은 것이었다. 누구도 과거를 위협할 수는 없다. 신이 할 수 없는 유일한 것이다. (중략) 만약 신에게 시간의 관념이 있었다면 하는 이야기지만 말이다. 우리는 이 놀이를 '우리가 없는 방'이라 이름 붙였다. 방은 우리 등 뒤에 있기 때문에 거울 속에 우리가 없는 것은 당연했다.

우리가 없는 방

마통이 본격적으로 그림을 그리기 시작했을 무렵 팝아트의 영향을 받았다고 한다. 하지만 인체와 정물 등 고전적인 주제에 머물면서 마통은 형태 그 자체가 아닌 그 변용을 탐구하고 있었던 것 같다. 이것을 제일의 탐구라고 한다면 이것과 병행하여 지속된 제2의 탐구로서의 실내풍경이 있다.

구체적으로 실내 시리즈가 어떻게 시작되었는지는 불분명하지만 그 계기 중 하나가 사진이었음은 확실한 것 같다. 비교적 초기부터 아틀리

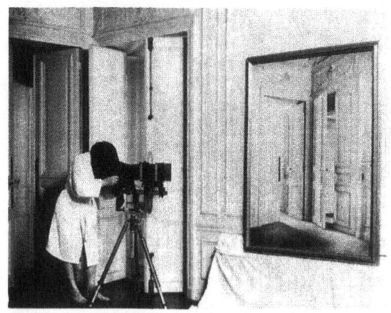

샤를 마통, 〈목욕 옷을 입은 자화상〉, 1989년
자택 거실에서 자택 거실을 묘사한 사진을 촬영하고 있는 작가. 카메라에 머리를 들이댄
남자는 마치 자신의 꼬리를 삼킨 뱀=우로보로스uroboros 같다. 이미지와 그것이 지시하
는 대상과의 관계가 정확히 거울에 비친(듯 보이는) 두 쌍의 문의 관계를 이루고 있다.

에 내부에서 작품에 자신을 넣은 자화상을 촬영했기 때문이다. 묘사된
실내는 엄청난 양에 이르지만 대개 의자나 소파가 하나 놓여있을 뿐이고
사람의 모습은 보이지 않는다. 작품의 기록으로서의 자화상을 찍는 사이
에 어느덧 인물이 사라진 실내만 남았을 것이다.

또 자서전을 읽다 놀란 것은 이사 횟수다. 결코 편안한 생활은 아니었
을 테지만 어쨌든 이사의 연속이었다. 안주할 수 없는 성격 탓의 이사였
을지도 모른다. 프랑스 국내만이 아니라 거주를 미국으로 옮기기도 했는
데 그때마다 다른 집이나 아파트, 다락방의 실내를 묘사했다.

60년대 후반부터 정력적으로 표현한 방 시리즈에서는 대부분 창문이
있고 그 옆에 의자나 소파가 놓여 있다. 창문에는 거의 커튼이 없다. 다

른 가구 같은 것도 없고 가끔씩 읽다 만 신문이 떨어져 있거나 전화기가 바닥에 놓여 있는 정도다. 말하자면 이사 전이든지 혹은 외출한 후의 것으로 하여간 생활의 냄새가 거의 나지 않는 방이 묘사되어 있다. 이 아무것도 없는 방에 거주의 흔적이 겹겹이 쌓이면 미니어처가 되는 것이다.

예컨대 〈뉴욕의 다락방〉이라는 제목의 작품이 그렇다. 확실히 중심가에 있을 법한 다락방 하나가 사방 70센티미터의 상자 안에 재현되어 있다.

흰 벽에 높은 천정 창으로는 건너편 건물이 보인다. 목제 회전의자도 잘 만들어져 있다. 흰색을 칠한 벽돌 벽도 자세히 보면 벽돌과 벽돌 사이에 곰팡이가 끼어 있다. 그리고 직사광선으로 바랜 커튼, 가죽소파에 난 상처의 상태, 바닥에 흩어진 신문에 난 굵은 글씨의 표제어도 읽을 수 있다. 실내의 세세한 부분에 시선을 돌리는 사이에 차례차례 시간의 퇴적 같은 것이 흘러나온다. 다락방의 욕실은 빈집이라 그런지 오랫동안 사용한 흔적이 없다. 사용한 흔적이 조금씩 눈에 들어온다. 법랑을 두른 욕조 바닥에 물이 흐른 흔적이 차색으로 남아있다. 배수구 주변의 낀 땟자국과 욕조 내부의 녹, 배수구 마개에 달린 쇠사슬의 녹, 그 반대편에 있는 책장 서랍 손잡이의 땟자국 등등. 이른바 트롱프뢰유Trompe-l'œil가 보여주는 장인예술의 극치를 떠올리게 한다.

현실을 분석하는 일은 의식의 건강에 도움이 된다.

마통은 이들 미니어처를 만들면서 세부를 자세히 들여다보는 것에는 치료적인 효과가 있다고 밝힌다. 실제로 정신분석 전문의로부터 어떤 환자의 주거를 미니어처 모형으로 만들어달라는 의뢰를 받은 적도 있었다. 일상의 세부를 재구성함으로써 잔금이 간 자아의식을 치료하려는 것이었을까. 어쨌든 세부 공간의 재구성이 반성을 동반한 행위임은 주목할 만하다.

세부 공간을 구성하는 것은 모두 작다. 제작에는 시각적인 정확성뿐 아니라 손가락 끝의 감각이 필요할 것이다. 세부 공간에 출현하는 부서진 오토바이나 전기청소기, 의자 등의 크기는 원근법적 척도에 의해 결정되는 것이 아니라 오히려 사물의 상대적인 위치에 의해 만들어지는 것처럼 보인다. 마통이 만드는 실내의 크기는 계산이 아닌 기억과 촉각의 상호작용에 의해 결정되는 것이다. 그 대목이 이 미니어처들이 박물관 모형이나 특수촬영용 영화세트장과 다른 부분일 것이다.

이 공간은 무엇인가를 설명하거나 촬영하기 위해 만들어지는 것이 아니다. 현실을 분석하고 세부를 재구성할 목적으로 만들어진다. 그리고 제작 과정에서 세부에 들이는 거의 광기에 가까운 정밀함은 보는 쪽의 의식에 서서히 작동하게 된다.

릴리퍼트Lilliput 효과

어쩌면 사물을 축소하여 모든 것을 자신의 지배하에 두고 싶어하는 욕망은 누구에게나 있을 것이다. 이 이상할 정도로 정밀한 미니어처들을 보면서 생각한 것은 알코올이나 코카인 등의 약물에 의해 일어난다고 알려져 있는 섬망譫妄의 세계다.

피부 위를 작은 동물이나 곤충이 기어다니는 느낌을 비롯하여 무수의 미세한 것들이 보인다. 섬망이 지속되는 사이 눈은 현미경이 되어 벽의 잔금에서 바닥의 좁은 틈까지 모든 세부 속에 꿈틀거리는 동물이 보인다. 여기에 주위의 것이 축소되는 환각이 더해진다. 모든 것이 작아지는 한편 동물들은 대열을 짜고 침대다리에서 이쪽을 향해 기어 올라오는 것이다. 저 유명한 《이상한 나라의 앨리스》의 앨리스가 마시고 커졌다 작아졌다 하는 약은 원래 신체 내부에 있었던 것은 아닐까.

이 미니어처들은 베이컨이나 자코메티의 아틀리에를 별개로 하면 거의 모두 마통 자신이 살고 있었던지 아니면 일하던 장소다. 자신이 구석

구석까지 알고 있던 장소를 재구성하려면 어떻게 해야 좋을까. 마통이 거기에서 선택한 것은 그 장소를 다른 척도로 재구성하는 방법이었다. 작게 함으로써 모든 구성물을 마음대로 움직일 수 있다.

마통은 "어떤 공간을 완벽하게 컨트롤한다는 자유를 얻는 것은 거의 신성모독적인 행위에 가깝다"고 적고 있다. 모든 세부를 지배하에 둔 후에 그는 그 세부들에 올가미를 씌운다. 그 올가미에 걸린 시선은 마치 거울 속으로 빨려 들어가듯이 마통의 실내의 포로가 되어 버린다.

이 미니어처 속에서 광학적 환상, 일종의 미끼가 나타나 보는 사람을 꾀어낸다. 이 미끼가 눈에 들어온 순간 일종의 현기증=지각의 지진이 일어난다. 의식에 생겨난 균열이 넓어져간다. 이 균열을 통해 우리는 자신의 시선을 관습으로부터 해방할 수 있는 것이다.

아무래도 그 미끼는 벗겨진 벽지나 욕조의 녹 속에 숨어 있는 모양이다. 거기에 한번 현기증을 느껴 버리면 자신이 과연 자신의 방을 알고 있는 것인지 어쩐지조차 자신할 수 없게 된다. 몇 년이나 살고 있는 방이면서도 세부를 묘사하려 해도 떠올릴 수가 없다. 혹은 매일 오르내리는 계단인데도 대체 몇 개로 이루어졌는지조차 모른다. 하지만 그런 미덥지 못한 상황이 우리 일상을 지탱하고 있는 것이다. 만약 그런 세부까지 기억하고 있다면 아무것도 할 수 없게 될 것이다. 기억하고 있어도 어쩔 수 없는 것은 잊은 듯이 지내게 되어 있다. 그렇지 않다면 쉬처럼 기억술사가 될 수밖에 없다.

그러나 마통의 작품에 빠지면 그럴 수 없게 된다. 일상생활 속에서 대체 자신이 무엇인가를 보고 있는 것인가의 여부조차 명확하지 않다는 사실에 눈이 떠져버리기 때문이다. 지금까지 무엇을 보고 있었던 것일까. 어디를 보고 있었던 것일까. 이에 마통은 다음과 같이 말한다.

샤를 마통, 〈아틀리에의 재구축〉, 1987년
기억에 대한 공간의 크기를 작가의 손 크기로 짐작할 수 있다.

우리는 진짜는 보지 않는다. 보고 있다고 믿고 있을 따름이다. 그러면 무
엇을 보고 있는 것일까. 우리는 관습이 기대하는 것만 본다.

마통의 미니어처는 이쪽이 모르는 사이에 그 관습을 침식해버린다. 그
리고 우리의 관습이 기대하고 있지 않은 곳에 작은 구멍을 내어 거기로
무수의 미세한 사물을 보내온다. 본다는 것과 기억한다는 것 사이에 생
긴 파열이 무한히 넓어져간다. 그는 자코메티와는 다른 방식으로 살아있
는 공간을 본다는 것과 보고 있는 공간을 산다는 것을 동시에 분석하여
보여준다.

미래의 회고 전람회

이렇듯 마통은 1954년 이후 모든 작품을 미니어처로 만들어 전시한다는 터무니없는 계획을 실현에 옮긴다.

그 계기가 된 것이 89년에 파리 퐁피두센터에서 열린 사진 탄생 150주년을 기념하는 전람회였다. 이 전람회에의 출품을 요청받은 마통은 〈와야 할 전람회의 정밀한 재구성〉이라는 타이틀로 사방 6미터 높이 1미터의 그때까지 없었던 대형 미니어처 작품을 제작한다. 마통이 여태까지 만들어 온 데생, 조각, 오브제 등의 작품 2백 수십 점을 축소하여 전시했다.

재구성이라 해도 단순한 모형이 아니다. 바닥은 대리석이고 입구에 놓인 의자는 가죽으로 만든 것이다. 마통이 즐겨 표현한 나무 회전의자나 전화기는 유리케이스에 넣어져 전시되었고 청동조각 작품도 모두 대리석 대좌 위에 놓였다. 전시실 한쪽에서는 영화작품이 초소형 액정 비디오로 상영되었다.

다시 말해 미니어처 전람회장 내부에 과거의 미니어처 작품의 미니어처가 전시된 것이다. 실질적인 내용은 말 그대로 샤를 마통 대회고전인 것이다. 그 미니어처들의 내비치는 빛은 미술관 조명의 이상형일 것이다. 이것은 전람회 마켓이 아니다. 마통의 개인미술관 자체인 것이다.

그 복잡하게 들어찬 전시실 사이에는 정교하게 거울이 걸려 있어서 관객은 시선만으로 건물 안쪽까지 들어갈 수 있다. 이 거울들이 일찍이 소년 마통이 홀린 거울임은 두말할 나위 없을 것이다. 거울에 비친 좌우 반대의 자신의 방을 완전히 미지의 방이라 믿게 될 때까지 바라보다가 벽 뒤쪽이나 창밖에 무엇이 있는 것인지 모르게 된 소년들은 그 순간 거울 속으로 들어갔다. 일상의 시공간에서 자유로운 누구도 모르는 혹성 위에서 그들은 이상적인 방 만들기에 열중했다.

〈와야 할 전람회의 정밀한 재구축〉, 1989년

과거의 모든 작품이 미래의 전람회 출품작이 되고 각각의 출품작이 전람회 전체를 포함하고 있다. 이 이상하리만치 복잡한 세부를 가진 작품은 공간이 아닌 시간의 포갠 상자구조가 떠받히고 있다. 마통에게 '재구성'이란 단순히 공간을 모형화하는 것이 아닌 시간의 포갠 상자 구조를 만드는 것이다. 그것이야말로 그 자신만의 기억의 본질인 것이다.

그것은 '시간이라는 슬픈 한계'를 매우 가볍게 넘어버리는 놀이였다. 처음으로 죽음이라는 것을 이해하는 나이를 종말적인 전쟁 중에 맞이해야 했던 소년들에게 그 거울은 불사의 환상을 살기 위한 장치가 되었다. 거울 속에서 그들의 비밀의 생을 위협하는 것은 아무것도 없었다.

과거는 백미러 속에서 멀어지는 풍경처럼 점점 작아진다. 그것이 관습이라 불리는 시선일 것이다. 그러나 마통은 "거울은 과거를 다시 사는 현재다"라고 분명하게 밝힌다. 누구도 과거를 위협할 수 없다. 거울 속에서 마통은 이상의 전람회를 계속 만들어간다. 왜냐하면 와야 할 미래도 그것이 재구성인 한 누구도 그것을 위협할 수 없기 때문이다. 혹시 신에게 시간의 관념이 있다면 신이 할 수 없는 유일한 것. 그러면 와야 할 것의 재구성이라는 타이틀은 무슨 의미일까. 와야 할 것을 회상할 수 있을까. 아니면 단순한 역설인 것일까.

어쩌면 이 타이틀이 의미하는 대목은 마통의 미니어처가 우리가 믿고 있었듯이 과거의 재구성은 아니라는 점일 것이다. 그는 과거를 재구성한 것이 아니라 실은 현재의 회상을 재구성한 것이다. 거울 속의 미지를 탐구하는 소년들은 과거의 경험이 아닌 지금 그 장소에 있을지도 모르는 어떤 것을 찾고 있었던 것은 아닐까.

따라서 거기에는 아직 누구도 없다.

없게 된 것이 아니라 아직 와 있지 않은 것이다. 그래서 '우리가 없는 방'인 것이다. 방은 그들의 등 뒤에 있는 것이므로 거울 속에는 아무도 없다. 아무도 없기 때문에야말로 거울은 과거를 다시 사는 현재가 된다. 거울에 비친 마통의 회상은 즉 현재의 재구성이었다.

축소된 '우리가 없는 방' 속에 우리가 보고 있었던 것은 우리 자신의 의식 즉 '기억된 현재'였던 것이다.

3. 발화하는 기억의 나무– 빌 비올라와 기억의 요소

전자 연금술

암실작업에는 아무리 근대화된 설비라해도 어딘지 연금술적인 냄새가 남아 있다. 약품이 든 병, 수면에 흔들리는 안전광의 색깔, 은 화합물, 빛을 차단하는 이상한 손짓, 물 속에서 천천히 떠오르는 상, 그것들을 둘러싼 어둠이 사진에 저장된 기억이나 감정을 배후에서 지탱한다. 따라서 이러한 연금술적인 이상함은 사진의 어둠만이 낳을 수 있는 것으로 비디오 아트에는 존재하지 않는 것이라 확신하고 있었다. 전자의 어둠이 주는 유기적인 시간에 비해 형광등과 주사선, 발광다이오드가 명멸하는 비디오 편집실에는 무기적인 시간밖에 흐르지 않는다고 단순하게 믿고 있었던듯 하다.

그 생각이 커다란 착오였음을 깨닫게 된 것은 빌 비올라Bill Viola의 작품을 만나고부터다. 그 세계를 기회 있을 때마다 조금씩 보러 감에 따라 연금술을 비유가 아닌 매우 깊은 데서 이해하고 있는 작가임을 알게 된 것이다. 오히려 망막에 전달하는 효과에만 시종일관하는 연금술적인 사진 등과 비교할 것도 없이 비올라의 예술 쪽이 훨씬 시간적인 두께와 통찰의 깊이를 느끼게 했기 때문이다.

그것을 실감한 것은 1976년에 발표된 작품 〈그는 당신을 위해 운다〉가 전시된 1995년의 리용 비엔날레에서였을 것이다. 시네마토그래피cinematography의 탄생부터 미디어 아트까지의 1세기를 돌아보는 대규모 전람회에서 잊을 수 없는 인상을 남긴 작품은 얼마 되지 않았지만 그 중에서 비올라의 20년 전의 작품이 특히 눈에 띄었던 것이다.

금속성 노즐 끝에서 물방울이 천천히 떨어진다. 그 모습은 비디오카메라로 촬영되었고 관객의 모습이 비친 물방울이 후방의 거대한 스크린에

빌 비올라, 〈그는 당신을 위해 운다〉, 1976년

상영된다. 관 끝에서 전천이 부풀어 올라 미묘한 떨림을 보이면서 마침내 낙하하는 물의 표면에 관객의 얼굴이나 신체가 비치는 것이다. 물방울은 비엔날레 전시관의 공기의 움직임에 따라 좌우되는 듯 봐서 질리지 않을 정도로 다양한 형태가 되어 떨어진다. 그 아래에는 탬버린이 놓여 있어서 물방울의 낙하와 동시에 증폭된 큰 음향이 메아리친다.

기억하는 물

이 〈그는 당신을 위해 운다〉의 이미지는 비디오 작품으로도 발표되었다. 화면에는 역시 금속관 끝에서 낙하하는 물방울이 비치는데 그 물방울이 천천히 화면 전체를 덮어가는 카메라의 주밍zooming 자체가 작품으로 되어있다. 《미그레이션Migration》이라는 작품제작 당시에 비올라가 쓴 노트가 재미있다.[10]

공간의 모든 부분은 그 이외의 모든 것에 관한 지식이 포함되어 있다.

작은 물방울에 방 전체의 광경이 비쳐져 있음을 시사하는 것이리라. 거기에서 문제가 되는 것은 시력이다. 만약 한 방울의 물방울에 방 전체가 반사되고 있는 것이라면 그것을 어떻게 볼 수 있겠는가. 〈미그레이션〉에서는 그것을 카메라의 해상도의 문제로 다루고 물방울을 확대해가는 동시에 해상도를 증폭시키는 편집이 이루어진다.

그러나 비올라도 적고 있듯이 그것은 이미지의 문제로 현실의 해상도에 한계는 없다. 따라서 공간의 모든 부분이 그 이외의 모든 것에 관한 앎을 포함하고 있다는 사고방식은 이미지가 아닌 의식의 문제로 환원된다. 이미지를 통해 의식이란 무엇인가를 사고하려는 비올라에게 물은 가장 중요한 요소라 할 수 있을 것이다. 그것은 비디오 시스템을 사용한 그의 최초의 설치작품인 〈증기〉(1975년)에 이미 명확한 형태를 띠고 나타나 있다. 이 불가사의한 작품을 만드는 데 자극을 준 시를 비올라는 20년 후에 소개한다. 13세기 페르시아의 신비주의 시인 잘랄 앗딘 루미Jalāl ad-Dīn Muhammad Rūmī가 쓴 시 한 구절이다.

물은 연못에 가두어도
공기가 그것을 빨아들일 것이다,
공기는 물의 지지자
공기는 물을 해방하고 그 수원에 낳아놓는다
당신이 알아채지 못할 정도로 조금씩
마치 숨을 쉬듯 천천히
대지의 붙들린 집 안에서
우리의 혼을 가져간다

비디오테이프에 녹화된 과거와 그것을 바라보고 있는 인간의 현재가 섞인다. 물통 속으로 떨어지는 물과 방 안으로 떨어진 증기가 화면 속에

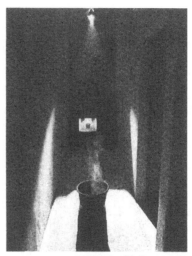

빌 비올라, 〈증기〉, 1975년

비올라의 관심은 처음부터 순환이라는 현상에 있다. 그것은 물질의 순환(여기에서는 물의 순환과 의식의 순환)이 감상자 자신의 상과 어떠한 관계에 있는가를 묻는다.

서 섞인다.

그 혼합은 테이프와 카메라가 움직이는 사이에 이론적으로는 영원히 계속될 것이다. 물의 순환과 영상의 순환이 교차하는 방에는 각성을 유도하는 유카리가 강하게 향기를 뿜어낸다. 루미가 데르비시Dervish의 원무圓舞로 유명한 수피의 시인이자 철학자이기도 했다는 점을 생각하면 비올라에게 물이란 처음부터 의식을 순환시키는 매체가 아니었을까 하고 상상하게 된다. 〈장방형 수로Reflecting Pool〉에서는 이러한 물과 의식의 관계를 더욱 더 명확하게 파악할 수 있을 것이다. 상쾌한 숲 속에 사각형 수로가 있고 물이 어렴풋이 흔들리고 있는 것이 보인다. 얼마 뒤 나무숲 안쪽에서 나온 한 명의 사내가 옷을 입은 채로 수로 가장자리에 서서 호흡을 가다듬는다. 마침내 짧은 소리를 지르며 사내가 물로 뛰어든다. 그 순간 화면이 정지하면서 무릎을 감싸고 뛰어오른 사내의 모습이 공중에서 멈춘다. 그런데 수로의 물은 여전히 움직이고 있다.

화면의 윗부분은 정지해 있고 아래쪽의 물 부분만 이전처럼 움직이고 있는 것이다. 그뿐만이 아니다. 물은 주위의 나무숲뿐 아니라 수로 가장자리를 걷는 사람의 모습과 빛이 떨어진 밤의 광경까지 반사하여 비춘다. 그 아름다운 반사에 사로잡혀 있다 보면 공중에 정지한 채로 있던 사내의 모습이 조금씩 희미해져가는 것을 알게 된다. 그 모습은 마치 증발하듯이 사라져버리고 만다. 사내는 어디로 간 것일까. 머지않아 물 속에서 몸에 아무것도 걸치지 않은 사내가 철썩하며 튀어나와 가장자리를 오르는가 싶더니 천천히 나무숲 속으로 되돌아간다.

여기에서도 또 물은 주위의 풍경을 기억하는 매체가 되지만 그러나 그것은 현실을 반영할 뿐 아니라 과거와 어쩌면 미래의 이미지까지도 반영하고 있다. 반대로 현실이라 생각되는 사내의 신체 쪽이 증발해가는 것이다. 그 모습은 이상한 나라의 앨리스의 눈앞에서 사라져가는 체셔 고양이를 환기시키지 않는가. 시계視界에서 사라져도 웃음만은 남는다는, 루이스 캐럴이 묘사하는 의식의 불가사의가 숲속의 물웅덩이에 재현되어 있다.[11]

호흡 기억체 프네우마Pneuma

처음부터 4원소로 정리될만한 조화로운 작품을 만들었던 것은 아니다. 그러나 연금술적인 요소가 연상을 불러일으키는 것은 빌 비올라가 의식과 기억의 문제를 물질과의 관계에서 다루고 있기 때문일 것이다. 1994년 공기에 대해 그는 다음과 같이 쓴 바 있다.

프네우마는 고대 그리스 말이다. 이에 대응하는 현대어는 없지만 보통은 혼이나 영혼, 나아가서는 숨 등의 의미로 풀이된다. 그것은 생명 에너지의 본질로서 만물의 내부에 흐르고 있고 마음을 활성화하여 빛나게 하는 것이라 여겨졌다.

〈프네우마〉라 명명된 작품에서도 〈기억과 영상〉처럼 단편적인 영상이 잡음 속에서 나타나서는 사라진다. 공원을 걷는 소녀나 성냥에 불을 붙이는 소년, 집 등의 윤곽이나 거리감이 그다지 뚜렷하지 않은 해상도의 영상이 나타나 인지할 수 있을 듯 없을 듯한 경계에서 시간은 천천히 흘러간다. 천천히 내려서 쌓이는 눈 같은 리듬과 잡음 덕에 보고 있다기보다는 프로젝션을 호흡하고 있는 듯한 기분이 든다.

빌 비올라, 〈프네우마〉, 1994년

대기는 눈에 보이지 않는다. 그러나 호흡은 모든 감각을 연결하여 자신이 그 때 있었던 공간을 하나의 율동 속에 통합한다. 비올라가 생각하는 프네우마적 기억을 일찍이 그 본질적인 면에서 이해한 작가가 있었다.

호흡 관리에 필요한 일체의 사정이 바로 그 자신에게 얼마나 본질적인 것인가 하는 점, 그가 대기 상의 제 관계를 완전하게 자기 손아귀에 넣은 결과 그에게는 그것들의 관계가 얼마나 직접적으로 인간들의 제 관계를 지탱하는 기둥이 되고 있는가 하는 점, 그가 호흡함으로써 듣고 호흡함으로써 만지고 있다는 점, 그가 모든 그의 감각을 그의 호흡감각에 종속시키고 있다는 점.

그러나 브로흐에게는 공기에 대한 허기나 호흡을 위한 제공간의 빈번한 교체만으로는 결코 사태가 해결되지 않는다. 그의 능력은 훨씬 광범위하다. 그는 자신이 한 번 호흡한 것을 매우 잘 기억하고 있다. 그는 그것을 체험된 형태에서 정확하게 기억하고 있다. (중략) 어떤 것도 그에게서 사라질 수 없고 어떤 것도 그 명료함을 잃지 않는다. 그는 호흡의 제공간에서의 풍부하고도 정연한 경험을 가지고 있다.

대체 이 호흡기억이라는 실체는 무엇일까, 그것은 어떻게 기능하는 것일까, 그것은 어디에 둥지를 틀고 있는 것일까.

호흡함으로써 사물을 기억하는 이 작가는 헤르만 브로흐Hermann Broch이고 그의 50주년 생일에 바쳐진 이 강연은 1936년 11월 아직 젊은 엘리아스 카네티Elias Canetti에 의해 이루어졌다.[12] 카네티는 브로흐가 작자로서 질식 상태에 놓여있음을 간파하고 닥쳐올 나치즘의 위협을 예언하고 있다. 예언은 제대로 들어맞아 하나의 언어와 문화와 민족의 기억 전체를 말살함으로써 호흡의 금지가 비밀리에 이루어진다. 독가스는 현실의 인간 호흡을 중단시키기에 이른다.

호흡의 위기는 기억의 위기 즉 사회의 위기다. 먼 과거의 이야기가 아니다. 대기와 호흡에 대한 공격은 으스스한 유사성을 띠고 정확히 60년 후 일본사회를 덮친다. 폐색閉塞과 혼미를 더해가는 시대에서 어떻게 하면 숨을 유지할 수 있을까를 묻다보면 비올라의 영상을 봐야 한다.

발화發火하는 기억의 나무

영상은 기억이며 기억은 예술임을 비올라는 반복해서 묻고 답해왔다. 〈데이터 스페이스 안에 콘도미니엄condominium은 있는가〉라는 에세이에서 비올라는 중세의 기억술, 티벳의 만다라, 데이터 스페이스를 비교검

토하면서 앞으로 과학과 기술이 협동하여 연구·개척해야 할 문제는 기억이라고 분명히 밝히고 있다.

비올라는 거기에서 16세기 이래 서구의 예술을 지배해온 원리가 '광학 렌즈와 단안형單眼型 터널 비전Tunnel Vision에 의한 일점 원근법 공간'에 있었다면 그를 대신할 새로운 원리는 '컴퓨터와 데이터베이스에 의한 무한 원공간無限遠空間'이고 이를 위해서는 중세의 기억술에서 컴퓨터의 메모리 시스템까지를 포함하는 포괄적인 기억연구가 불가결하다고 주장한다. 다시 말해 500년의 역사가 경과한 후 드디어 렌즈를 중심으로 한 광학적 모델을 넘어 기억이나 사고의 메커니즘을 모델로 한 비광학적 모델을 모색할 준비가 갖추어지고 있다는 인식이다.

이러한 생각을 가장 잘 나타내고 있는 작품이 85년에 발표한 〈기억의 극장〉일 것이다. 우선 입구를 지나면 커다란 나무의 뿌리가 덩그러니 가로놓여 있다. 송두리째 뽑힌 굉장히 큰 나무가 전시실을 가로지르듯이 놓여 있는 것이다. 어디선가 바람이 불고 줄기 끝에 비춰진 수십 개의 칸델라르kandelaar가 흔들리며 적막한 소리를 낸다. 전시실 안쪽 즉 가지 맞은 편에는 대형 스크린이 있는데 눈이 어둠에 동화되어도 잘 보이지 않는다.

그도 그럴 것이 투영되어 있는 것은 눈이다. 그런데 잠시 시간이 지나면 인식할 수 있을 듯 말 듯한 짧은 시간에 어떤 형태가 비친다. 폭포나 바닷물의 이미지, 누군가의 얼굴, 배, 항구, 열차, 다시 사람의 얼굴 등 서로 연관성을 찾을 수 없는 영상이 아주 짧은 순간에 비쳤다가 다시 눈으로 돌아간다. 그러나 그 영상에 합쳐지기라도 하듯 나무에 매달린 칸델라르의 빛이 점멸하며 전선이 타는듯한 소리를 낸다. 칸델라르와 영상과 소리의 점멸 정도는 규칙적이지 않다. 바람이 불어 스위치를 켰다 껐다 하는 듯한 그다지 자극적이지 않은 것이다. 이 작품을 봤을 때 처음에는 접촉 불량 아니면 전기 계통에 문제가 있는 게 아닐까고 생각했다.

〈기억의 극장〉이라는 멋진 이름과는 상반되게 이곳은 결코 상쾌한 공간이 아니다. 보고 있는 누구나 감전되는 것은 아닐까 염려할 정도로 신경을 곤두서게 하는 괴로운 작품이다.

하지만 한편으로 어딘지 반가움을 느끼게 하는 것도 사실이다. 바람에 흔들이는 칸델라르의 명멸 탓이리라. 깊은 어둠 속에서 유년기의 아득한 추억을 칸델라르가 비추는듯한 느낌이라 해야 할까. 그러나 그 추억은 한 순간에 사라져버린다. 추억이라 해도 선명한 것은 아니고 농무 같은 것 속에서 이따금 부상하는 무덤덤한 것이다.

빌 비올라, 〈기억의 극장〉, 1985년
이 작품에서 비올라는 렌즈와 원근법을 모델로 한 근대의 세계관에서 기억의 구조를 모델로 한 새로운 세계관으로의 전환을 제안한다. 그리고 그 모델은 컴퓨터 데이터 공간만이 아니라 중세의 기억술이나 만다라 등도 포함해야 한다고 주장한다.

이 〈기억의 극장〉의 이미지는 어쩌면 뉴런일 것이다. 같은 시기에 쓴 에세이에서 추측하건대 빌 비올라가 감전될 것 같은 영상과 점멸하는 칸델라르로 시냅스의 발화發火상태를 모의실험하고 있음에 틀림없다는 생각이 든다.

우리의 기억은 꼭 이 나무처럼 그 자체로는 아무것도 제시하지 않는다. 하지만 칸델라르=시냅스가 발화하고 어떤 가지의 조합이 동시에 밝아졌을 때 어떤 기억상이 투영된다.

비올라는 특히 시냅스의 결합 부분에 있는 틈의 의미를 매우 중요한 것이라 주장한다.[13] 왜 틈이 벌어져 있는 것일까. 그에게는 틈이 가능성과 같은 의미다. 비올라 식으로 말하면 시냅스와 시냅스 사이의 공간에서 세계 전체를 발견할 수 있을 터이다. 사막 한가운데에 거대한 신기루를 묘사하듯 시냅스 사이에 벌어지는 틈에서 기억이 생겨난다. 그만큼 기억은 운동이고 운동은 자유다. 즉 기억은 흔적이 아닌 상기 그 자체다. 확실히 바틀렛이나 에델먼이 말하는 기억의 상태를 빌 비올라의 〈기억의 극장〉이 제시하고 있지 않은가.

물끄러미 보고 있으면 감전할 것 같다. 작품을 보고 있는 자신의 기억 상태를 기억의 정확함이 아닌 기억의 불안정함을 어떤 통증과 더불어 생각한다. 감전된 순간의 기억 상실을 상상해본다. 추억에 내재하는 아픔이 찌릿찌릿하며 창백한 피부 밑에서 빛나고 있다.

원주

1) Alberto Giacometti 著, 矢內原伊作 訳,《ジャコメッティ エクリEcrits/Alberto Giacometti; présentés par Michel Leiris et Jacques Dupin; préparés par Mary Lisa Palmer et François Chaussende, Hermann, Paris, 1990》, みすず書房, 1994, p.46(그리고 일본어 번역서의 제목은 〈어제, 움직이는 모래는昨日,動く砂は〉으로 되어있다.)

2) 자코메티 연구에 커다란 영향을 미치고 있는 이브 본푸아Yves Bonnefoy는 자코메티의 오리지널 원고와 잡지에 발표되었을 때의 차이(자코메티는 isab라고 적었고 출판 때는 isba로 되어 있다)에 주목하여 그것은 인쇄상의 오자가 아니라 자코메티 본인의 기억의 변용과 연관된 중요한 점이라 지적한다.

"'이자부'란? 이 단어는 중요하기 때문에《혁명을 위한 초현실주의Le Surrealisme au Service de la Revolution》지의 인쇄 미스가 아니라고 나는 생각한다. 관념 · 기억 등의 압축과 치환을 이제야 알아차려 그것들이 환상상태에서 텍스트를 통해 알게 된 이즈바isba에 변형을 일으키게 했다고 생각하는 것은 소용없는 짓이라 쳐도 역시 b라는 문자가 단어의 중심에서 후퇴하여 폭로하듯이 외연에 자리잡고 있음을 깨닫는다. 그리고 이자벨isabel –이것도 자코메티의 운명 속에 발견되는 이름– 의 isab가 여성이라는 사실을 암시한다는 점도 덧붙여 둘 대목이다.(Yves Bonnefoy 著, 淸水茂 訳,《ジャコメッティ作品集—彫刻 · 絵画 · オブジェ · デッサン · 石版画 大型本Alberto Giacometti, Biographie d'une oeuvre, Flammarion, Paris, 1991》, リブロポート, 1993)

3) 본푸아도 이 점에 대해서는 자코메티의 특이한 기억을 염두에 두고 실제로 유년 시절의 기억이 회상을 거치면서 거기에서 다양한 요소가 혼합되었을 가능성을 인정한다.

"게다가 이렇게 이해하기 쉬운 텍스트란 일종의 시가 아닌가하는 걱정이 들 정도고 말하는 사람의 즐거움이 실제의 기억을 능가하고 있어서 유년 시절에 대한 우리의 문제의식으로서는 거기에 너무 가치를 두지 않도록 하게 한다. (중략) 예를 들면, 1932년에 프랑스어로 번역되어 간행된 크누트 함순Knut Hamsun의 소설《빵》과의 일치가 그렇다. 예를 들면, 다음과 같다. 〈내 작은 집 앞에 바위가 하나 있었다. 커다란 회색 바위였다. 바위는 나에게 호의적인 표정을 짓고 있었고 내가 다가가면 나를 보고 마치 나를 전부터 알고 있는 듯 했다.〉"

그러나 틀린 기억이나 창작이라고 해서 자코메티의 에크리에 대한 가치가 감소하는 것은 아니다. 오히려 복수의 거미집이 동시에 쳐져 있는 것처럼 얽힌 기억의 그물코에서 자코메티의 작품을 바라보는 것이 중요하다.

4) Alberto Giacometti, 앞의 책, p.77

5) Alberto Giacometti, 앞의 책, p.87
여기에서도 자코메티의 기억에는 직접적인 체험과 작품의 제작, 그와 병행하는 독서가 혼재되어 있다.
"〈꿈·스핑크스 벚나무·T의 죽음〉에 직접적인 체험 이외의 근원이 실제로 있다고 한다면 그 하나는 죽은 자의 뼈, 특히 두개골에 있을 것이다. 언제나 활동적인 생명력의 거처를 보고 있었던 오세아니아나 아메리카 원주민들의 음침한 신앙 이야기 말고는 생각할 수 없다. 어떤 오브제인데 어떤 것이든 상관없는 오브제가 아닌 두개골인 것이다. (중략) 그의 두개골을 데생하는 것과 같은 정열, 부근의 부족을 희생시켜 그러모은 그 머리에 채색을 하고 가다듬어 경우에 따라서는 축소하려고 하는 정열이 다야크족Dayak, 혹은 히바로족Jivaro에게서 발견되는 것이다." (Yves Bonnefoy, 앞의 책, p.292)
이것은 프랑스의《도큐망Documents》지에 랄프 폰 쾨니히스발트Ralph von Koenigswald가 발표한 〈머리와 두개골〉이라는 논문에 나오는 뉴기니의 두개골을 가리킨다.

6) 이자벨에 관한 자코메티의 추억.
"이 여자에 대해 만들려고 한 조각은 길에서 어떤 거리를 두고 내가 그녀를 주의 깊게 본 순간에 그녀에 대해 내가 품고 있던 정확한 거리였다. 그 때문에 그녀가 이 거리에 있었을 때 그녀의 크기를 그녀에게 부여하려 했다. 한밤중에 생 미셸 거리에서 일어난 일이었다. 그녀와 집들의 곧장 위로는 거대한 어둠이 보였다."
"이 작은 군상들은 자코메티도 말하듯이 가장 커다란 것의 극소화가 아니다." (Yves Bonnefoy, 앞의 책, p.272)

7) 자코메티의 아틀리에 대한 회상
"이폴리트 맹드롱Hippolyte Maindron가의 아틀리에는 아주 작았다. 새의 둥지 같았다."(Yves Bonnefoy, 앞의 책, p.16)
본푸아는 그 썰렁한 방 저편에 자코메티에게 유일하면서도 따뜻한 세계인 자신이 태어난 집이 있다고 본다.
"좁은 골목에 있는 일층의 작은 방, 마루청도 없고 어두우며 난방도 들지 않는 데다 비를 막는 일조차 뜻대로 되지 않는 방 (중략) 자코메티가 임시방편의 것밖에 바라지 않고 게다가 그것을 주장하는 이 정도의 적빈을 바란 것은 내 사고로는 마침내 닥쳐올 죽음 -확실히 일체가 임시적인 것이라는 증거인데- 이 원인이라기

보다 탄생의 기억에 의한 것이거나, 혹은 사회적 언어에 앞선 낙원에서 탄생이 수
년간 부여할 것처럼 보였던 영원의 기억에 의한 것이다. 그리고 그가 마음속으로
항상 태어난 곳에서 살고 있었기 때문이다."(Yves Bonnefoy, 앞의 책, p.18)

8) 작품 〈보이지 않는 오브제〉에 대한 본푸아의 결론.

〈'보이지 않는 오브제'가 있는 자코메티의 아
틀리에〉, 도라 마르Dora Maar 촬영 1936년 무렵

"다시 말해 자코메티는 무아의 경지에서 〈보이지 않는 오브제〉 속에 자신의 커다
란 환상을 투영한 것이다. 이 환상은 무의식처럼 어두운 그 숲의 변두리에서 그가
아직 어렸을 때에 어두운 바위의 형태를 띠고 처음으로 나타난 것이었다. 자코메
티는 이 때 그의 시선이 쏠리고 있는 그 장소에서 형태를 반죽하고 있는 이 두 손
안에 있었던 것이다. 시간이 지남에 따라 소재는 10도 100도 형태를 바꾼다. 관
찰하는 사람으로서는 무언가 생겨나고 있다는 생각조차 들지 않는다. 그도 그럴
것이 자코메티에게 이 때 시간은 정지하고 그는 출발점으로 돌아갔기 때문이다."
(Yves Bonnefoy, 앞의 책, p.232)

〈보이지 않는 오브제: 허공을 가진 손〉은 자코메티의 초현실주의 시기 마지막
작품이자 그가 초현실주의운동에서 떨어져 나와 다시금 모델을 앞에 두고 제작
을 개시하는 전환점에 위치하는 중요한 작품이다. 앙드레 브르통은 《狂気の愛L'
amour fou》(笹本孝 訳, 思潮社, 1994)에 수록된 에세이에서 이 보이지 않는 오브
제의 제작 과정을 가까이에서 지켜보면서 "이 인물상의 외관에 대한 관심이 거
기에 집중되는 동시에 양손이 그것을 유지하고 또는 눈에 보이지 않지만 현존하
는 오브제"를 표현하기 위해서 자코메티가 허공을 가진 팔과 양손의 위치를 좀
처럼 결정하지 못한 상황을 전한다. 이 손은 무엇을 가지고 있는 것일까. 어쩌면
조각가가 그러했듯이 이 양손 사이의 공간에는 무한히 반복되는 회상이 떠 있을
터이다.

9) 이하에 인용하는 마통의 회상은 모두 그의 자전적 저작에서 따온 것이다.
   Charles Matton, Hatier, Paris, 1991

10) 이하에 인용하는 빌 비올라의 노트나 에세이는 모두 다음 저서에 수록되어 있다.
   Bill Viola: Reasons for Knocking at an Empty House: Writings 1973–1994,
   Thames & Hudson, London, 1995

11) 비올라의 작품 중 몇몇은 비디오로 시판되고 있다.
   〔Selected Works〕(70년대의 4작품) Voyager Press, Los Angeles, 1985

12) Elias Canetti 著, 岩田行一 訳,《斷想—1942—1948*Aufzeiehnunjen 1942–1948*, Hanser, Munich, 1965》, 法政大学出版局, 1976, p.265

13) 신경세포가 교환하는 정보 담당자는 화학물질이다. 신경세포를 흐르는 전기 시냅스가 시냅스를 자극하고 '발송인'의 세포막표면에서 신경전달물질이 방사되어 그것이 '수신인'의 세포막표면의 수용체로 들어간다. 이것은 화학적 과정이고 그 이미지는 전화회선이나 컴퓨터 네트워크의 이미지와는 크게 다르다. 최대의 차이점은 비올라도 강조하고 있듯이 시냅스라는 빈틈이다.

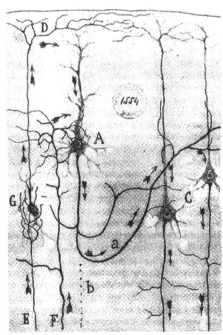

산티아고 라몬 이 카할Santiago Ramóny Cajal이 그린 신경세포 데생

이점은 비올라도 강조하고 있듯이 시냅스라는 빈틈이다.

여기에서 비올라에게도 영향을 준 것으로 보이는 뉴런의 발견자에 대해 메모를 남겨두기로 하자. 프로이트와 동시대의 신경해부학자 산티아고 라몬 이 카할 Santiago Ramón y Cajal(1852~1934)이 주인공이다. 라몬 이 카할은 해부를 통해 처음으로 뉴런을 독립적인 기능단위임을 증명하고 1906년에 노벨생리학의학상을 수상했다. 라몬 이 카할이 발표한 뉴런학설의 독특한 점은 신경의 말단이 각각 분리된 수지樹脂 상태이며 상호 연결된 그물망이 아니라는 것 즉 신경세포는 네트워크상으로 연결되어 있지는 않다고 주장한 데 있다.

더욱 특별한 점은 그것을 증명하기 위해 그는 해부학표본의 수채화를 이용한 점이다. 말할 것도 없이 라몬 이 카할의 시대에는 이미 사진이 고도로 발달되어 있었고 천체사진이나 현미경사진이 출현한지도 오래된 때였다. 게다가 라몬 이 카할은 아마추어 사진가로서도 유명했다. 사진의 시대에 왜 데생을 고집했던 것일까. 그는 "데생은, 보다 주의 깊은 관찰을 요구한다"면서 형태학 연구에 불가결한 관찰력을 강조했다.

"관찰은 스케치함으로써 완성될 것이고 다른 이익은 차치하고라도 무엇을 묘사하는 일은 집중력을 강화하게 한다."

신경생물학의 아버지라 불리는 인물이 미학적 내지 예술적인 자세를 견지한 점은 중요하다. 라몬 이 카할에 대한 자세한 내용은 다음을 참조하기 바란다.

J. Allan Hobson 著, 井上昌次郎 訳,《夢見る脳 The Dreaming Brain, Basic Books, New York, 1988》, どうぶつ社, 1992

3장
사진과 부재

1. 태양의 기억 – 기상, 인상, 추상

빛의 흔적

지금까지는 기억의 창조적 역할을 다른 예술가의 제작과정을 통해 살펴보았다. 그 작품들은 처한 시대나 환경 및 성질이 다르지만 모두 작가 자신의 기억의 형태와 밀접한 관계가 있다는 점에서는 공통적이다. 기억이란 기명되거나 상기되는 내용은 물론이고 기억하는 주체의 감각이나 감정과 깊은 관계에 있다. 프루스트Marcel Proust가 마들렌 냄새에서 과거를 찾아내거나 혹은 자코메티가 손가락 사이에서 기억의 상을 끌어내려 한 것처럼 변용하는 기억에 형태를 부여하는 촉각을 필두로 신체감각의 중요성이 관찰되었다. 이 장에서는 그 대상을 사진이라는 기술로 좁혀서 감각이나 감정과 기억의 관계를 살펴보고자 한다.

사진을 하나의 문화로 바라볼 경우 몇 가지 접근방법을 생각할 수 있을 것이다. 카메라나 필름의 기원과 발달에 주목하는 기술사적 시각, 사진의 생산과 소비를 조사하는 통계적 시각, 대중문화 속의 이미지의 역할을 탐구하는 기호학적 시각 등 몇 가지 다른 시점이 있을 것이다. 이 방대한 연구 방법은 사진이 하나의 복잡한 계통을 이루고 있음을 나타낸다. 여기에서는 기억과의 관계에서 생각하기 위해 사진의 기초를 일반적으로 생각할 수 있는 원근법의 기원이나 렌즈, 어둠상자의 발명이 아닌 빛의 흔적에 맞추고 싶다. 얼룩이나 빛바램처럼 물리적으로 남은 흔적으로서의 사진!

이러한 사진에 대한 견해가 조금은 색다르게 비칠 수도 있겠으나 이에 대한 탐구를 위해서는 적어도 100년 전으로 거슬러 올라갈 수 있을 것이다. 19세기말에 미국의 철학자 찰스 샌더스 퍼스Charles Sanders Peirce는 회화나 언어를 분류할 때 지표index라는 용어를 사용하여 사진을 분류했다. 퍼스에 따르면 회화나 언어가 사진과 다른 점은 그것(사진)이 지시하는 대상과 물리적인 관계를 가지고 있다는 한 가지 말고는 없다. 회화는 그 대상과 직접적인 물리적 관계가 없다. 묘사된 대상이 실재하는가의 여부는 회화가 알 바 아니다. 퍼스는 이것을 도상icon이라 부른다. 이에 대해 상징Symbol은 일정한 규칙에 따라 지시대상과 관계를 갖는다. 언어라면 문법이 이에 해당할 것이다.

지표란 예컨대 연기가 불의 기원을 나타내거나 풍향계의 회전이 바람의 방향을 나타내는 등 대상과의 관계가 물리적인 기호다. 사진의 특수성은 그것이 물리법칙에 따라 대상과 직접적인 관계를 갖는다는 점에 있다. 말할 것도 없이 그것은 광학과 화학이다. 사진의 이미지는 피사체에 반사된 빛이 화학변화를 일으킨 결과이며 보다 엄밀히 말하면 노출시간 중에 도달한 광자량 전체의 흔적이다. 따라서 사진의 순간성이란 엄밀히 말해 셔터가 닫히기 직전에 최후의 광자가 도달한 시점을 의미한다.

기술적인 엄밀성은 차치하고라도 사진을 물리적인 흔적의 하나로 보는 퍼스 식의 분류는 기호와의 관련에서 생각할 때 몇 가지 중요한 시점을 제공한다. 그을음이나 멍, 상처, 얼룩처럼 사진은 어떤 표면에 남은 물리적인 힘을 전한다. 피부에 남은 상처나 멍이 개인의 기억에서 일의적 의미를 지니듯이 사진과 기억을 잇는 것은 흔적이라는 현상이다. 흔적은 과거에 존재한 어떤 것을 나타낸다. 동시에 우리는 흔적에 의해 그 무엇이 그 장소에 이미 없다는 것을 안다.

부재라는 것이 기억과 감정의 사이에 어떻게 관계를 맺는가를 루이스 포와로Luis Poirot라는 이름의 사진가의 작품을 통해 살펴볼 것이다. 그 전에 빛의 흔적이 탄생하기까지를 아주 거칠게 더듬어보기로 하자.

태양의 연필

적도에 가장 가깝고 가장 오래된 키토 천문 전망대Observatorio Astronomico de Quito. 키토 시내의 알라메다 공원Alameda Park 안에 있는 노란 건물은 1877년 창설되었고 주요한 관측기능은 폴리테크니크Polytechnic의 신천문대에 물려주었다고는 하나 지금도 멈추지 않고 활동을 계속하고 있다. 천문대치고는 상당히 색다른 건물로 가운데 탑 주위를 복도로 이은 네 개의 작은 탑이 둘러싸고 있는 형태를 이루고 있다. 가운데 탑의 원형 회랑은 내부 벽이 전면 정리되어 선반이 있는 장으로 되어 있고 거기에는 갖가지 관측기구가 들어차 있다. 19세기에서 20세기 초입에 걸쳐 사용된 기구들로 천문관측은 물론 기상관측 기구도 많은데 그 대부분이 독일제다.

키토천문대가 세계적으로 알려지게 된 것은 이 시대의 일이다. 이유는 프랑스 아카데미에 의한 자오선 측정이 에콰도르에서 이루어졌기 때문이다. 자오선 1도의 길이를 측정하고 북극과 적도에서 비교함으로써 지구의 형상을 알기 위한 조사였는데 이미 1735년에 그 첫 번째 원정이 역시 이 적도 지대에서 이루어졌다.

다만 프랑스 과학아카데미의 조사대 ―콩다민Charles Marie de La Condamine, 부귀에Pierre Bouguer, 고댕Louis Godin, 즈시외Jussieu― 일행이 향한 곳은 페루의 적도지대였고 에콰도르라는 나라는 아직 존재하지 않았다. 일행이 키토에 도착한 것은 1736년으로 1743년까지 7년에 걸쳐 측량을 계속했다. 황열병과 지진으로 고통을 받으면서 밀림을 뚫고 나아간 원정대의 모습은 플로렌스 트리스트랑Florence Trystram이 《지구를 측정한 사나이들Le procès des etoiles》에서 훌륭하게 그려내고 있다.

〈키토천문대〉, 1991년 촬영

별의 기록이나 화산의 기록이 정리되어 있는 선반장 옆에 리본 형태의 종이 몇 장이 붙어 있다. 얼굴을 가까이 대고 보았더니 길이 15센티미터, 넓이 5센티미터 정도의 리본의 중심에 탄 자욱 같은 선이 그어져 있다. 어디선가 본 적이 있다. 종이에 인쇄된 눈금을 보자 생각이 났다. 일조시간을 기록하는 종이다. 이 종이를 렌즈 밑에 끼우고 태양광이 초점을 맞출만한 위치에 세팅한다. 해가 나와 있는 동안은 종이가 그을 것이므로 실질적인 일조시간을 기록할 수 있다. 탄 흔적이 점선을 이루고 있는 부분은 키토 상공에 구름이 떠 있었음을 나타낸다. 새까만 선은 쾌청했다는 뜻이다.

부지불식간에 '태양의 연필'이라는 단어가 튀어나왔다. 안내하던 연구원이 웃는다. 우스갯소리라 생각했을 것이다. 아득한 적도의 나라 천문대에서 그것이 도마쓰 쇼메이東松照明의 걸작 사진집(《太陽の鉛筆 沖縄・海と空と島と人びと・そして東南アジアへ》, 每日新聞社, 1975年) 제목인 것을 어찌 알겠는가. 그러나 내가 너무 열심히 들여다본 탓인지 안내원이 옥상에 설치된 태양의 연필을 보러가자고 그런다.

찰스 로스Charles Ross, 〈태양의 기록 1년A Year of Solar Burns〉,
1992. 3. 20~1993. 3. 20

하늘을 지나가는 태양의 궤적을 종이 위에 기록해야 한다. 당연히 렌즈는 유리공으로 되어 있다. 실팍한 금속성 대좌에 결점 하나 없는 투명한 구체가 설치되어 있었다. 가까이 다가가서 보니 탄 냄새가 코를 스친다. 빛의 축이 지글지글 종이를 태우고 있다. 태양의 연필 앞쪽 끝은 새하얘서 아무리 실눈을 뜨고 봐도 보이지 않았다.

사막의 빛

언젠가 생각지도 못했던 곳에서 이 태양 기록장치를 다시 접한 적이 있다. 프랑스 중부의 와롱성 미술관 내부의 한 방에 들어서자 사방의 벽 전체가 흰 도판陶板으로 덮여 있었다. 길이 50센티, 폭 15센티 정도의 도판에는 중앙에 만곡의 검은 선이 들어가 있었다. 그것이 태양광에 탄 흔적임을 알아차린 것은 말할 것도 없이 키토천문대에서 본 종이 리본 덕분이었다.

도판 쪽은 훨씬 센 집광력을 가진 렌즈로 구웠음에 틀림없고 선분의 중앙 즉 태양이 남중南中하는 부근에서는 그을음이 확 붙어있다. 누른 정도가 아니라 불꽃을 튀기며 타올랐음을 상상할 수 있다.

대략 400장 가까운 도판이 붙어있는 것으로 봐서 그것이 아마도 1년 동안의 태양의 기록이라는 점 그리고 그 대부분이 검은 궤적이 있다는 점 때문에 키토 지역과는 비교할 수 없을 정도의 건조한 땅이었을 것으로 생각된다.

〈태양의 기록〉의 작가 찰스 로스는 미국 남서부 뉴멕시코의 사막지대를 '아틀리에'로 삼고 있다. 이른바 대지 예술Land art 작가다. 프랑스 중부 루아르Loire 지방의 성관城館의 한 방을 뒤덮은 도판의 검은 선분은 실은 이 사막의 태양이 1992년부터 93년에 걸쳐 태운 것이었다.

로스는 뉴멕시코주 중앙에 위치한 앨버커키Albuquerque 동쪽에서 거대한 망원경을 만들어왔는데 그럭저럭 10년이 되어간다. 직경 2미터 길이 65미터의 콘크리트로 만든 관을 북극성을 향해 설치했다. 목적은 지구자전의 변동을 관측하는 것이라 알려져 있다. 구름에 의한 장애가 없다는 점에서는 키토천문대보다 천혜의 자연조건을 갖춘 지역이다. 도판 위에 빛의 궤적을 그린 태양의 연필도 '찰스 로스 사막천문대'의 관측 작업의 일부였던 셈이다.

마치 흰 모래 위에 새겨진 뱀의 흔적 같은 그 판들이 나타내는 것은 빛이 직접 그렸다는 사실이다. 광자photon의 묘사graphic, 이 새까맣게 그은 사막 뱀들의 조상이 반드시 천문대에서 태어났다고는 단정할 수 없다. 그보다 훨씬 오랜 옛날 연금술사나 점쟁이들의 유리공이 만든 그 어슴푸레한 그림자에 숨어있었는지도 모른다.

기상이 예술에 끼친 영향은 적지 않다. 포괄적인 예술 기상학이 탄생할 날은 아직 요원하겠으나 예컨대 18세기 이후로만 한정하더라도 기상과 예술의 관계를 분석함으로써 과학적 상상력의 역할을 가늠할 수 있을 것이다. 특히 빛으로 묘사하는 기술인 사진술이 탄생하기까지 대략 1세기 사이에 하늘과 땅 사이에서 이루어진 교감은 예술과 과학의 교감에 결정적인 의미를 지니고 있었다고 생각된다. 그 교감에서 중요한 역할을 완수한 현상을 찰스 로스의 도판은 기록하고 있지 않다. 그것은 탄 흔적이 없는 부분, 적도천문대의 기록지의 흰 종이 그대로 남아 있는 부분에 있는 구름이다.

기상의 인상

괴테에서 터너에 이르는 예술론에 구름이나 안개 즉 수증기는 언어 본래의 의미에서 매개medium였다. 예컨대 괴테의 기상론에 있는 구름 연구는 어떤 의미에서 인상주의에서 추상회화에 이르는 시선의 흐름을 예고하고 있는 것으로까지 분석할 수 있다.

> 카마루파Kamarupa의 고상한 신은 하늘을 건넌다.
> 바람을 타고 가뿐한 구름 무거운 구름 그 구름들의
> 옷 주름을 모아서는 또 아무렇게나 흘려놓고
> 모양이 바뀌는 것을 즐거워하는데

움직이지 않던 구름도 꿈처럼 사라져간다.

우리의 황홀해 하는 눈을 놀라게 한다.

(괴테, 〈하워드를 기리며〉, 《신과 세계》 부분)[1]

괴테는 구름의 관측 기록을 남기면서 구름의 본질이 그 형태의 다양성에 있음을 인식하고 있었다. 근대 이후의 예술이 구름에 힘입은 것은 확실히 그 다양성에 다름 아니다. 구름에 의해 인간은 하늘의 높이를 안다. 점쟁이가 사라진 세계에서 징조라는 현상을 배울 수 있는 것은 구름 덕이다. 마술사가 사라져버린 세계에서 자연 내부의 변신에 놀랄 수 있는 것도 구름 덕이다. 변형론Metamorphose을 전개하는 괴테에게 구름의 관찰이 어떤 의미를 띠고 있었는지 상상해보는 것도 가능하리라.

터너에게든 모네에게든 태양은 직접 그 모습을 드러내지 않는다. 태양은 반드시 수증기를 통해 나타난다. 클로드 모네가 테임즈강 건너편에 희미한 의사당을 그린 그 유명한 그림의 부제는 《안개 속의 태양》이다. 이 태양이란 다시 말해 안개에 뚫린 구멍trouée de soleil이다.[2] 천문대 기록지에 남아 있는 탄 구멍처럼 태양은 하늘에 뚫린 구멍으로 묘사되어있다.

사진이 태양을 자기편으로 만들었다는 어법이 가능하다면 그 이후의 회화는 구름을 그렇게 했다고 할 수 있을 것이다. 이 점에서 1850년대에서 70년대의 풍경 사진에 등장하는 구름의 처리는 흥미롭다. 종종 거기에서는 긴 노출시간으로 인해 새하얗게 되어버린 하늘 위에 후반작업 과정에서 구름의 그림자를 더하는 조작이 이루어졌던 것이다.

얼룩의 발명

괴테가 자신의 시로써 상찬해 마지않았던 루크 하워드Luke Howard가 영국인이었다는 사실 그리고 하워드가 현대에 남긴 위대한 공적이 구름의 분류였던 사실을 통해서 기상과 인상을 잇기 위해 다양한 자료를 제공한 영국 하늘의 풍요로움을 알게 된다. 이 점에서 18세기 후반 하워드와 같은 하늘을 보고 있던 화가 알렉산더 코젠스Alexander Cozens의 데생이론 만큼 불가사의한 책도 없을 것이다.

1785년에 출판된 《풍경 데생에서의 착상을 돕기 위한 새로운 방법A new method of assisting the invention in drawing original compositions of landscape[3]》, 일반적으로 《새로운 방법new method》이라 불리는 이 책은 짧고 명석함에도 불구하고 아직까지 불가사의한 부분이 많은 이론서로 알려져 있다. 그러나 이 코젠스의 탐구를 루크 하워드의 구름 연구나 나중에 다룰 윌리엄 폭스 탤벗William H. Fox Talbot에 의한 사진술의 발명 사이에 놓고 보면 역시 기상에서 인상을 거쳐 추상으로 이어지는 한 줄기 선이 드러날 것 같다.

코젠스의 데생이론의 핵심은 선이 아닌 얼룩으로 묘사한다는 하나로 모아진다. 중요한 점은 미리 어떤 형태를 묘사하기 위해 종이 위에 얼룩을 떨어뜨리는 것이 아니라 오히려 우연히 생긴 얼룩을 모음으로써 바위나 산, 호수의 형태가 출현한다는 데 있다. 보기에 따라서는 앙리 미쇼Henri Michaux의 메스칼린mescaline 데생을 앞지른 것처럼도 혹은 잭슨 폴록Paul Jackson Pollock의 드리핑dripping을 예언하고 있는 것처럼도 해석할 수 있기 때문에 어떻게 해서 코젠스가 우연성을 착안하게 되었는가가 수수께끼로 남아 있는 것이다.

그 책 서두에서 코젠스는 어떻게 얼룩의 예술을 발견했는지 또 레오나르도 다빈치의 회화론 속에 우연의 얼룩에 관한 기술을 발견하고 용기를 얻은 것에 대해 적고 있다. 나아가 이론서로서 잉크 만드는 법에서 붓을 고르는 법 그리고 실제의 얼룩을 만드는 방법까지가 간결하면서도 대단히 정확하게 기술되어 있다.

⟨1⟩

⟨6⟩

⟨12⟩

도판 1 ⟨언덕 혹은 산등성이 아니면 정상의 일부⟩, 아콰틴트aquatint (알렉산더 코젠스,《새로운 방법》에서 발췌)

제목은 코젠스 자신의 얼룩에 대한 해석을 나타내고 있다. 이 데생에 새로움이 있다면 그 하나는 그림의 모티브를 다양하게 해석할 수 있다는 점에 있을 것이다.

도판 6 ⟨하늘을 배경으로 한 단일한 대상, 혹은 복수의 대상 그룹⟩, 아콰틴트 (앞과 같음)

물끄러미 바라보고 있으면 나무와 가옥의 일부 혹은 수풀에서 빠져나오는 기마의 무리 등 여러 형상이 나타나있는데 코젠스 자신은 무어라 구체적인 제목은 붙이지 않았다.

도판 12 ⟨복수 대상의 그룹에 의해 모든 방향으로 향하는 평면⟩, 아콰틴트 (앞과 같음)

추상적인 제목은 대부분 20세기 예술의 그것과 흡사하다. 수묵화를 강하게 연상시키기도 하고 또 연못을 둘러싼 산처럼도 보이는데 역시 구체적인 설명은 없다. 도판 6과는 얼룩의 크기나 터치가 다른 점에 주의.

그러나 이것만으로는 얼룩으로 풍경을 구성한다는 착상을 설명할 길이 없다. 그로 인해 러시아와의 관계를 가지고 있던 코젠스가 중국의 수묵화를 보고 있었을 가능성 등이 제기되기도 하는데 진실은 알 수 없다고 보는 편이 좋을 것이다. 시대 배경의 분석도 흥미롭지만 그것보다 코젠스가 그린 데생의 재미에 주목하고 싶다.

《새로운 방법》에는 실제로 코젠스가 그린 데생이 아콰틴트에 의한 프린트 43장이 실려 있다. 그 도판들을 보면 금방 코젠스의 방법이 종이와 잉크의 새로운 관계 이상의 것임을, 어쩌면 인간의 시각과 기억을 둘러싼 문제를 품고 있음을 알게 된다.

각각의 도판에는 예를 들면, 〈언덕 정상〉, 〈산과 언덕〉과 같이 묘사된 풍경에 관한 설명이 간단하게 붙어 있다. 하지만 설명을 읽지 않더라도 거기에 있는 검은 얼룩 덩어리가 어떤 풍경으로 보이는 것만큼은 강조해 두고 싶다.

현대 시각심리학을 알고 있는 우리에게 이 데생들은 게슈탈트이론만이 아니라 데이비드 마David Marr의 시각계산이론이나 J. J. 깁슨James Jerome Gibson의 생태학적 시각론 등 시각의 문제계와 연결되는 것으로 볼 수 있을 것이다. 코젠스는 이 이론들 중 어느 것 하나 존재하지 않던 시대에 게다가 혼자 힘으로 얼룩의 보이는 방법과 이용법을 이론화했다. 이 얼룩들은 원제목에 있는 그대로 하나의 발명invention이었던 것이다.

기억의 구름

코젠스의 책에서 가장 흥미를 끄는 점은 데생에 대한 얼룩의 다양성이나 풍경을 다루는 방식과 같은 기술적인 것보다도 도판의 구성 자체에 있다. 1번부터 16번까지는 잉크 얼룩에 의한 풍경 데생이다. 그 다음 17번부터 36번까지는 20장의 구름 형태 데생이 들어 있다. 이 구름 데생들

은 얼룩에 의한 것이 아니라 선에 의한 것으로 프린트도 전혀 다르다. 그
림자를 붙이는 방식 하나로 구름을 어떻게 표사하는가 하는 방법도 성격
도 전혀 다른 도판이 느닷없이 들어와 있다.

각각의 구름 아래쪽에는 산의 능선이 그려져 있고 능선 아래는 공백으
로 되어있다. 그 공백 부분에 코젠스는 설명을 써넣었다. 그것들은 〈하늘
을 꽉 채운 구름〉이라든가 〈위쪽보다는 아래쪽이 조금 어두운 구름〉과
같은 설명으로 괴테의 구름 이름을 적은 관찰기록과는 다르다. 코젠스의
책이 출판되었을 때 루크 하워드는 13세였고 현재 우리가 쓰고 있는 구
름의 명칭은 존재하지 않았다.

어쨌든 코젠스는 얼룩의 이론과 병행하여 구름을 묘사하는 방법을 이
론적으로 추구하고 있었다. 코젠스는 구름의 변형에 주목하였고 특히 구
름의 틈으로 하늘이 보이는 모습을 어떻게 묘사해야 좋을지 반복적으로
시도한다. 지금 그것들을 둘로 나눈다면 밝은 구름과 어두운 하늘의 대
비, 어두운 구름과 밝은 하늘의 대비가 될 것이다. 각각의 도판은 페이지
당 4점씩 프린트 되어있다. 그 4점을 비교해보면 명암의 대비가 한없이
음화Negative · 양화Positive의 관계에 가깝다는 느낌에 어쩔 수 없이 끌려버
리고 만다.

코젠스는 이 구름 습작을 통해 무엇을 생각하고 있었던 것일까. 같은
영국인인 폭스 탤벗이 음화 · 양화에 의한 사진술을 발명하기까지는 아
직 50년이 남아 있다. 코젠스에게 음화 · 양화의 의식은 없었을 것이다.
그러나 그것이 기상과 인상을 잇는 선상에서 이루어진 시도였음은 확실
하다.

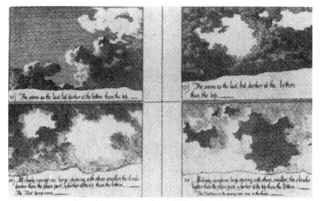
도판 25~28 부식 동판화, 대영박물관 소장 (앞과 같음)

하늘과 구름에 관한 코젠스의 지시는 형태가 아닌 명암에 있다. 글씨가 들어가 있는 부분이 공백으로 처리되어 있는 점에 주의. 여기에서 탐구되는 빛과 그림자의 표현은 사진의 양화·암화의 관계를 강하게 환기시키는 것이다.

알렉산더 코젠스, 〈알프스를 넘는 한니발〉,
주름진 종이에 검은 잉크(빅토리아 & 알버트 미술관 소장)

대단히 현대적인 추상미술을 느끼게 하는, 《새로운 방법》보다 복잡한 얼룩의 응용이라 하겠다. 주름진 종이에 얼룩을 그린 다음 종이를 뒤집은 작품. 따라서 실제로 그린 그림과는 좌우 반대다. 제목은 코끼리를 이용해 알프스를 넘은 한니발의 고사에서 연유하는데 과연 코젠스가 처음부터 의도적으로 이 모티브를 표시한 것인지는 불명확하다. 우연히 만들어진 얼룩을 마음대로 해석한 것이라 보는 편이 좋을지도 모르겠다. 뒤집어서 좌우를 반대로 한 점이 흥미롭다. 로르샤흐 테스트Rorschach test는 아니지만 코젠스가 형태의 인지와 기억과의 관계에 흥미를 품고 있었음이 엿보인다.

또 그것이 우연의 얼룩에 의한 새로운 방법 속에 삽입된 의미는 작지 않다. 얼룩에 의한 방법의 최대 이점은 묘사하는 속도에 있다. 그것은 풍경 전체를 면이나 선으로 분석하여 재구성하는 '전통적인 방식'과는 반대로 전체를 한 번에 파악하는 '새로운 방법'인 것이다. 시계 전체를 농담에 의해 한 번에 파악하는 방법, 그것은 사진술 그 자체다. 따라서 코젠스가 여기에서 어떠한 광학기술이나 렌즈를 쓰지 않은 사실이 중요한 대목이다. 광학적인 정확함을 목적으로 한다면 카메라 옵스큐라Camera Obscura나 카메라 루시다Camera Lucida를 쓰면 되기 때문이다.

코젠스나 괴테의 구름 연구를 통해 우리는 기상에서 인상을 거쳐 추상에 이르는 별도의 궤적을 볼 수 있을 것이다. 그리고 그 궤적은 사진을 포함한 광학사에서 논의되어온 바와 같은 한 줄의 단순한 선이 아님을 깨닫게 된다. 코젠스는 분명히 광학장치사와는 별도의 장소에서 새로운 데생의 발명을 지향한다. 그것은 렌즈의 성질이나 원근법 이론과는 전혀 다른 힘이 작용하는 장소다. 그것은 빛과 그림자를 흔적으로 다루려는 시도다. 즉 우연이나 변형이 지배적인 힘을 발휘하는 장소인 것이다.

바꿔 말하면 코젠스가 발을 들인 장소는 일찍이 시각에 관한 영역이 아니라 주시하는 인간의 의식이나 기억에 관한 영역이었던 것이다. 따라서 기상에서 출발하여 인상에서 추상에 이르는 노상에 나타난 이 알렉산더 코젠스라는 인물의 얼룩의 이론만큼 우리의 기억 탐구에 중요한 것은 없을 터이다. 그가 얼룩에 의한 데생이 인간의 기억에 보다 가깝다고 느끼고 있었기 때문에야말로 그것을 '발명'할 수 있었던 것은 아닐까. 적어도 인상에서 추상에 이르는 과정 이전에 추상에서 인상을 얻는 연구가 이루어진 것의 의미는 작지 않다. 코젠스의 연구를 지금 식으로 표현하면 기억은 뇌 속에 있는 흰 종이의 얼룩이 될 것이다.

어쨌든 기억이란 무엇인가를 코젠스는 얼룩을 통해 탐구하려 했다. 렌즈 연구와는 또 다른 차원에서 이러한 인상의 기억이 탐구되고 있었다는 것은 50년 후 발견된 사진술에서도 다른 형태로 나타날 터이다.

2. 사진의 탄생

기억의 구름

폭스 탤벗이 1844년에서 48년 사이에 간행한 역사상 최초의 사진집 제목을 《자연의 연필The Pencil of Nature》이라 붙인 점, 또는 탤벗의 친구였던 존 허셜John Herschel이 세기의 발명을 '포토그래피'라 명명한 데에서 우리는 우선 사진이 태양의 빛에 의해 태어난 사실을 안다.

'자연'이 '연필'을 쥐고 '빛으로 묘사한다'는 것은 묘사한다는 행위에서 일찍이 손의 기교는 필요없다는 뜻이다. 《자연의 연필》에 담긴 24장의 사진과 그에 덧붙여진 텍스트는 인간의 손에 의하지 않은 이미지의 가능성을 놀라울 만큼 다각적으로 실험한 것에 다름 아니다. 손으로 구운 프린트를 첨부한 이 《자연의 연필》은 당시 200권 정도 찍었다고 전해지는데 현재 남아있는 원본은 전 세계적으로 30권 이하로 희귀하다.[4]

그런데 24장의 사진에 덧붙인 본문 텍스트 서문으로 탤벗은 어떤 경위에서 '포토제닉 드로잉Photogenic Drawings'이라는 이름의 사진술을 발견하게 되었는지를 상당히 자세하게 밝히고 있다.

이탈리아의 코모 호수Lake Como에서 이루어진 데생 실패가 탤벗에게 빛에 의한 기록 연구로 나아가게 했다는 사실은 널리 알려져 있는데 이때 탤벗이 사용한 것은 이른바 카메라 루시다라 불리는 데생 보조기구였다. 이것은 한쪽 눈으로 프리즘을 통해 보이는 대상물을 다른 한쪽의 눈으로 본 종이 위에 이중으로 옮겨서 연필로 본뜨는 방법이다. 카메라 루시다는 어디까지나 보조기구이고 일정 정도 데생의 힘이 없는 한 초점을 유지하기가 어렵다.

다시 말해 두 눈으로 보면서 좌우 다른 상을 평면상에 합치시키는 것은 어느 정도 숙련을 필요로 하기 때문에 탤벗은 만족할만한 결과를 얻을 수 없었다. 귀국 후 탤벗은 어둠상자 이른바 카메라 옵스큐라를 사용하여 다시금 문밖 풍경의 데생을 시도한다. 불투명 유리면에 투영된 광경을 바라보던 중 그는 이것을 화학적으로 정착시킬 방법은 없을까 하는 생각을 하게 된다.

탤벗 자신에 의한 이 일화는 그와 동행한 아내 콘스탄스가 남긴 데생이 뒷받침하고 있다. 19세기 초반에는 카메라 루시다 뿐 아니라 프리즘이나 거울을 이용한 다양한 광학 기구가 알려져 있었다. 그 중에는 프락시노스코프Praxinoscope나 조이트로프Zoetrope 등 영화의 탄생과 연결되는 장치도 포함된다. 탤벗도 실제로 그 광학장치들을 연구하고 제작했는데 어쨌든 이 일화는 기술적인 발견 이전에 당시의 인간의 시각이 기계 광학계 속으로 깊이 들어가 있었음은 물론 묘사한다는 행위가 르네상스 이후의 원근법에서 이미 벗어나 있었음을 방증한다고 할 수 있다.

따라서 포토제닉 '드로잉'이나 '연필'이라는 탤벗의 표현에는 인간의 손보다도 현격하게 뛰어난 빛의 묘사능력이라는 의미가 담겨 있다. 그 이후 사진의 기술적인 발전을 생각하면《자연의 연필》에는 응용기술의 필수요소가 훌륭하게 반영되어 있다고 할 수 있다.

그 최대의 이유는 탤벗이 암화·양화법을 발견했다는 사실, 또 이 방법이 사진의 대량복제를 가능하게 할 것을 탤벗이 잘 이해하고 있었다는데 있다. 사진의 발명가로서 이름을 남긴 니엡스Joseph Nicéphore Niépce나 루이 다게르Louis Daguerre와 비교했을 경우 탤벗이 복제기술로서의 사진이 갖는 잠재적인 힘을 거의 혼자 힘으로 개시한 사실은 경탄을 자아내게 한다. 하지만 그 배경에 19세기의 독립 과학자들independent scientist이 습득하고 있던 자연과학에서 예술까지의 폭넓은 지식과 교양이 있었음은 의심할 나위가 없다. 탤벗은 처음 상을 얻은 시점에 이미 사진을 어떤 분야에서 응용할 수 있는가를 직관적으로 이해하고 있었다.

상품 카탈로그

우선 24장의 사진 내용을 확인해 보자.

1권: 1. 옥스퍼드 퀸즈칼리지의 한 구석Part of Queen's College, Oxford, 2. 파리의 대로 풍경, 3. 골동품 도자기, 4. 유리그릇, 5. 파트로클로스Patroclus의 조각상

2권: 6. 열린 문, 7. 식물의 잎, 8. 도서관의 서가, 9. 오래된 인쇄물의 복사, 10. 건초더미, 11. 석판화의 복사, 12. 오를레앙의 다리The Bridge of Orléans

3권: 13. 퀸즈칼리지, 14. 사다리, 15. 윌셔 소재 라콕수도원Lacock Abbey in Wiltshire

4권: 16. 라콕수도원의 회랑, 17. 파트로클로스의 조각상, 18. 크라이스트 처치의 문Gate of Christchurch

5권: 19. 라콕수도원의 탑, 20. 레이스Lace, 21. 순교기념탑

6권: 22. 웨스트민스터 대성당, 23. 사막의 하갈Hagar, 24. 과일

이렇듯 잡다한 내용을 일반적인 의미에서의 사진집으로 다룰 수 있을까. 여기에서 《자연의 연필》은 암화·양화법이라는 스스로의 발명을 선전하고 산업화하기 위한 상품 카탈로그였다는 평가가 나온다. 예를 들면, 영국 사진에 상당히 호의적인 이안 제프리Ian Jeffrey 같은 평론가조차 《자연의 연필》은 "균형 감각이 떨어지는 책이고 팔리는 사진집을 만들기 위해서는 어떻게 해야 좋을지 저자가 이리저리 고민한 흔적을 미루어 짐작할 수 있을 것 같다. (중략) 문장도 똑같이 고르지 못하며 그 중에는 쓸데없는 이야기에 지나지 않는 것도 있다"고 지적한다.[5]

물론 탤벗 이후에 나온 수많은 사진집과 비교하면 내용적으로나 기술적으로 미숙한 제작이라는 것이 현시점에서의 일반적인 평가라는 것을 이해하지 못하는 것은 아니다. 그러나 '균형 감각이 떨어지고 고르지 못

한 것'이야말로 실은 사진의 가능성이라 볼 수 있는 것 아닐까. 그렇게 보지 않는다면 "가족의 역사, 광고 팸플릿, 호사가의 소책자, 가이드북, 간이신문, 초보적인 기술논문 등 이 모든 요소가《자연의 연필》에 담겨 있다"는 의미를 이해할 수 없을 것이다.

《자연의 연필》에서는 탤벗이 덧붙인 각각의 텍스트가 자신이 촬영한 한 세트의 사진과 더불어 적혀있다. 기법의 설명, 사진의 디테일에 대한 언급, 생가인 라콕과 가족의 이야기 등 사진의 내용과 직접 관계가 있는 것도 있고 그렇지 않은 것도 있어 확실히 잡다하기는 하다. 하지만 탤벗은 어떤 경우에서든 인간의 손이 아닌 빛이 그린 화상을 보면서 이 말들을 교직한다. 사진을 보면서 거기에 부여된 사물을 차례차례 언어화한다는 행위가 이러한 형태로 즉 사진처럼 고르지 못한 형태로 제출되었다는 것은 기술 그 자체의 발명 못지 않게 흥미롭다.

또 하나 간과할 수 없는 점은《자연의 연필》의 간행과 동시에 사진비평이 개시되었다는 사실이다. 여섯 권으로 나누어 간행된 것에 맞춰 당시 널리 읽히고 있던 몇몇 예술평론지가《자연의 연필》에 수록된 사진에 대한 평가를 게재했다. 그것들이 회화나 판화에 대한 비평 스타일과 비슷하다고는 하나 애초부터 탤벗은 사회적인 평가를 염두에 두고 사진집을 제작했다는 결론이 나온다.

예컨대 탤벗은 그 사진들이 빛에 의해 그려진 것이라고 반복하면서 셀프 리프리젠테이션Self representation이라는 용어를 사용한다. 1835년에 촬영된 라콕 수도원의 창문 사진은 최초의 포토제닉 드로잉으로서 유명한데 이를 가리켜 셀프 리프리젠테이션이라는 표현을 한 것이다. 창으로 들어오는 빛이 창의 형태를 인화지 상에 정착시켰다는 의미일 것이다. 대상이 그 자신을 묘사한다는 이 사고는 어쩌면 표현주의적인 오늘날의 사진가들에게는 받아들여지지 않을 것이다. 그러나 사물이 사물인 자신을 묘사하는 것이라는 사고는 사진이 근원적으로 가지고 있는 혁신적인 부분을 훌륭하게 파고든 것이라 할 수 있지 않을까.

사물 자신에 의한 회상

라콕 수도원만이 아니라 옥스퍼드 시가지나 웨스트민스터 대성당 등 등장하는 대부분의 역사적 건축물 역시 그들 자신의 셀프 리프리젠테이션인 것이다. 때문에 퀸즈 칼리지의 건물 표면은 "원래 질이 나빴던 돌의 마모를 통해서 긴 세월의 풍상에 따른 상처의 정도를 이 건물은 분명하게 드러내고" 있는 것이고 웨스트민스터 대성당에도 대기오염에 의한 손상이 보이는 것이다.

폭스 탤벗, 《자연의 연필》에서 발췌
왼쪽 위부터 시계방향으로 파리의 대로 풍경, 퀸즈 칼리지, 도서관의 서가, 골동품 도자기

여기에서도 사물이 사물 자신을 묘사하고 자연이 자연을 묘사한다는 것을 탤벗이 비유로서 사용하지 않았다는 것을 추측할 수 있다. 인간의 의사와 관계없이 사물이 사물 자신을 보는 것의 의미를 탤벗은 깊이 이해하고 있었다. 〈파리의 대로 풍경〉의 사진에서는 카메라가 보이는 것 모두를 등가로 기록해 버린다고 적고 있다. 〈건초더미〉에서는 묘사의 치밀함이 부여할 진실감이나 현실감에 대해, 〈골통품 도자기〉에서는 무수의 것을 한 순간에 기록해 버리는 능력, 예컨대 도난당했을 경우 증거사진이 될 가능성에 대해 논한다. 실제로 이 사진에 나와 있는 골통품 도자기 하나를 관광객이 훔치는 사건이 벌어져 탤벗의 예상이 현실로 드러났다는 일화가 있다.

사진을 보면서 과거를 회상한 최초의 인간

이렇게 보고 있으면 과연 고르지 않고 정돈되지 않은 사진들 속에서 탤벗이 보고 있던 무언가가 막연하게 떠오르는듯한 느낌이 든다. 그것이 특히 강하게 느껴지는 것은 생가인 라콕 수도원의 역사에 대해《자연의 연필》4권의 사진 16에서 밝힌 다음 구절이다.

나는 여기에서 수녀들이 정숙한 명상의 시간에 천천히 걷고 있었을 것이라 상상한다. 그러나 사실을 말하자면 그들은 어떻게 살다가 어떻게 죽었는지에 대한 기록을 후대에 거의 남기지 않았다. 〈라콕의 서書〉는 코토니언 도서관Cottonian Library의 화재로 소실되어 버렸다고 전해진다. 거기에 무엇이 담겨 있었는지 나는 모르지만 어쩌면 그들의 사적인 회고록이었을 것이라 생각한다. 하지만 전통에 의해 보존되고 있거나 옛것에 대한 열정에서 발견된 것도 있다. 그 재료들로부터 시인 윌리엄 바울William Lisle Bowles은 《라콕수도원의 역사Annals and antiquities of Lacock Abbey》를 저술하여 1838년에 출판하였다.

탤벗은이 4권에서 라콕 수도원에 대해서, 탑의 사진에 대해서, 벽에서 애인의 품 안으로 몸을 던진 여성, 손가락에서 피가 흐르는 난쟁이, 방황하는 유령 등의 전설류를 쓰고 있다. 사진을 보면서 중세 기사 이야기의 세계로 빠져들고 있는 형국이다. 어쩌면 탤벗은 사진을 보면서 과거를 회상하는 말하자면 오늘날에는 너무나 일상적인 것이 되어버린 습관을 경험한 최초의 인간일 것이다.

그 해 탤벗은 수도원 창문의 화상을 담아내는 데 성공한다. 이를 테면 그는 100년 뒤의 발터 벤야민Walter Benjamin을 붙들었고, 150년 후의 롤랑 바르트Roland Barthes를 못 박은, 사물이 빛에 의해 사물 자신의 모습을 영원히 남긴다는 불가사의에 홀린 최초의 인간이었던 것이다.

사다리와 건초더미

거기에서 탤벗이 강조하는 것은 사진에 의한 기억의 신뢰성이다. 아무리 숙련된 화가라 하더라도 파트로클로스의 조각상이나 크라이스트 처치의 문, 웨스트민스터 대성당의 건물 사진을 이만큼 정확하고 신속하게 묘사하지는 못할 것이다. 또 아무리 주의 깊은 문헌학자라 하더라도 고문서를 사진처럼 명확하게 옮겨 적는 일은 불가능할 것이다. 건초더미의 건초 하나하나까지 이 정도로 충실하게 옮길 수 있는 것은 사진뿐이다. 사진은 레이스의 꼼꼼한 패턴조차 정확하게 베낄 수 있다. 이러한 신뢰성을 증명하는 것은 23번째 사진 〈사막의 하갈〉이라 명명된 석판화lithograph의 복사본이다.

이것은 원래 프란체스코 몰라Pier Francesco Mola의 작품인데 탤벗이 복사에 사용한 것은 몰라의 오리지널 작품이 아닌 그것을 모사한 요한 스트릭스나Johann Nepimuk Strixner의 석판화였다. 이 세 점을 비교하면 탤벗이 강조하는 신뢰성을 잘 알 수 있다. 이를 테면 스트릭스나의 모사는 오리지널과 비교하면 특히 세부에서 상당한 차이가 보이는 데 반하여 탤벗의 사진은 당연한 말이지만 스트릭스나의 모사와 완전히 일치한다.

탤벗이 사진을 최고의 기록 장치로 생각하고 있었음은 상상하기 어렵지 않다. 어쩌면 탤벗은 사진술을 인간에게 새로운 기억을 제공하는 장치라 생각하고 있었을 것이다. 인간의 기억력으로는 도저히 미치지 못하는 힘을 표현하기 위해 다양한 형태의 도자기나 건초더미, 고문서의 페이지, 수십 권의 책이 늘어선 서가를 찍은 것이다.

중세의 라콕수도원에서 탤벗은 수녀들의 명상이나 산책을 떠올리면서 기독교 전통 속에 형성된 그 기억술에 대해 생각하고 있었을 것이다. 적어도 이 24장의 피사체들은 모두 기억술을 환기시키고 있지 않은가. 그는 사물이 사물 자신으로 기억하는 사진을 서구의 전통적인 기억체계 속에 놓고 봤던 것은 아닐까.

어원학이나 성서학을 이해하고 있던 탤벗이 기억술에 대해 몰랐을 리 없다. 예를 들면, 사진사가 마이크 웨버Mike Weaver는 특히 탤벗의 〈사다리〉에 주목한다. 그것이 야곱의 사다리로 대표되는 기억술의 상징체계를 나타내고 있는 것을 아닐까 하고 추측한다.[6]

사진은 서구의 기억체계 속에 위치하고 있다. (중략) 그리고 기억술은 기억을 나타내는 방 안에 놓인 조각상이나 화상, 각각의 사건을 연결시킴으로써 이루어진다.

그렇다면 탤벗은 라콕수도원 안에서 다양한 사물을 배치하면서 새로운 기억의 정원을 꿈꾸고 있었던 것인지도 모른다.

자연의 지우개

그러나 모처럼 빛으로 그려진 데생도 중요한 암화가 없어지면 아무소

용이 없다. 사실 탤벗은 마지막의 〈과일〉 사진에 덧붙인 텍스트 속에《자연의 연필》을 간행하던 중에 오리지널 암화가 손상을 입어 다시 촬영해야 할 필요가 있다고 적고 있다. 사진술을 손에 넣음과 동시에 '상실'과 '부재'도 손에 넣은 최초의 인간이 탤벗이 되는 셈이다.《자연의 연필》에 '부재'라는 단어 자체는 나오지 않는다. 그러나 이 사진들을 보고 있으면 탤벗이 그것을 어딘가에서 느끼고 있었던 듯한 기분이 든다는 말이다.

건물에 남은 오랜 세월에 의한 풍파의 흔적, 읽어버린 회상록, 오리지널을 잃어버렸을 때를 가정한 판화의 복사, 기록의 정확함을 강조하면 할수록 거기에서 감도는 것은 말로 다하기 힘든 상실에 대한 불안이다.

특히 24장의 사진 중에서 유일하게 사람이 등장하는 〈사다리〉. 헛간 2층에 걸린 사다리를 한 손으로 잡고 오른쪽 다리를 조금 앞으로 내민 사내의 포즈는 사다리의 길이와 생긴 그림자의 위치로 인해 실로 불안한 느낌을 준다. 탤벗은 그 불안한 효과를 노렸는지도 모른다. 사진이 내포하는 시간의 매달림을 포착한 훌륭한 작품이다.

《자연의 연필》의 간행이 중단된 것은 재촬영에 따라 배본이 부정기적으로 바뀐 것에 더해 인화가 조금씩 사라져버리는 사고가 일어났기 때문이다. 염지 프린트는 유제층에 의한 보호가 없기 때문에 직접 대기의 영향을 받기 쉽다.

19세기 영국 도시 지역의 대기오염은 악명이 높았는데 석탄 연료에 의해 대기 중에 마구 뿌려진 유황산화물이 은을 공격한 것으로 추측하고 있다. 자연은 자연을 묘사하는 연필만이 아니라 지우개도 숨기고 있었다는 뜻이 될까.《자연의 연필》은 끝내 완성되지 못하고 탤벗의 캘러타이프Calotype는 아주 범위가 좁은 서클에서 지속되었고 그것이 발전한 곳은 오히려 1850년대의 프랑스였다.

폭스 탤벗, 〈사다리〉, 《자연의 연필》에서 발췌

　그러나 완전한 상실을 벗어나 살아남은 사진은 지금 이렇게 우리 눈앞에 있다. 이 벽들, 이 도자기들, 이 사람들, 이 화초들, 이 사다리들은 롤랑 바르트가 직감한대로 그것이 이미 과거와 같은 상태로는 있지 않을 것이라고 선언한다. 게다가 이 잔혹한 선언은 빛과 그림자에 의해 이루어지는 것이다.

　사진은 영원의 기억을 손에 넣기 위한 것이 아니라 실은 인간이 상실과 부재를 견뎌내어 살아나가기 위해 발명된 것은 아니었을까.

3. 검은 섬 — 부재를 탐구하는 사진가

검지의 기능

　사진술의 발명이 가져온 경험 속에서도 가장 특징적인 것은 어쩌면 현상現像이라는 과정일 것이다. 잠재하고 있는 가시광선으로 볼 수 없는 상=잠상을 화학적으로 드러내는 것이다. 사진을 현상 인화해본 적이 있는 사람이라면 누구나 알고 있듯이 암실에서 현상액 속에 넣은 하얀 종이의 표면에 천천히 상이 드러나는 순간은 어떤 불가사의한 감동을 불러일으킨다. 지금은 사진의 과정이 전자기술에 의해 대체되려고 하는 시대다. 그러나 잠재하고 있던 것이 현상現像하는 특수한 현상을 경험하는 의미에서도 암실작업을 스스로 해볼 가치는 있다고 생각한다.

사진의 과정은 이처럼 잠재, 현재現在, 현재顯在, 제시, 반전과 같은 보는 것과 존재 사이에 있는 몇 가지 관계를 내포하고 있다. 앞서 밝혔듯이 지표로서의 사진의 본질 즉 흔적에 대해 생각할 때 이들의 관계는 중요하다. 탤벗의 사진은 이들의 모든 제관계를 탐구하기 위해 찍힌 것이라 해도 과언이 아니다.

그런데 앞서 퍼스를 따라 지표는 물리적인 역학관계에 의해 관계하고 있다고 밝혔는데 특히 이 말이 지닌 촉각적인 의미를 잊어서는 안 된다. 우리는 뭔가를 나타내기 위해 지표=검지로 대상을 가리키면서 "이봐"라고 한다. 사진이 제시하는 방식은 이것과 닮아있다.

사진은 아무것도 진술하지 않는다. 그저 "이봐"라고 할뿐이다. 뭔가를 말하는 존재는 사진을 들고 바라보는 사람이다.

이 점을 깨달은 사람은 프랑스의 사상가 롤랑 바르트일 것이다. 바르트는 그의 마지막 저서에 해당하는 《밝은 방: 사진에 대한 노트La Chambre claire: Note sur la photographie》 서두에서 사진이 이봐라며 가리켜 보이는 몸짓을 유아의 몸짓에 빗대었다. 사진은 눈에 의한 것이라 생각하기 십상이지만 실은 이 손가락 기능에 대부분을 의지하고 있다. 지시하는 것이나 지문을 남기는 것과 촬영 사이에는 보는 것과 같은 정도의 본질적인 관계가 가로놓여 있는 것이다.

《밝은 방》의 특징은 지표에서 출발하면서 현대에서 '죽음'을 받아들이는 사진의 본질을 찾는 이야기로 되어있다는 점이다.

그 탐구는 저자의 죽은 어머니의 한 장의 사진을 둘러싸고 이루어진다. 4장에서 다루겠지만 그 배후에는 고대에서 중세를 거쳐 근대에 이르는 기억의 계보라는 큰 주제가 숨겨져 있는데 바르트는 역사에 의존하는 일 없이 손바닥에 놓인 한 장의 사진을 들여다봄으로써 사진의 본질이 '그것은 −일찍이− 있었다'는 것임을 간파한다. 사진은 반드시 그것이 이제는 없다는 것은 제시하지 않지만 그것이 일찍이 있었다는 것은 확실히 제시한다. 지표의 물리적 관계가 그것을 지탱하고 있음은 물론이다.

이렇게 롤랑 바르트는 죽은 모친의 사진이나 그 외의 사진을 바라보면서 이 사진들이 미래 자신에게 닥쳐올 죽음을 알리고 있다는 사실에 눈 뜬다. 소녀 시절의 모친이나 언젠가 죽을 운명에 있거나 이미 죽은 오래된 사진을 통해 '압축된' 시간을 꿰뚫어봄으로써 바르트는 사진이 관계하고 있는 세계의 구조를 안 것이다. 그 책의 문장은 순수하게 사변적이면서도(바르트는 사진을 찍지 않았다) 사진이 인간에게 부여한 기호나 감정의 관계를 선명하게 전한다.

과거 어느 때에 빛에 의한 흔적=물리적인 관계를 맺은 대상이 이미 거기에 없다는 사실 즉 더 이상 접촉할 수 없다는 사실을 결국 같은 물리적 관계=빛으로 확인한다는 경험이 인간에게 부여하는 감정은 애도에 가장 가깝다. 이 감정을 통해 사진을 보는 자는 같은 과정이 반복된다는 것을 안다. 바꿔 말하면 그는 사진을 보면서 미래를 앞질러 현재를 바라볼 줄 아는 것이다.

그것은 현재 속에 부재를 보는 경험이다. 따라서 촬영이라는 행위가 아무리 재빠르게 이루어진다 하더라도 거기에는 미리 부재를 본뜨는 몸짓이 숨겨져 있다.

나는 종종 전람회 등에서 사진을 물끄러미 바라보는 인간의 모습이 어쩐지 신화적으로 비치는 것을 불가사의하게 생각하고 있었다. 신화적이라는 것은 사진에 정착된 현실의 저 너머로 향하는 시선을 그들이 갖고 있다는 것을 의미한다.

그것은 롤랑 바르트가 시도한 사진탐구의 이야기에서도 느낄 수 있고 어쩌면 그것은 오르페우스의 이야기가 지니고 있는 구조 같은 것일지도 모른다. 그것이 무엇인지 확실히 알게 된 것은 이하에 기록한 사진가 루이스 포와로Luis Poirot와의 대담을 통해서였다.

파블로 네루다

《파블로: 네루다 부재의 초상Neruda: Retratar La Ausencia》는 칠레 출신 사진가 루이스 포와로가 칠레와 미국에서 출판한 사진집이다.[7] 제목이 말해주듯 칠레를 대표하는 시인이자 노벨문학상 작가로서 세계에 그 이름을 알린 파블로 네루다Pablo Neruda와 관련 것으로 대략 3부로 구성되어 있다.

1장 〈부재〉는 파블로 네루다가 보낸 이슬라 네그라Isla Negra=검은 섬이라 불리는 별장을 1982년에 촬영한 시리즈로 빈집이 된 건물의 외관과 내부는 물론이고 시인이 수집한 골동품을 기록한 것이다. 그 후 2년간 사진가는 네루다와 친했던 지인들을 방문하고 그들이 말하는 시인에 관한 추억을 수집했다. 네루다와 그 집에 대한 것을 기억하고 있는 친구들 중에는 훌리오 코르타사르Julio Cortázar나 에두아르노 갈레아노Eduardo Galeano와 같은 일본에도 잘 알려진 작가가 있었고 그들의 기억이 초상사진과 더불어 〈회상〉 부분을 구성하고 있다.

그리고 마지막 장 〈존재〉에는 파블로 네루다의 초상사진이 모여 있다. 이는 루이스 포와로가 촬영한 최초의 사진이라고 한다. 그가 처음 시인과 만난 해가 1969년이므로 이슬라 네그라의 별장에서 일하는 네루다의 모습을 찍은 것은 70년 이후가 된다. 노벨문학상을 71년에 수상하고 원숙한 시기에 접어든 시인의 모습이 태평양이 바라다 보이는 집에서 기록된 것이다. 그 후의 벌어진 일들을 아는 모든 독자에게 이 사진들의 끊임없이 밝게 웃는 시인의 모습만큼 통절한 것은 없다.

1973년 피노체트Pinochet 장군에 의한 군사 쿠데타가 일어났을 때 네루다는 이슬라 네그라의 집 병상에 누워 있었다. 이 사건이 시인에게 정신적 · 육체적인 타격을 준 것은 말할 것도 없고 쿠데타 발생 이틀째인 9월 23일에 그는 수도 산티아고의 병원에서 세상을 떠났다. 산티아고의 대학에서 가르치고 있던 포와로는 이와 거의 때를 같이하여 이유도 모른 채 대학에서 쫓겨나 9년에 걸쳐 파리와 바르셀로나에서의 망명생활을 시작한다.

이때부터 왜 칠레 출신 사진가가 적은 것인지 또는 없어져 버렸는지가 포와로 자신도 강한 의구심을 품게 되는 매우 현실적인 문제로 부상한다. 따라서 1982년에 촬영된 이슬라 네그라는 포와로에게 이중적 의미에서의 귀환이 되었다. 이 사진집이 통상의 구성과는 다르게 시간을 거슬러 오르는 구성을 취하고 있는 것은 결국 루이스 포와로의 사진가로서의 활동과 인생이 잃어버린 시간과 장소를 찾는 이야기라는 형식을 취할 수밖에 없었기 때문이다.

이들 작품은 파블로 네루다라는 시인의 반생을 그린 다큐멘터리가 아니다. 더구나 한 작가의 옛 모습을 그리워하는 문학 앨범류도 될 수 없다. 이것은 어떤 폭력에 의해 그 인생이 토막 나 절단되어버린 한 명의 인간이 언어와 영상을 통해 잃어버린 과거를 재구성하는 필사의 작업이며 따라서 작업은 그대로 기억의 문제로 이어진다.

동명의 전시회를 위해 일본을 방문한 루이스 포와로와의 대담은 다른 그 무엇보다도 이야기를 좋아하는 라틴아메리카 사람 중에서도 특히 환

이슬라 네그라의 집과 한 면에 낙서가 있는 울타리, 《파블로 네루다》에서 발췌.

기와 연상에서 즉흥적인 언어의 음악을 꾸며나가는 칠레 사람 특유의 경쾌한 것이었다. 그러나 지금 그 때의 녹음테이프를 들어보니 화제의 중심은 역시 사진과 기억을 둘러싼 것이었다는 데에 다시금 고개를 끄덕이게 된다.[8]

고향으로의 귀환

루이스 포와로가 망명 후 처음으로 귀국한 1982년에서 83년에 마침 나는 아르헨티나에서 마젤란 해협을 넘어 칠레로 들어가고 있었다. 푼타 아레나스Punta Arenas에서 해안을 끼고 수도 산티아고로 들어간 다음 북상하여 팬아메리칸 고속도로를 타고 페루로 빠지는 여행이었다. 뱀처럼 가늘고 긴 나라인데도 빙하지대를 비롯해 사막에 이르는 다양한 자연환경을 갖춘 것에 놀란 기억이 난다.

산티아고에는 새 쇼핑센터가 세워져서 얼른 보아도 화려한 분위기가 느껴졌다. 말비나스 전쟁Malvinas War(=Falklands War)의 후유증이 가시지 않은 아르헨티나와 비교해서 경제상황은 나쁘지 않았다고 생각한다. 그러나 독재정권이 조성하는 항상적인 불안은 여기저기서 느낄 수 있었고 군복차림이 남미의 다른 어느 나라보다 눈에 띄었다. 그런 시기에 망명자가 귀국하는 것은 당연히 간단한 일이 아니다. 상당한 배포다.

위험을 감수하면서까지 귀국한 데에는 당시 그가 살고 있던 바르셀로나에서 네루다의 사진전을 개최했으면 하는 의뢰를 받은 것이 계기가 되었다. 시인이 세상을 떠난 지 10년을 기리는 것으로 전시회는 83년으로 예정되어 있었다. 그 전 해에 네루다의 미망인 마틸데 우루티아Matilde Urrutia가 바르셀로나에 왔을 때 포와로는 이슬라 네그라의 집을 찍고 싶다는 의사를 전했다고 한다.

> 마틸다는 이렇게 말했어요. "루이스, 나는 그 집에는 파블로와의 모든 추억이 있기 때문에 그다지 가고 싶지가 않아요. 게다가 이슬라 네그라의 집은 군사정권에 의해 압류당한 상태에요. 누구도 들어갈 수가 없다구요. 어쨌든 복잡한 상황이니까 조금 생각할 시간을 주세요". 그럼에도 나는 항공권을 사서 9년 만에 귀국하게 된 것입니다.

나의 칠레 체재는 짧은 것이었지만 특히 인상에 남아 있는 것은 칠레인들의 개방적인 성격이다. 여행객을 자신의 집에 초대하는 것이 습관처럼 되어 있는 듯한 인상마저 들었다. 다른 지역에서 온 사람을 초대하는 것이 문화의 중요한 요소로 정착되어 있는 것 같았다는 말이다. 그러나 포와로의 경우는 누구도 초대하는 사람이 없는 즉 주인이 없는 집으로 들어가는 모양새가 된다. 그 때 그는 어떤 기분이 들었을까.

우선 나는 무사히 입국할 수 있을지조차 알 수 없는 처지였기 때문에 제 어머니에게 미리 알릴 수 없었습니다. 나중에 그분은 어안이 벙벙한 채로 놀랐습니다. 아들이 9년 만에 갑자기 모습을 드러냈기 때문이었습니다.

이슬라 네그라에 도착하자 마틸데는 네루다의 집을 10일간만 열어주었습니다. 그것은 아주 불가사의한 경험이었습니다. 이미 알고 있던 장소가 분명한데도 그렇게 여겨지지 않았습니다. 쭈뼛거리며 들어간 느낌이었으니까요. 근처에 호텔을 잡고 매일 아침 9시에서 날이 저물 때까지 촬영을 이어갔습니다. 때로는 두 시간이든 세 시간이든 마침 좋은 햇살이 들기를 기다린 적도 있었습니다. 거기에 놓여 있는 물건에는 어느 것 하나 건들고 싶은 생각이 들지 않았던 것은 물론이고 스트로보나 조명을 쓰고 싶지 않았기 때문입니다. 저는 '그 때'의 집 분위기 자체를 기록하고 싶었습니다.

사물들이 기억하고 있다

사진집 처음에 나오는 〈부재〉 부분에 담겨 있는 오브제는 네루다가 여기저기서 사 모은 것들이라고 한다. 골동품으로서의 가치보다는 오브제로서 모은 것이라 적혀 있다. 또 집 자체가 네루다의 희망에 따라 지어진 건축물이라며 실제 건축에 참여한 목수도 등장한다. 전체적인 분위기는 배의 내부에 가깝다. 방에는 옛날 범선의 선수에 붙였던 목조 여신이 놓여있고 완만한 만곡의 천정은 배 바닥을 뒤집어놓은 것처럼도 보인다. 공간 전체가 해양성을 환기하는 건축이다.

그렇다 하더라도 이슬라 네그라라는 이름은 조금 색다른 지명이다. 대륙의 일부이면서 어째서 검은 섬인가. 네루다가 바다를 사랑한 것은 확

불가사의한 방. 비스듬히 돌출된 배의 이물로 인해 안쪽에 거대한 범선이 숨겨져 있는듯한 착각을 불러일으킨다.《파블로 네루다》에서 발췌.

실할 것이다. 그는 자신의 직업을 육지의 뱃사람이라 불렀다. 뱃사람의 모자를 애용했고 육분의六分儀나 바다지도, 쌍안경 등 해양에 관한 골동품 및 오브제라면 뭐든지 모았다고 한다. 사진가는 촬영 때의 모습을 다음과 같이 회상한다.

그런 것보다도 그 물건들이 전체적으로 자아내는 분위기가 매우 독특했습니다. 네루다 자신도 이렇게 밝힌 바 있습니다. "물건이 그것을 갖고 있던 인간 존재를 유지하고 있어서 과거의 소유자가 없어져 버렸을 때 그 물건들이 그의 존재를 느끼게 한다"라고 말입니다. 분명히 이슬라 네그라의 집에 있던 오브제들은 뭔가 대단히 강력한 것을 품고 있었습니다. 아주 강력한 것 말입니다. 그 장소에서는 촬영에 몰두할 수밖에 없었습니다.

빈집의 분위기에 압도되어 실제로 촬영한 구체적인 물건에 대한 것은 그다지 기억나지 않습니다. 시간이 없었기 때문인지도 모릅니다. 그때 제 자신이 무엇을 촬영하고 있는 것인지 거의 모르는 상태였습니다. 정말로 바르셀로나로 돌아온 뒤 현상하고 인화한 것을 본 뒤에야 비로소 이런 게 있었구나 싶었습니다. 저는 서둘러 네루다의 시 전집을 다시 읽었습니다. 처음부터 끝까지 읽은 것은 그때가 처음이었습니다. 그리고 그가 사물에 대해 쓴 것과 제가 사진으로 찍은 사물들과의 관계, 그의 부재와 그의 시의 관계에 대해 처음으로 생각하게 되었습니다. 그 시들의 몇몇은 사진집에 인용했습니다.

"그림자들만이 닫힌 집의 비밀을 알고 있다. 금지된 바람만이 그리고 지붕을 비추는 달빛만이."

"계단 위의 우리들의 신발, 옛 발자국 소리를 흔들어 깨운다."
"그들은 모두 나갔고 집은 비어있다. 그리고 그대가 현관으로 들어오면 거울이 있다 전신을 비추는 거울이. 그대는 떨고 있다 …"

"혹시 그들이 나를 만나고 싶어 한다면 이미 알고 있을 테지만 그들은 내가 없는 장소를 찾아야 할 것이다. 그리고 그들에게 목소리와 시간이 남아 있다면 그들은 내 자화상과 이야기할 수 있을 것이다."

남은 사람들

'사물들이 기억한다'는 것은 그야말로 폭스 탤벗이 《자연의 연필》에서 드러내고 싶어 했던 것이다. 사진이라는 물질이 어떤 사건을 기억하고 있다는 사실은 사진의 본질과 관련된 것이다. 내지는 사물들로 하여금 말하게 하도록 사진가가 촬영한 것인지도 모른다. 기억이라는 것은 불가사의한 것이다. 촬영 중에는 기억하고 있지 않았는데 그 필름을 보고서야 기억을 떠올린다. 그러나 그러한 사진가가 일상적으로 경험하는 것과는 또 다른 차원에서 루이스 포와로의 귀향에는 기억의 작용이 있다.

사물의 기억, 제 귀향에도 그것은 늘 따라다녔습니다. 9년 만에 돌아온 산티아고에서 과거의 친구들과 다시 만날 수 있었습니다. 칠레는 모든 게 달라져 있었습니다. 네루다와 관련된 이야기를 하는 사람은 한명도 없었습니다. 네루다라는 고유명사가 어떻게 되어 버렸는지 아는 사람은 아무도 없었습니다. 저는 망각의 심연으로 가라앉으려 하는 시인에 대한 기억을 어떻게든 멈추게 해야겠다고 생각했습니다. 적어도 저는 네루다를 만난 적이 있습니다. 그 기억을 다른 사람들에게 전해야 한다고 생각한 것입니다.

친구들의 집을 차례차례 방문하면서 저는 조금씩 어떤 일이 있어났었다는 사실을 이해하기 시작했습니다. 지난 9년간 이 나라에서 뭔가가 일어났다는 자각 말입니다. 저는 제 자신에게 무슨 일이 일어났었는지 알고 싶어졌습니다. 예컨대 이런 순간이 있었습니다. 친구 집에서 원래 제가 소유하고 있던 물건을 발견한 것입니다. 저는 어느 날 만사 제쳐놓고 국가로부터 추방되었습니다. 가지고 있던 물건들은 거의 집에 놔둔 채였습니다. 그랬던 것이 아무 일도 없었던 것처럼 친구네 집 벽에 걸려 있었습니다 … 저는 제 것이라는 것을 알아차렸지만 이미 제 것도 아니고 여기에 살지도 않으며 … 어떤 말도 할 수 없는 … 그런 순간만큼 괴로운 것은 없다고 생각합니다.

그로부터 그는 다른 시리즈를 찍기 시작했다. 바르셀로나로 망명한 사람들의 초상사진이다. 포와로는 그들을 바르셀로나의 자신의 집으로 불러 식사를 같이 하고 테이블을 치운 뒤 항상 같은 위치에서 촬영했다고 한다. 신분증명사진에 가까운 것일지 모른다고 했지만 어쩌면 그것은 조국으로부터 추방당한 사람들이 공유하는 일종의 추억에 대한 의식이었을 것이다. 그리고 포와로에게는 살아남은 사람들을 기록하는 작업에 다름 아니었을 것이다. 그는 잊지 않기 위하여, 보존해두기 위하여 그야말로 강박관념에 사로잡힌 사람처럼 등기인을 자청한 것이다. 그를 움직인 것은 노스텔지어가 아니다. 프랑코 마냐니Franco Magnani와는 대조적으로 그는 칠레에 노스텔지어를 느끼지 않고 있었고 향수어린 사람도 아니었다. 사진가가 두려워한 것은 뭔가를 계속해서 잃어버리고 있다는 사실, 지속적으로 사라져버리고 있다는 사실이었다. 망각에서 벗어나게 하는 것 그것이 그에게 부과된 것이었다.

망각과 상실

사진집의 2부에 해당하는 〈회상〉에서 사진가는 세계를 돌며 여러 사람을 만난다. 네루다에 대한 것을 기억하는 그 사람들 중에는 일본에서도 즐겨 읽는 남미 작가도 들어있다. 호세 도노소José Donoso는 네루다의 기억을 감추고 있는 '아우라'에 대해 말한다. 마지막 초현실주의자 로베르토 마타Roberto Matta는 네루다가 모든 것에 절망하고 있던 인간이었다고 적고 있다. 그리고 사람은 절망을 견디기 위해 모든 것에 절망하는 것이라고 덧붙인다.

마타다운 역설이지만 사진에 인용된 시를 읽으면 시인의 절망이 얼마나 깊은 것이었는지 그리고 그가 닥쳐올 위기를 얼마나 냉정하게 인식하고 있었는지에 놀라게 된다. 세상을 뜨기 얼마 전에는 훌리오 코르타사르Julio Cortazar와도 만난다. 코르타사르는 네루다와 마지막 만났을 때를 회상한다. 그때 네루다는 "잘 가라는 말은 하지 않는 게 좋겠네"라는 말을 했다고 한다.

〈호르헤 사우레〉, 살아남은 사진가의 마지막 초상,《파블로 네루다》에서 발췌.

그는 스스로 과거의 모든 사진을 파기했다. 그렇게 함으로써 과연 과거를 말소하고 싶었던 것인지 아니면 기억 속의 이미지만큼은 남기고 싶었던 것인지 알 길이 없다. 이것이 사진의 기억에 대한 난점이다. 사진은 확실히 과거에 대한 대체할 수 없는 흔적이지만 그것은 과거를 비춘 거울이 아니라 복잡한 기술적 과정을 거친 추상이다. 한편 과거의 이미지는 문자 그대로 살아 있다. 우리가 상기할 때마다 이미지는 말하거나 침묵하거나 노래하거나 운다. 이 점에서 사진은 거울이 아니라 얼룩이나 먼지, 지표인 것이다. 호르헤 사우레는 사진을 모두 재로 만들어버림으로써 기억 속에서만 살아 있는 목소리에 귀를 기울이려고 한 것은 아닐까.

이 〈회상〉 부분에 실린 초상사진과 인터뷰를 보면 두드러지는 특징이 눈에 띈다. 포와로는 칠레에 살고 있는 사람들만이 아니라 유럽에 이주하거나 망명한 사람들과도 만났는데 유럽에서 만난 사람들과 비교했을 때 칠레에서 재회한 사람들과의 사이에는 상당한 거리가 있는 것처럼 보인다는 점이다.

귀향은 천천히 조금씩 일어나는 것입니다. 우리 세대 대부분의 사진가는 그곳에서 사라져버렸습니다. 그들에게 무슨 일이 벌어진 것인지 저는 모릅니다. 죽었거나 실종되었거나 그도 아니면 사진을 그만두었을지도 모릅니다. 생각해보건대 저는 우리 세대 중 유일하게 살아남은 경우일 겁니다. 우리 세대는 쿠데타 때 서른 살 그러니까 가장 영향을 받을 나이였습니다. 죽었거나 실종된 친구들을 많이 알고 있습니다.

이 사람 호르헤 사우레Jorge Saure는 내가 아는 많지 않은 사진가 중 한사람입니다. 실은 그의 집에서 만날 때까지 그가 살아있다는 사실을 몰랐습니다. 저보다 윗세대로 가장 잘 알려진 네루다의 초상사진을 찍은 것도 그 분입니다(사진집에서 사우레는 네루다와 처음 만났을 때의 일을 밝히고 있다). 뛰어난 사진가로 알려져 있었으나 지금은 찍지 않습니다. 과거의 작품도 거의 남아 있지 않습니다. 그 이유를 말씀드리죠. 어느 해 그는 사랑하는 딸을 잃는 불행을 겪은 직후 자신의 모든 사진을 파기해버렸기 때문입니다. 암화도 포함해서 말입니다. 호르헤와의 이야기가 끝나자 그에게 한 장만 찍게 해달라고 부탁했습니다. 다행히 그는 흔쾌하게 받아주었습니다. 그는 당시 사진을 그만둔 지 수년이 흘렀을 텐데도 제가 촬영하는 모습을 흥미롭게 관찰하고 있었습니다. 그리고 카메라나 필름에 대해 질문하기 시작하더니 "혹시 자네가 도와준다면 다시 한번 사진을 해봐도 좋겠는데"라고 말했습니다. 물론 저는 그가 찍기를 바랐고 다음에 올 때는 같이 찍자며 재회를 약속했습니다. 그런데 바르셀로나로 돌아와 몇 개월 지나지 않아서 호르헤 사우레의 부고를 받았습니다.

부재를 덧그리는 작업

사진집 타이틀이 영어판에서는 《부재와 존재Pablo Neruda: Absence and Presence》로 되어 있는데 사진가 자신은 이 영어 표현이 마음에 들지 않는다고 한다. 역시 retratar라는 스페인어가 아니면 안 되는 모양이다.

retratar를 영어로 옮기면 아무래도 to make a portrait라는 구가 되어버린다. 번역이란 어려운 것이다. 스페인어의 retratar la ausencia에는 '부재'의 윤곽을 본뜬다는 직접적인 몸짓이 담겨 있기 때문일 것이다.

retratar는 나도 좋아하는 말이다. 부재를 본뜨는 몸짓이야말로 이미지의 본질이기 때문이다. 고대 그리스로 거슬러 올라가는 이미지의 기원은 사랑하는 사람의 그림자를 벽 위에 본뜬 남자(혹은 여자였을지도 모른다)의 몸짓이었다. retratar는 그 몸짓 중에서 미리 부재를 예상하고 있었음을 의미한다. 상기와 예상이라는 일반적으로는 각각 과거와 미래라는 역방향으로 향한 정신활동이 떨어지지 못하고 연결되어 있는 몸짓 말이다. 이것이야말로 사진의 본질이라 해도 좋을 것이다. 오히려 사진의 본질은 '부재'에 있다고 정의하고 싶은 충동이 일 정도다.

부재 … 사진. 그렇습니다. 사진은 항상 부재를 말합니다. 순간의 부재, 사람의 부재, 사진을 볼 때 우리는 늘 부재에 눈뜨는 게 아닐까 합니다. 이 사진집의 '부재'는 물론 시인의 부재를 의미하고 있는 것이지만 그것을 retratar하는 것이 중요합니다. 말하자면 이슬라 네그라의 집은 출입금지 상태였고 시인의 책도 서가에서 사라졌지만 칠레 사람들은 시인을 잊어버리지 않았기 때문입니다. 기억은 완전히 잊히지 않았던 것입니다.

출입금지 상태였는데도 사람들은 거기에 와 있었습니다. 해변에는 모래침식으로부터 집을 보호하기 위한 울타리가 세워져 있는데 그 울타리에 사람들은 잊지 않고 있다는 증거들을 써놓았습니다. 울타리는 나무판으로 되어 있습니다. 거기에 그들은 모래사장에서 주어온 숯 등으로 네루다에 대한 메시지를 남긴 것입니다. 숯으로 쓰인 것이라 해풍이나 빗물 때문에 지워져버린 경우도 많습니다. 그럼에도 사람들은 거의 끊임없이 메시지를 채워 넣고 있었습니다. 그것을 발견했을 때 저는 감동했습니다. 시인을 위한 기념물로서 이보다 훌륭한 것은 없을 것입니다. 이게 그 사진입니다.

"안녕."

"파블로! 자네가 없으니 허전하구만, 어쩌자고 혼자 가버린 건가."

"파블로는 살아있다. 그리고 그의 삶은 계속될 것이다."

"망각은 없다― 1983."

울타리, 《파블로 네루다》에서 발췌.

울타리에 새겨진 문자는 대부분 숯으로 쓴 것들이다. 글씨가 지워진 부분 위에 몇 번이고 겹쳐서 씌어있고 네루다 독자들의 상기에 대한 기록이라 할 수 있다. 이 목판들은 자코메티가 고안한 '기억판'의 형태 혹은 고대 중국의 목간과 같은 기념물을 연상시킨다. 루이스 포와로가 말한 대로 이것은 시인의 집 주위에 만들어진 '책'의 페이지다.

울타리에는 이렇게 숯이나 녹슨 못으로 쓴 메시지가 붙어 있다. 한 마디만 쓴 것도 있고 서명과 날짜를 새긴 것도 적지 않다. 메시지는 장기간에 걸쳐 쓰인 흔적이 있는데 포와로의 사진은 그것들의 시간적인 퇴적까지 차분하게 담고 있다. 여기에 와서야 드디어 '부재의 초상'이라는 제목의 의미를 조금 이해할 수 있을 것 같다. '부재'를 본뜨려고 한 것은 루이

시인의 초상, 《파블로 네루다》에서 발췌

스 포와로 한 사람만이 아니었다. 시인의 말을 기억하고 있는 모든 사람들이 어떤 형식으로든 부재의 초상을 묘사해왔던 것이다.

이 메시지들은 1974년에 세상을 뜬 한 시인을 향한 것이 아니다. 그것들은 지금 여기에 없는 사람을 향해 씌어져 있다. 거기에 망각은 없다. 누구도 살고 있지 않은 집 주변에 계속해서 쓰이는 이 말만큼 인간 기억의 본질을 가리키는 것은 없을 것이다.

이 울타리는 시인의 집 주변에 매일 새로 쓰는 페이지들이자 한 권의 책을 이루고 있습니다. 그것은 네루다의 시와 사람들이 나누는 대화였습니다. 울타리에서 처음으로 찾은 파블로의 시를 저는 기억하고 있습니다.

"이미 잊혀져가는 것은 없다. 동지들이여, 사람들의 입술로부터 그대를 사라지게 하는 겨울은 끝난 것이다."

원주

1) Johann Wolfgang von Goethe 著, 高橋義人編 訳,《神と世界》, 冨山房, 1982

2) 이 구멍, 공백의 기원을 어디에서 구할 것인가는 흥미로운 문제다. 사진의 경우 찬란하게 빛나는 태양은 인화지의 흰색으로 남지만 화면 속의 가장 명도가 높은 부분을 공백으로 남기는, 다시 말해 흰 종이라면 지면을 그대로 남기는 방법은 적어도 15세기까지 거슬러 올라갈 수 있다. 프랑스어의 'réserve' 즉 공백을 남겨두는 데생은 그 공백에 무언가가 묘사되는 것을 암시한다. 혹은 아직 묘사되지 않은 무언가가 화가의 도식Schema 속에 있음을 나타낸다. 이 공백은 거기에 아직 아무 것도 묘사되어 있지 않다는 점에서 데 쿠닝의 '블랭크'와는 대조적으로 보이지만 화가의 다음 몸짓이 허공에 매달려 있다는 점에서는 같은 의미를 담고 있다고 할 수 있다. 공백에서의 상기와 예상은 시간적으로 반대방향의 사고로 같은 활동의 다른 면이라 하겠다. 'réserve'는 회화는 물론 판화, 조각, 조경술, 사진에 이르는 흥미로운 주제인데 그 중심에는 상기와 예상의 관계가 자리 잡고 있다. 자고메티의 작품 〈보이지 않는 오브제: 허공을 가진 손〉의 부재를 감싼 양손도 그런 의미에서 'réserve'를 내포한다고 볼 수 있다. 'réserve'에 관해서는 루브르박물관이 흥미로운 전시회를 기획하고 있다.

Réserves: Les suspens du dessin' RMN [exposition, Paris, Musée du Louvre, 22 novembre 1995–19 février 1996]

3) 현재 일반적으로 읽을 수 있는 코젠스의 연구서로는 다음의 저서가 상세하면서도 야심적인 접근을 시도하고 있다. 책 후반부에는 《새로운 방법new method》 전문과 데생 전체가 실려 있다.

Jean-Claude Lebensztejn, L'art de la tache: introduction à la Nouvelle méthode d'Alexander Cozens, Editions du limon, Paris, 1990

4) 다행히 사진 발명 150주년을 기념하여 1989년에 뉴욕의 한스 크라우스Hans Kraus사에서 복제판이 출판되었는데 이 글은 이 복제판을 근거로 삼았다.

5) Ian Jeffrey 著, 伊藤俊治 訳 · 石井康史 訳,《写真の歴史—表現の変遷をたどる Photography: a concise history, Oxford University Press, Oxford, 1981》, 岩波書店, 1987

6) Mike Weaver & Scottish Arts Council, The photographic art: pictorial

traditions in Britain and America, Harper & Row, 1986

7) Pablo Neruda & Luis Poirot, *Pablo Neruda: Absence and Presence*, Norton & Company, New York 1990

8) 루이스 포와로의 전시회는 1996년 일본 요코하마미술관에서 개최되었다. 전시기간 중에 일본에 온 사진가와의 인터뷰는 스페인어와 프랑스어로 이루어졌고 일부는 일본의 사진잡지《데자뷰 비스デジャ=ヴュ・ビスdeja-vu bis》1호에 게재되었다. 시간을 내어준 루이스 포와로 씨, 자리를 하께 해준 잡지사 사와다 요코澤田陽子 씨, 요코하마미술관과 칠레공화국 대사관에 이 자리를 빌려 감사의 마음을 전한다. 그리고 사진집《파블로 네루다》는 현재 스페인어판과 영어판이 나와 있다. 본장의 집필에는 영어판을 사용했다. 전시회 전단지에 게재된 사진가 자신의 말은 다음과 같다.

"순식간에 모든 것을 과거의 사건으로 잊어버리고 나아가 그 뿌리조차 망각하여 부평초처럼 되어버린 나라에서 내 사진은 기억을 통해서만 볼 수 있다. 그러나 내 작업은 노스탤지어를 불러일으키기 위한 것이 아니다. 거꾸로 내가 힘쓰고 있는 것은 최근 이민이 늘어 문화적 도가니가 되다시피 한 라틴아메리카인이나 칠레 사람의 기질을 명확하게 하고 그것을 이해하려는 것이다. 나는 사진의 독창적인 색깔이라고도 할 수 있는 흑백사진으로 초상화를 찍는다. 피사체인 인물과 소통하면서 그 인물의 어떤 것을 끌어내려고 한다. (중략) 사람이 살고 있지 않은 가옥이나 건물의 공간은 내게 매우 매력적이다. 거기에는 살았던 사람의 흔적이 남아 부재와 존재가 교차하며 구석구석에 미치는 빛의 유희가 있기 때문이다."

4장
상기하는 역사

1. 기억의 역사

기억과 역사의 상호작용

앞장까지 우리는 주로 예술적인 창조를 중심으로 기억의 역동성을 살펴보았다. 다양한 사례를 관찰함으로써 밝혀진 기억의 창조적 측면은 아마도 다음과 같이 정리할 수 있을 것이다.

1. 인간의 기억은 개개의 사정에 대한 흔적이 보존되어 이루어진 것이 아니라 현재와의 관계에서 항상 생성되고 있는 것이다. 그것은 한번 입력되면 사라지지 않는 정적인 이미지가 아니다. 환경과 물리적인 관계에서 역동적으로 변화해가는 것이다. 이 점에서 인간의 기억은 컴퓨터의 기억과 다르다.

2. 따라서 회상은, 회상된 사건에만 관계된 것이 아니다. 회상하고 있는 개인의 감정이나 감각과도 관계한다. 체스왕 카스파로프에게 손의 기억이나 프루스트에게 맛이나 냄새의 기억이 잘 보여주듯이 신체감각은 기억이 성립하기 위한 전제조건이다. 신체 이미지는 끊임없이 생성 변화하는 기억의 기본적인 틀을 이룬다. 회화나 조각만이

아니라 사진이나 영상예술 등 모든 예술적 창조에 신체감각과 기억의 동적인 관계는 본질적이다.

3. 기계적인 영상, 특히 사진은 기억에서 이미지의 존재 방식에 결정적인 영향을 미친다. 사진에 의해 인간은 미래에 앞서 현재를 회상하는 것을 앎과 동시에 사회적으로는 집단적 기억에서의 이미지의 역할을 결정적으로 확대한다.

이상에 입각하여 4장에서는 재구축으로서의 기억이 어떠한 역사를 낳을 수 있는지를 살펴보고자 한다. 개인의 기억이 역사에 1차적인 원재료라면 기억의 창조적인 성질은 역사에 본질적인 영향을 갖는 것임에 틀림없다. 그것은 가족, 종교, 언어, 도시 등 다른 레벨에서 집단적인 기억을 낳으면서 '역사'라 불리는 형태를 낳는다.

그 역사 속에 사는 개인은 가정이나 학교에서 해당 역사를 기억하도록 요청받는다. 이러한 기억과 역사의 상호작용을 현대의 문맥 속에서 고찰해보도록 하자. 그에 앞서 기억의 역사란 어떤 것인지부터 개관할 필요가 있겠다.

특수한 '기억의 역사'와 일반적인 '기억의 역사'

'기억의 역사'라 했을 때 우선 1장의 '장과 기억술'에서 살펴본 바와 같이 기억술의 전통을 생각할 수 있다. 프랜시스 예이츠Frances Yates에 따르면, 고대 그리스에서 발생한 기억술은 수사학이 되어 중세로 전해진다. 르네상스 시대에는 신비주의적인 세계관으로 발전하는데 거기에서 기억된 것은 고대에는 시나 신화, 이후는 오로지 유대·기독교적인 세계관에서의 교의나 전례였다.

이렇듯 많든 적든 의식화된 기억을 특수한 '기억의 역사'라 한다면 이에 대해 일상적인 경험이나 사건을 기술하는 일반적인 '기억의 역사'가 있을 것이다. 거기에는 기억해야 할 것을 내용이나 가치에 따라 취사선택하는 주관이 존재하고 어떤 형식에 따라 과거를 기술하는 기록자가 있다.

기억술이든 역사기술이든 기억의 역사가 시사하는 바는 형식이 내용에 영향을 미친다는 사실이다. 즉 기억의 형식에 변화가 생기면 기억되는 내용에도 필연적으로 변화가 일어난다. 그 변화는 말할 것도 없이 기억에 대한 기술의 역사에 의해 유지되고 있다.

인류학자이자 기술사에 커다란 족적을 남긴 앙드레 르로와—그랑Andre Leroi-Gourhan은 집단적인 기억의 역사를 정보전달의 방법에 따라 다섯 가지 시대로 나눈다.[1]

1. 구비전승
2. 도표나 지표를 포함하는 문자
3. 간단한 분류카드의 도입
4. 기록기술기계의 등장
5. 전자적인 계열화에 의한 정보처리

시대의 변천에 따라 기억의 양이 늘어나는 것은 물론 전달이 보다 정확해져가는 데 주목하고 싶다. 인간 자신의 기억에 대한 능력을 생각하면 기억장치로서의 문화 발전에 놀라지 않을 수 없다. 인간의 기억을 컴퓨터에 비기는 유추는 이 폭발적인 발전에서 오는 것인지도 모른다. 그러나 여러 차례 언급한 바와 같이 인간의 기억은 외운 것을 모두 기계적으로 반복할 수 없다는 데에 특징이 있다. 그 기억이 부정확하고 애매하며 관용적인 까닭에 인간은 인간이 된 것이 아니겠는가. 하여튼 이상과

같은 기술적인 시대구분을 서구의 역사 속에서 보면 대략 다음과 같이 정리할 수 있을 것이다.[2]

1. 문자를 갖지 않은 문화의 기억
2. 선사시대에서 고대에 걸친 문자의 탄생
3. 중세에서의 구비전승과 문자전달의 공존
4. 16세기에서 오늘날에 이르는 문자문화의 발전
5. 컴퓨터에 의한 속도와 양$_\text{量}$ 면에서 기억의 폭발적 증대

각각의 시대 각각의 문화에는 특유의 기억법이 있고 그것은 하나가 아닌 복수의 방법이 병용된다. 그 중에서도 가장 중요한 단계는 무문자문화에서 문자문화로의 이행이다. 무문자사회에 관한 많은 연구가 제시하고 있듯이 음성언어에 의해 전해지는 집단적 기억은 창세신화를 공유재산으로 한다.

이들 사회에서는 기원의 신화를 기억하는 것이 그 집단의 존속에 본질적인 것이라 여겨지고 있다. 그러나 그 기억은 기계적인 유지와 재현을 요구하는 것은 아니다. 시나 노래 등 다양한 의례를 통해서 반복되고 생산되는 것을 목적으로 한다. 이 단계에서의 집단적 기억에 특히 중요한 것은 노래였을 것이다. 역시 정확한 재현보다도 창조적인 재생산이 특징이다.

나중에 밝히겠지만 기원의 신화는 무문자사회 특유의 것이 아니다. 근대국가가 성립할 때도 어떤 형태로든 신화를 필요로 했고 오늘날에도 많은 국가가, 그것이 독립이든 혁명이든 진정으로 신화시대에서 그 기원을 찾는 것이든 각각의 역사적 기원을 놓지 않고 지니고 있다.

무문자사회에서 음성언어에 의한 집단적 기억이 전하는 또 하나의 중

요한 내용은 기술에 관한 것이다. 특수한 지식을 필요로 하는 기술은 종종 특정 집단만이 아는 비밀로 부쳐져 그것을 기억하는 것이, 다시 말해 집단을 유지하는 권력의 축이 된다. 기술의 기억이 신화시대의 일부가 되는 경우도 있다. 예를 들면, 야금술 특히 철에 관한 비밀주의적인 기억은 아프리카에서 아시아에 걸쳐 광범위하게 나타나는 현상이며 일본에서는 오늘날에도 전통기술로서 남아 있다.

도시의 기억

문자사회의 성립은 도시의 탄생과 더불어 기억의 역사에 커다란 변화를 야기했다. 문자의 출현과 동시에 달력이 발명되어 시간의 흐름 속에 새김자국이 생겨난다. 창세 신화적 기억에서 구체적인 날짜를 가진 '역사'가 나오는 것은 사회집단이 도시를 만들어내기에 이르는 때다.

1장 '장의 기억술'에서 이미 확인한 바대로 고대 그리스의 시모니데스는 기억술을 발명했다고 전해진다. 이 시대의 도시국가는 이미 다양한 기억의 기법을 만들어내고 있었다. 쓰인 기록은 그 초기에 이미 이중의 성격을 띠고 있었다. 그것은 쓰인 내용을 정보로 전달하는 것은 물론 석판이든 거북이 등이든 그 자체가 기념물로서의 성격을 갖고 있는 것이다.

이 점에서 고대 그리스는 기념물의 문명이었다고 해도 좋을 것이다. 신들의 모습과 그 언어를 새긴 조각상은 물론이고 대략 기억이 새겨져 있지 않은 벽은 없다. 도시를 이루고 있는 바위 자체가 기억을 유지하는 기념물인 것이다.[3]

신화를 기억할 것을 요구할 뿐 아니라 도시사회에서는 다양한 계약이나 경제활동에 관한 숫자나 약속의 기억도 필요하다. 고대 그리스 사회에서 이 역할을 담당한 므네몬mnemon은 정의의 이름 아래 계약의 이행이나 지불 등을 기억하는 지금으로 말하면 증인과 같은 존재였다.

또 이 므네몬은 신화 속 영웅의 시중을 드는데 끊임없이 과거의 사건을 복기하면서 그의 기억을 돕는다. 왜냐하면 망각은 죽음을 의미하기 때문이다. 기억의 여신 므네모시네는 그러한 영웅들의 이름과 행동을 계속해서 상기시키기 위해 시신詩神들을 낳는다. 이러한 기억의 문화가 비길 데 없는 문학으로 거듭난 것이 호메로스의 서사시였다.

종교와 기억

그러나 서구에서의 집단적 기억의 성격을 결정지은 것은 역시 유대·기독교다. 성서의 몇 페이지만 펴서 읽어봐도 그것이 신의 이름과 신의 행위를 명기하여 반복적으로 상기할 것을 요구하는 '기억의 종교'라는 사실과 그로부터 아우구스티누스 같은 위대한 기억의 이론가가 나올 수밖에 없음을 쉽게 이해 할 수 있다.

아우구스티누스와 기억술의 관계는 1장에서 간단하게 다뤘는데 중세에 기억의 문화에 결정적인 영향을 준 것은 기억술보다도 아우구스티누스가 정식화한 인간의 심적 활동과 기억과의 관계 즉, 삼위일체설=성부–성자–성령에 상당하는 기억–지성–사랑의 관계다. 이 종교적 기억은 인간 세계에 대한 의식임과 동시에 신의 기억을 나타내고 있다. 기억을 삼위일체의 성부에 대응시키고 있는 데에서도 아우구스티누스의 사상에 기억이 중심적인 의미를 지니고 있음을 알 수 있다.

기억의 중요성은 종교세계는 물론 중세의 생활 전반에 커다란 영향을 미쳤다. 교회나 예배당, 무덤의 기념비나 성유품 등을 통해서 혹은 강탄제降誕祭나 부활절을 비롯한 축제일을 통해서 사람들은 성인들과 순교자에 대한 기억을 유지하는 데 힘썼다. 기억에서 가장 중요한 것은 이름이다. 명명하는 것은 기억의 기본이며 그것은 인명의 기능에 현저하다. 가톨릭문화권에서는 오늘날에도 1년간의 달력에 붙은 성인들의 이름을 존중하고 그 날 그 이름을 가진 사람을 축복한다. 세례명이나 성인의 이름이 붙은 지명과 인명의 체계도 기억을 강화했다.

일상생활에서는 음유시인이 노래와 몸짓으로 기억을 전했다. 또 연배가 있는 사람은 과거의 사건을 기억하고 있는 자로서 존경을 받았다. 과거의 사건을 기억하고 있는 노인들에게 특별한 배려를 하는 것은 현대의 무문자사회에서도 공통되는 태도일 것이다. 나는 중세의 음유시인이 전한 샤를마뉴Charlemagne의 이야기가 현대에도 민중극으로 살아남아 있는 놀라운 광경을 맞닥뜨린 적이 있다.

그것은 대서양의 적도상에 떠있는 상투메 프린시페Democratic Republic of São Tomé and Príncipe라는 이름의 작은 섬에서였는데 〈카롤루스Carlo Magno 대제의 비극〉이라는 부제의 음유시 공연이 식민지시대의 재판극으로 형태를 바꾸어 아프리카의 태양 아래에서 이루어졌다. 그것은 하나의 기억이 그 문맥을 크게 변화시키면서도 지속적으로 살아나가는 확실히 므네모시네의 호흡을 느끼게 하는 감동적인 장이었다.

모든 것이 인쇄물이 되어 유포되는 현대와는 달리 문자언어와 음성언어가 공존하며 집단적 기억을 만들었던 중세 때에는 기억의 정확한 보존과 유지, 재현이 문서로 보증되는 동시에 구비전승 되어온 과거를 문장화할 때 혹은 사본을 만들 때 의식적인 선택이나 망각에 의한 기억의 변용이 일어났던 것으로 전해진다. 특히 중세 초 10세기에서 11세기에 관한 많은 연구가 이 시대의 유럽이 일종의 기억에 대한 위기에 처해 있었음을 밝히고 있어 흥미롭다.[4]

이 시대를 '망각의 세기'라 부르는 패트릭 기어리Patrick J. Geary 등의 역사학자들은 기원 1000년을 전후로 사람들이 망각과 격투하면서 고문서의 편찬과 작성을 이룬 점, 일상생활에서는 특히 여성이 기억 보존과 유지에 중요한 역할을 담당하고 있었던 점 등을 밝혔다. 거기에서는 과거

를 정확하게 전하는 것만이 목적인 것이 아니라 그 시대에 옳다고 여겨
지는 과거가 기록되었을 가능성도 있다. 흥미로운 점은 음성언어와 문자
언어가 병존하는 사회에서의 집단적 기억의 변용을 연구할 때 저 유명한
프레드릭 바틀렛Frederic C. Bartlett의 선구적인 기억—재구축이론이 채용되
었다는 사실이다. 예를 들어, 기어리는 바틀렛을 참조하면서 다음과 같
이 적고 있다.

> 이렇게 과거는 마침 바틀렛이 밝힌 바와 같이 프로세스에 따라 변용을
> 받는 것이다. 과거는 사람들이 현재에 적합하다고 여겨지는 한에서 보존
> 되었다. 인명이나 사건, 전통은 그것을 기록하려고 하는 자의 해석 체계
> 를 벗어나자마자 변용되든지 소실되었다. 이 변용의 프로세스는 대상이
> 용龍이든 조부든 왕이든 11세기의 인간이 접하고 있던 물리적 세계보다
> 는 그들이 가지고 있던 해석의 도식에 의존하는 것이었다.[5]

윗글을 통해 기원 1,000년을 전후로 유럽 사람들의 과거를 대하는 태
도에 변화가 일어났음을 추측할 수 있다. 기어리의 표현을 빌리면 당시
사람들은 그들의 과거가 그들의 현재와 일치하지 않는다는 것을 의식하
고 있었던 것이다.

그렇다고 해서 당시의 기억편찬자의 소행을 오늘날에도 횡행하고 있
는 역사의 말소나 개찬改竄으로 연결되는 것이라고 말하기는 힘들다. 당
시와 지금은 그것이 처한 기술적 조건이 결정적으로 다르기 때문이다.
물론 그것은 기억의 기술이 고도화하면 할수록 역사가 정확해진다는 의
미는 아니다. 나중에 밝히겠지만 영상기술이라는 중세에는 존재하지 않
았던 기억의 방법이 일반화된 오늘날에 조차 아니 오늘날이기 때문에 더
더욱 기억의 의식적·무의식적인 왜곡이 조장되기 쉬운 것이다.

국가와 기억

인쇄술의 일반화와 더불어 르네상스 시대에 정점에 도달한 기억술은 점점 주변적인 위치로 밀려났다가 활자 인쇄가 집단적 기억의 존재방식을 완전히 바꾸는 18세기에 접어들어 쇠퇴한다. 과학과 기술이 사회를 토대부터 바꾸려한 이 시대는 대략 다음 세 가지 이유 때문에 기억의 역사에서 커다란 전환점이 되었다.

첫째, 고대에서 근세에 이르는 집단적 기억을 모두 책 속에 기술하게끔 된 것이다. 그것은 성인이나 영웅, 전쟁의 기억은 물론 그때까지 구전에 의해 배울 수밖에 없었던 기술들이 인쇄물에 의해 사회전체로 확산된 점에서 획기적인 사건이었다. 인쇄술이 인쇄술을 전파했다. 사전과 백과사전에 의해 만인이 기억을 공유하게 된다. 르로와-그랑은 이 시대만큼 인간의 기억이 급격한 확장을 경험한 적은 없다고 주장한다.

둘째, 국가에 의한 도서관의 설립과 고문서관리가 이루어진다. 프랑스에서는 혁명 전후에 국립고문서보관소Archives nationales가 창립되었고 영국에서는 1838년에 공문서보관소Public Record Office(현 국립기록보존소The National Archives)가 문을 열었다. 인쇄된 기억을 국가가 관리함으로써 역사를 관장하는 주체로서의 국가의 위치를 확정했다.

셋째, 국가의 이름으로 집단적인 기억을 재확인하는 행사가 일반화했다는 점이다. 이 점에서 프랑스 혁명이 이루어낸 역할은 지대하다. 달력과 축일의 제정을 비롯하여 기념비의 건조, 경화나 메달의 주조에서 우표, 그림엽서에 이르기까지 기념이라는 이름의 집단적 기억은 하나의 거대한 이미지 시스템으로 급속하게 성장해갔다.

이것들을 특수한 기념물이라 한다면 19세기 중반에 이르러서는 도시공간을 항상적인 기념공간화 하는 일반적인 기념물이 출현한다. 즉 큰 길에 붙여진 영웅이나 기념일의 이름과 광장에 세워진 동상이 그것이다.

이 공간을 근대적인 기억의 체계라 부를 수도 있을 것이다.

그리고 20세기에 접어들어 두 세계대전 사이에 새로운 종류의 기념물이 이 체계에 더해진다. 전사한 병사를 위한 기념비가 그것이다. 프랑스라면 '조국을 위해 싸운 아들들'이라 새겨진 기념비가 없는 거리나 마을은 하나도 없다. 전승일 또는 패전의 날을 기념하는 것과 더불어 집단적인 죽음을 국가의 이름으로 기념하는 이 구조물 중 가장 순수한 형태는 '무명용사의 묘'라는 장소에서 찾을 수 있다. 여기에 이르러서야 비로소 고유의 인명을 갖지 않은 인간을 집단적으로 기념하는 역설적 기억이 생겨난 것이다.

오늘날 벌어지는 거의 기념광시대라 불러도 좋을 정도의 엄청난 수의 기념행사는 집단적 기억이 장대한 볼거리를 필요로 하고 있음을 드러내고 있다. 발견, 혁명, 독립, 전승, 패전, 종전, 발명, 개통, 탄생, 사후, 개점 등등 모든 종류의 기념일과 기념행사가 세계 각지에서 펼쳐진다. 기억의 소비다. 급기야 현대인은 이러한 기념이 없으면 역사를 인식하지 못하는 지경에까지 이르렀는지도 모른다. 분명히 집단적 기억의 소비라 부를만한 현상이 도래하고 있다고 할 수 있을 것이다.

이상은 주로 국가 쪽에서 본 집단적 기억이지만 이와 병행하여 사회 속에도 집단적 기억을 바꾸는 기술이 출현했다. 앞서 3장에서 밝힌 사진술의 탄생을 꼽을 수 있다. 사진의 발명과 동시에 기념촬영이 일반화하여 가족의 이미지는 근대적 기억에 대한 계열의 가장 후미에 붙음과 동시에 다른 모든 기념물을 능가할 기세로 우리 사회를 뒤덮고 있다. 오늘날만큼 이미지가 집단적인 기억을 지배한 시대는 없었다고 할 수 있을 것이다.

그러면 그 이미지는 대체 어떠한 형태로 우리의 기억을 떠받치고 있는 것일까. 날마다 뉴스가 방출하는 이미지는 기억보다는 오히려 현실을 잊

근대적 기억의 공간
파리 리옹역 구내의 기념물, 1996년 촬영.

어버리도록 하기 위해 존재하는 것이라 해도 될 만큼 그 양이 엄청나다. 현대의 도시는 집단적인 기억보다도 집단적인 망각 쪽으로 기울어져 있는 것은 아닐까. 이 문제를 생각하기 위해 우선 현대 도시와 망각에 관한 세 가지 구체적인 사례를 검토해보도록 하자.

무인의 중심가

90년대의 도시와 기억의 관계를 생각할 때 참고가 되는 한 권의 사진집이 손안에 있다. 《베이루트 중심가》라는 제목의 이 사진집은 현대 사진을 대표하는 6인의 사진가가 레바논의 수도 베이루트를 촬영한 것으로 1992년 파리에서 출판된 것이다.[6]

이탈리아 출신의 건축사진가 가브리엘 바질리코Gabriele Basilico, 다큐멘터리로 각각 독특한 경지를 개척해온 요세프 쿠델카Josef Koudelka, 레이몽 드파르동Raymond Depardon, 르네 부리Rene Burri, 레바논 출신의 젊은 사진가 푸아드 엘쿠리Fouad Elkoury 그리고 로버트 프랭크Robert Frank가 그들이다.

여섯 명이 베이루트를 찾은 때가 1991년 겨울로 되어 있는 것으로 보아 마침내 화약연기가 사라지고 복구의 징조가 보일 무렵의 사진인 셈이다.

150쪽에 이르는 흑백과 컬러로 된 이미지는 이른바 전쟁사진이 아닌 건축사진이다. 제목에 중심가가 들어 있듯이 사진은 모두 베이루트 시내 중심부에서만 찍은 것인데 거기에 사람의 모습을 촬영한 것은 겨우 몇 장밖에 없다. 수백 개의 건물이 등장하지만 하나 같이 완전한 형태를 갖추고 있는 경우는 없다. 완전한 폐허라는 모순된 표현이 어울린다.

베이루트 중심가는 19세기 후반부터 20세기 전반에 걸쳐 형성되었다. 오스만 제국 말기 프랑스의 영향 아래 만들어진 베이루트는 중동에서 가장 아름다운 도시 중 하나로 또 이문화의 교차점으로 알려져 있었다. 분쟁이 시작되기 전날까지만 해도 중심가의 인구는 3만 명을 넘었고 낮 시간에는 연 10만 명의 사람들이 상업과 문화의 도시를 지나다니고 있었다. 1975년 봄의 불과 수주 만에 모든 거리가 폐허가 될 줄 그들 중 누구 하나 상상이나 했겠는가. 사진집 서문에 현대 아랍 최고의 시인 중 하나인 아도니스Adonis(본명: Ali Ahmad Said Esber- 옮긴이)의 다음과 같은 시가 올라와 있다.

순간은 시간의 단편이 아니라 공간의 주사위 눈이다.
공간은 대지의 파편이 아니라 역사의 주사위가 굴러가는 한 장의 잎이다.
베이루트 기억의 나락이여! 그대의 먼지는 바람을 비웃고 있구나.

사진의 스타일은 건축사진의 그것으로 중심가의 건물 상태를 극명하게 기록하고 있다. 그 객관적인 스타일은 공사현장의 기록사진에 아주 가깝다. 첫 페이지에서 마지막 페이지까지 탄흔이 없는 사진은 한 장도 없으나 전체를 지배하는 것은 정적이며 희미하게 들리는 것은 누군가의 속삭임과 먼지가 이는 소리다. 한 도시의 건축을 기록한 사진집으로서

로마시대의 도시도, 기원전 2세기
지금의 나폴리 북쪽에 있었던 도시를 묘사한 그림. 구축물과 알파벳의 병치가 흥미롭다.

이 정도로 조용하면서 이 정도로 인상을 남기는 경우는 많지 않다.

약 130헥타르를 점하고 있던 베이루트 중심가에 지금은 어느 정도의 주민이 살고 있는지 짐작이 가지 않지만 이 사진을 보는 한 전혀 사람이 살고 있지 않는 것 같지는 않다. 카페처럼 보이는 것도 있고 물장사 과일 장사의 모습도 들여다보인다. 이렇게 살펴보니 의외로 생활의 징표가 여기저기에 숨어있다. 한번 보는 것만으로는 쓸모없는 것의 태산이지만 보이지 않는 곳에서 생은 확실히 영위되고 있다.

마침 이 사진이 촬영된 직후부터 중심가의 재개발 공사가 시작되었다. 지금은 부서진 건물을 거의 모두 무너뜨리고 전혀 새로운 길을 조성하는 도시계획이 실행에 옮겨지고 있다. 그런데 각각의 건물 소유자나 아파트 주민들에게서 불만이 터져 나오고 있다고 한다.

당연한 말이지만 국내외로 피난하고 있던 과거의 주민 중에는 이 계획 속에 자신들을 위한 장소를 배정받지 못한 사람이 많기 때문이다. 베이루트의 재건 계획에 관한 프로그램에서는 카페나 상점주가 각각의 장소를 가리키며 여기는 내가 살았던 곳이고 계속 살 권리가 있다는 점을 강조했다.

그런데 그들이 가리키는 장소에 있는 것은 사진집과 마찬가지로 폐허

베이루트 중심가

에 지나지 않고 그것을 존중하여 중심가를 원래대로 복원할 계획은 없다. 원래 주인이 갖고 있는 것은 기억밖에 없는데 그 기억은 새로운 계획 속에 장소를 갖지 못하는 것이다. 베이루트 중심가의 주인은 주민이 아니고 주민들의 장소는 이미 기억 속에서 밖에 존재하지 않는다는 것을 의미한다. 기억의 길은 영원히 잊혀져버린 것일까.

워키텍처

그렇게 되지 않게 하기 위해 만들어진 것이 이 《베이루트 중심가》일 것이다. 몇 번이고 다시 읽으면서 떠올린 것은 90년대의 유럽에서 생겨난 또 하나의 도시의 기억에 관한 문제다. 도시의 주체 문제를 그 상실에서 생각할 기회를 제공해준 것은 프랑스의 '꿈의 아치 건축센터Centre of architecture Arch of Dreams'였다.

이곳은 현대건축이나 도시계획을 다양한 형식으로 소개하는 의욕적인 활동을 벌여왔다. 보르도 시내의 거대한 와인창고 안에 문을 연 현대미술관 앙트로포 레네Entrepôt Lainé 한쪽에 자리를 잡고 있다. 포도와 교역의 기억이 스민 사치스런 공간을 살려 전람회나 심포지엄을 개최하고 있다.

1994년 봄 여기에서 '긴급'이라 적힌 카드가 왔다. 통상의 안내장은 늦어도 전람회 2주 전에 도착하게 마련인데 그것은 이틀 전에 받은 터라 정확하게 기억하고 있다. 심포지엄 안내 앞쪽 인쇄에는 Warchitecture라 적혀 있었다.

war와 architecture를 합성한 조어는 당시 포위 하에 있던 사라예보에서 급하게 탈출한 건축가들이 만든 것이었다. 생존 자체가 긴박한 상태였으므로 당시 심포지엄과 그에 대한 질문은 건축보다는 인간을 향한 것이 당연했다. 그러나 현장에서의 보고 발표를 통해 위기에 처한 것은 주민의 생명과 생활은 물론 도시의 기억 차체임을 잘 알 수 있었다.[7]

구체적인 보고는 공공건축물을 중심으로 한 건물의 파괴 상태였다. 국립도서관을 비롯하여 크고 작은 도서관, 주민센터, 모스크나 교회, 문화센터, 신문사, 병원, 의회 등 묵직한 이름들이 길게 이어졌다. 건축가나 도시계획 전문가들이 강조하는 것은 시민이 모이는 그 장소들이 조직적인 공격을 받았다는 사실이었다. 특히 도서관이나 사원과 같은 도시의 기억을 축적하고 있는 장소가 궤멸되고 있는 것이 5년에 걸친 분쟁의 성격을 말해주고 있었다. 새로운 건축이 아닌 베이루트 중심가를 포함하여 파괴된 건축을 다룬 것이 워키텍처의 과제라고 보면 무방할 것이다.

또 이 보고를 베이루트의 그것과 비교하면 어떤 공통점이 떠오른다. 두 도시 모두 이문화의 공존을 바탕에 두고 긴 역사를 통해 발전해왔는데 대단히 짧은 시간 안에 붕괴해버렸다는 사실이다. 그리고 양쪽 모두 산산조각난 도시의 기억을 어떻게 존속할 것인가가 위급한 문제가 되었다. 도시의 주체는 인간만이 아니다. 거기를 통과하는 모든 인간의 기억

불길에 휩싸인 사라예보의 중앙 도서관, 〈Warchitecture〉 부분
동서 문명의 교류에 대한 기억은 이렇듯 영원히 사라지고 말았다.

이 도시를 성립시키고 있다고 생각해야 한다.

기억이 사는 장소

물론 그것은 전쟁이나 재해만의 문제는 아니다. 경제활동과 정보교환의 글로벌화에 따라 인류에게 정든 지도가 크게 바뀌고 있는 지금 도시의 기억은 모든 곳에서 바뀌고 있는 중이다. 베이루트나 사라예보의 잃어버린 풍경은 실은 디지털 시티와 같이 기억이 모든 전자정보계에 의해 처리되고 물질적인 감촉이 완전히 사라져버린 풍경을 예언하고 있는 것인지도 모른다.

변해가는 도시에서 사람은 어떻게 살 것인가 그리고 살았던 것을 어떻게 추억할 것인가. 일리야 카바코프Ilya Kabakov가 1995년 파리 퐁피두센터에서 벌인 대규모 설치미술 〈우리는 여기에 살고 있다We are living here〉는 사는 것과 기억하는 것이 동전의 양면과 같음을 인상 깊게 심어주었다.

입구에는 새로운 도시의 건설 설계도를 고지하는 커다란 간판이 있고 이미 공사가 시작되었음을 알리는 건설 자재가 산더미처럼 쌓여 있다. 지하에는 유토피아로서의 신도시를 지탱하는 희고 거대한 원주가 세워져 있으며 그 주변을 조립식의 조잡한 집들이 빙 둘러싸고 있다. 길게 계속되는 작은 집들 속에는 소비에트 시절의 생활의 기억을 방불케 하는 생활용품이나 사진, 그림, 레코드 등 그 외 모든 것이 있다. 대부분의 관객의 눈에는 벼룩시장을 흩뜨려 놓은 것처럼 보이는 잡다한 일용품이 어느 집이건 계속된다.

다시 말해 과거의 소련이라는 어두컴컴하고 케케묵은 그러면서도 강하게 향수를 자극하는 집안의 물건들이 이상도시의 휘황찬란한 계획을 향해 '우리는 여기에 살고 있다'고 속삭인다. 이 거리에서 쫓겨난 사람들이 '우리는 여기에 살고 있다'고 문을 두드리고 있는 것이다. 문을 두드리는 그 소리는 마침내 현실적인 힘이 될 것이다. 러시아의 장래는 이 소리의 크기가 결정할 터이다.

러시아 출신으로 망명생활을 이어온 작가만의 강렬한 작품이다. 그의 상상도시에 사는 주민이 누구인지는 말할 나위도 없다. 우리는 지금에야말로 기억들이 살기 위한 장소를 찾아주어야만 한다.

2. 역사의 유실물계

트로이의 보물

기억의 역사를 생각할 때 주의해야 할 것은 처음에 언급한 대로 기술적 발전이 아무리 과거에서 미래를 향한 진화의 직선을 그리고 있는 듯이 보여도 개인의 기억 자체가 발전하고 있다고는 볼 수 없다는 점이다.

분명히 전자기술의 발전으로 컴퓨터의 기억용량은 커질 것이고 도서관의 장서량은 늘어날 것이다. 때문에 우리는 기억의 역사를 고대에서 현대까지 누적된 장대한 지층으로 상상하게 마련이다.

그러나 바틀렛에 따르면 집단적 기억도 현재적 환경과의 상호작용 속에서 변용을 반복하고 있는 것이고 거기에서 생겨나는 역사 또한 불변·부동의 데이터일 수 없다. 호메로스가 읊은 트로이의 문명이 냉전 후의 세계에 어떠한 형태로 나타나고 있는가를 보면 안정되어 보이는 고대조차 현대와 연통連通하며 움직이고 있다는 것을 깨닫게 된다. 기억의 역사를 단순한 발전의 도식으로 생각할 수 없다.

그건 그렇다하더라도 이것 역시 글라스노스트glasnost의 선물에 해당할까. 모스크바 푸시킨미술관이 개최한 전시회 〈트로이의 보물〉을 두고 하는 말이다. 이래저래 50년 전부터 잃어버렸다고 믿고 있던 재보財寶가 갑작스레 시민들 눈앞에 나타났으니 귀신곡할 노릇이라 해야 마땅하다.[8]

하인리히 슐리만Heinrich Schliemann이 1873년 발굴한 트로이의 황금은 일반적으로 1945년 베를린 폭격 때 잿더미가 되었다고들 생각하고 있었다. 그것이 구 소련의 정규군 즉 적군赤軍에 의해 모스크바로 옮겨져 푸시킨미술관에 보관되어 있다는 사실이 폭로된 것은 1993년이었다. 그 시점에서 독일과 터키가 각각 해당 보물의 반환을 요구한 사실은 이미 보도된 바 있다. 하지만 이렇듯 전시회라는 구체적인 형태를 취함으로써 관련 국가에 의한 소유권의 주장이 클로즈업되고 그에 대한 푸시킨미술관 측의 회답도 주목을 끈다.

회답 쪽부터 먼저 말하면, '노'다. 보물은 나치 독일군이 구 소련에서 약탈한 미술품이나 보물에 대한 아주 적은 대가에 지나지 않는다는 것이 모스크바가 취한 태도였다. 그러나 러시아와 이에 대해 소유권을 주장하

트로이의 유적, 1893년 촬영

는 독일은 원래 이 보물이 어디에서 발굴되었는지를 잊고 있다. 이것이 터키의 주장이다. 잘 알려진 바와 같이 하인리히 슐리만은 상당히 억지스런 방법으로 파낸 장식품류를 아내의 숄에 싸서 몰래 반출하는 데 성공했다. 당시의 터키정부는 허둥지둥 슐리만을 고소했는데 슐리만이 배상금을 지불함으로써 일단 결말이 났다.

그런데 이야기는 그리스 정부에 의해 복잡해지기 시작한다. 러시아, 독일, 터키는 문제의 트로이가 어떤 문명이었는지를 망각하고 있다는 것이다. 슐리만이 믿고 있었듯이 만약 보물이 트로이의 왕 프리아모스 Priamos의 것이라면 그것은 터키가 아닌 그리스문명에 귀속하는 것이다. 따라서 서로 소유권을 주장하는 국가들 중 말석의 작은 목소리에 지나지 않는다고는 하지만 그리스도 이름을 올리게 된 것이다.

미술사는 약탈에 의해 성립하는 것일까. 보통이라면 누구도 그런 뚱딴지같은 소리를 하려 들지 않을 것이다. 소유권의 주장이 2차 세계대전까지라면 괜찮지만 그것이 19세기가 되었다가 마침내는 기원적 3000년까지 거슬러 올라가게 되면 목청을 돋우는 인간도 나오게 마련이다. 각국의 요구에 대해 푸시킨미술관의 디렉터는 다음과 같은 담화를 발표한다.[9]

나폴레옹이 이탈리아에서 가져간 그림은 아직도 루브르박물관에 걸려있지 않은가. 대체 이탈리아가 프랑스에 대해 일언반구라도 한 적이 있는가. 파르테논 신전의 대리석 역시 대영박물관에 진좌鎭座하고 있다지 않은가. 그리스 정부는 근 1세기에 걸쳐 반환을 요구하고 있다. 모두 한통속 아닌가.

이미 루브르박물관에 있는 몇 장의 이탈리아 회화에 대해서는 이것을 반환해야 한다는 취지의 변호사의 논문이 찬반양론을 불러일으켰지만 그 후에 이렇다 할 진전은 없었다. 푸시킨미술관의 말대로 모두 한 통속인 것이다. 어느 곳이든 반환에 동의하거나 하면 박물관 내지 미술관이라는 시스템 자체가 기능마비에 빠질 염려가 있다. 외교문제로 번질 것을 우려하는 것만은 아닐 것이다. 트로이의 보물에 대한 논쟁은 세계 각지의 미술관이나 박물관이 어쩌면 붕괴할 수도 있는 기억과 역사를 둘러싼 문제계의 일부에 지나지 않음을 누구나 알고 있다.

수직적인 역사와 수평적인 역사

슐리만의 발굴은 재력을 과시한 억지춘향의 것이었다. 황금을 찾는 데 급급한 나머지 주변에 있는 귀중한 유적을 분쇄해버린 것이다. 그 후 각국의 조사 덕분에 '트로이의 유적'은 슐리만이 생각했던 것보다 훨씬 복잡한 구조로 되어 있다는 사실이 판명되었다.

슐리만이 파헤친 터키 북동쪽 다르다넬스Dardanelles 해협의 히살리크Hissarlik 언덕은 하나의 도시가 아니라 실제로는 복수의 도시가 층을 이루고 있었다. 현재는 기원전 3000년에 번영을 누린 최고最古의 도시를 '트로이 I'이라 하고 로마제국 시대에 존재한 '트로이 IX'를 최근 것으로 하는 아홉 개의 부분이 밝혀졌다. 푸시킨미술관에 있는 '프리아모스 황금'은 이 중 '트로이 II'에서 출토된 것이다. 이 층은 기원전 2600년대로 보고 있는데 이는 호메로스가 전하는 트로이전쟁보다 약 1000년이나 앞서는 셈이다.

이 모순 때문에 '프리아모스의 황금'은 슐리만이 이스탄불의 벼룩시장에서 발견한 것이라거나 혹은 그가 꾸민 것이라거나 등의 여러 가지 설이 나왔다. 그런데 전시회에서는 슐리만이 시대고증을 잘못했다는 것은 인정하면서도 발굴 자체가 허위였다는 논의는 부정했다.

슐리만은 그 후 수회에 걸쳐 발굴을 계속하였고 그 출토된 유물들은 현재 베를린, 이스탄불, 아테네를 비롯한 세계 50개국의 박물관과 미술관에 보존·연구되고 있기 때문이다. 어쨌든 투탕카멘Tutankhamen에 필적하는 세기의 발굴이 현대사를 이렇게나 노골적으로 부각시킬 줄은 당사자인 슐리만도 예상하지 못했을 것이다. 그리고 우리는 이 떠들썩한 논쟁에서 현대의 역사가 다음과 같은 두 종류의 다른 이미지를 포함하고 있다는 사실을 깨닫게 된다.

하나는 '수직적인 역사'라 부를 수 있을 것이다. 이는 지질학적인 이미지가 제공하는 발굴로서의 역사다. 아래에 있는 것일수록 오래되고 지표에 근접할수록 현대에 가깝다. 히살리크 언덕에 겹겹이 쌓인 고대도시의 이미지는 그야말로 역사의 수직성을 나타내고 있다. 이 지중의 수직성은 나중에 다루겠지만 건축의 수직성과 대조를 이룬다. 예를 들면, 바벨탑이 그렇다. 아홉 개의 층으로 쌓인 트로이의 이미지는 지중에 묻힌 9층의 탑에 비유할 수 있을 것이다. 그 2층에 도달한 슐리만에게는 역사를 발굴하는 사내의 이미지가 입혀진다. 발굴이라는 작업을 통해 역사와 지층은 서로 포개진다. 역사적 사상事象은 부동·불변이라는 '기억의 존재론'이 그것을 지탱하고 있다.

다른 하나인 '수평적인 역사'는 역사적 사상의 부동浮動을 인정한다. 트로이의 보물은 세계 각지에 분산되어 관리되고 있다. 트로이의 역사는 히살리크의 언덕 아래에만 존재하는 것이 아니다. 게다가 직간접적으로 관계한 모든 인간에 의해 바야흐로 지구상 도처에 퍼져 있는 것이다. 푸시킨미술관의 주장을 떠받치고 있는 것은 역사의 수평성에 다름 아니다.

따라서 이집트문명이 남긴 물건은 나일강변에 존재해야 할 이유는 어디에도 없는 것이고 슐리만이 약탈한 유물을 어떤 특정한 장소로 반환해야 할 이유 또한 없다. 왜냐하면 슐리만이 혹시라도 그것을 국외로 반출하지 않았더라면 그야말로 이스탄불의 바자르를 통해 영원히 소실되어 버렸을지도 모르기 때문이다. 슐리만 덕분에 트로이의 기억은 되살아났다는 주장은 적군 덕택에 트로이의 보물이 보존된 것이라는 주장과 근본적으로 다르지 않을 것이다.

미술관이나 박물관이 근거로 삼는 역사가 인정하는 한에서 약탈은 약탈로서 만인이 인정하는 부분이 된다. 약탈이 수집의 한 수단이었던 것은 틀림없는 역사적 사실인 것이다. 소유권 논쟁은 이 점을 분명히 하지 않는 한 무의미하다. 만약 고대 기억왕Mnemon이나 중세의 기록편찬자가 이 논쟁에 뛰어들면 대체 뭐라고 할까.

역사의 유실물

그런 의미에서 우리의 일상은 수직성도 수평성도 잃어버린 상태에 있다고 할 수 있을 것이다. 크리스티앙 볼탕스키Christian Boltanski라는 이름의 작가는 20세기의 인간에게 역사라는 존재는 묻히지도 않았을 뿐 아니라 소유권도 알 수 없는 사물로 이루어져 있다고 주장한다. 현대미술가로서 30년에 이르는 그의 활동은 모두 역사와 기억의 관계를 다양한 각도에서 해석하는 데 맞춰져 있었다 해도 과언이 아니다.[10]

볼탕스키는 일찍이 자신의 활동에 영향을 미친 장소로 파리 트로카데로Trocadéro에 있는 인류학박물관을 든 적이 있다. 그는 젊은 시절 다양한 민족의 의상이나 가면, 생활용품의 진열 케이스가 늘어선 전시장을 어슬렁거리는 재미에 빠져 있었다.

그 민족 중에는 현존하는 경우도 있지만 이미 사라진 경우도 있다. 진열 케이스 안에 있는 것은 그들 민족이나 문화의 흔적이다. 볼당스키는 거기에서 '인류학'이 아닌 '박물관'이 지닌 독특한 어두움을 발견한다. '역사'의 어두움, 기억의 캄캄함 그것은 먼지나 곰팡이 냄새 때문에 조금은 두려운 장소다. 그 어둠 속에서 그는 자기 자신의 진열 케이스를 제작해야겠다고 결심한다.

진흙을 개서 만든 경단, 공원에서 주은 새의 날개, 깎아낸 사탕, 가족 앨범, 양철깡통, 신분증명서 등 크리스티앙 볼탕스키라는 한 사내의 역사를 구성하는 오브제가 유리진열장 속에 담겨 전시된다. 이것은 인류학박물관이 아닌 인간박물관이다. 그는 인류학박물관의 패러디를 만들려고 하는 것일까.

그럴지도 모른다. 박물관에 정리된 오브제가 그것을 사용하거나 착용했던 '누군가'가 아닌 왜 '인류'를 구성하고 있는가를 그는 알고 싶은 것이리라. 박물관 진열 케이스에는 그 오브제가 발견된 장소와 연대는 밝혀

크리스티앙 볼탕스키, 저널 엘 카소El caso 1987년 아카이브, 1989년
볼탕스키는 잡지에서 잘라낸 사진을 모은 이러한 시리즈를 지속적으로 만들어 왔다. 시대의 기억은 스크랩북 속에 있기 때문일까.

져 있지만 그것이 누구의 것이었는지는 표기되어 있지 않다. 장소와 시간만 알고 소유자가 알려지지 않은 것, 그것은 유실물이다. 유실물? "박물관은 망각의 장소다"라고 말하고 싶은 것일까?

이렇게 볼탕스키는 모든 유실물 수집에 나선다. 박물관 다음으로 그가 좋아하는 장소는 버스나 철도의 유실물보관소다. 그는 그렇게도 먼지와 티끌이 좋은 것일까. 우산, 옷, 지갑, 가방, 열쇠 등 온갖 유실물이 그의 흥미를 끈다. 아니 그의 흥미를 끌지 않는 유실물은 없다. 왜냐하면 볼탕스키에게 유물과 유실물 사이의 본질적인 차이는 없기 때문이다.

그는 모든 유실물에는 그것이 모두 거의 비슷하게 보여도 어딘가에 소유자의 흔적이 있다고 말한다. "4세 남자, 12세 여자, 7세 여자 …" 중얼거리면서 그는 커다란 비닐 봉투에 담긴 대량의 아동복을 꺼낸다. 볼탕스키는 소유자의 연령을 알고 있는 것일까? 그렇지 않다. 그는 옷의 크기를 읽고 있을 뿐이다. 진지한 것인지 그렇지 않은 것인지 알 길이 없다.[11]

그러나 유실물 더미를 헤치고 들어가 소유자의 연령을 중얼거리는 그 모습이 1944년 파리의 유대계 가정에서 태어난 사내 아이의 것임을 알았을 때 그에게 유실물이나 유물이 무엇으로 수렴되는지 상상이 가지 않을 수 없다. 그것은 강제수용소에서 학살된 유대인들의 소유물, 벗겨진 의복, 안경, 금이빨, 머리카락, 피부 등 그 모든 유물 더미에 다름 아니다. 암전하듯 모든 유실물이 증거품이 되어 모습을 드러낸다.

모든 물건이 어떤 범죄를 가리키고 있다. 우리는 유실물이 소유자의 실념失念이나 망각의 결과라고만 생각하고 있었는데 실은 그렇지 않았던 것이다. 볼탕스키의 유실물은 그것을 바라보는 우리 자신의 실념이나 망각의 결과였다. 그 유실물 더미는 현대사를 어딘가에서 떠받치고 있을 우리 자신의 의식적·무의식적 실념을 암시하고 있었던 것이다.

상기의 역사

볼탕스키의 작품은 현대사 자체가 수직인 역사와 수평인 역사에 의해 고정화되어 질식하고 있는 상태를 훌륭하게 조명하고 있다.

그는 마치 그림자 인형극처럼 역사의 내부가 아닌 역사의 윤곽을 벽에 투영한다. 불꽃의 강도와 거리에 따라 그림자는 팽창하거나 축소된다. 볼탕스키가 제시하고 있는 것은 따라서 수직도 수평도 아닌 제3의 역사다. 그것을 '상기의 역사'라 부르자.

소유권 문제나 발굴조사의 과학적 신뢰성 같은 데서 벗어나 다시 한번 슐리만의 발굴현장으로 돌아가 생각해보자. 그는 왜 트로이에 집착했던 것일까. 왜 히살리크 언덕으로 향하여 마치 확신하고 있었던 것처럼 그곳을 파냈던 것일까. 슐리만은 여전히 호메로스의 시를 기억하고 있었기 때문이었을 것이다. 그는 오디세이아, 일리아드와 함께 모두 암송할 수 있을 때까지 항상 접하며 가까이했다. 적어도 슐리만은 히살리크로

이동하기 이전에 트로이의 역사를 상기하면서 일상을 보내고 있었던 것이다.

호메로스의 기억은 정신이 아찔해지는 기술사적 발전을 통해 슐리만의 기억과 만난다. 기억의 역사가 바틀렛이 말한 끊임없는 재구축이자 창조임을 이 정도로 선명하게 들어낸 경우는 없을 것이다. 그러나 그 풍부한 상기는 보물이 발굴된 순간 사라져버린다. 슐리만 개인의 기억은 어린 시절부터의 꿈을 실현한 순간에 동시대의 역사, 국가의 기억이 출현한 시대의 역사 속으로 빼앗겨버린 것이라 말할 수 있을지도 모르겠다.

'상기로서의 역사'가 수직인 역사나 수평인 역사와 결정적으로 다른 부분은 그것이 일체의 사물을 필요로 하지 않는 점에 있다. 슐리만은 그 옛날 장님의 시인이 읊었던 그 시구를 암송하고 있었다. 상기의 역사가 필요로 하는 것은 언어뿐이다. 그것은 호메로스가 그랬듯이 경우에 따라서는 종이나 연필 등의 물질조차 필요로 하지 않는다. 목소리만 있다면 그것으로도 충분한 것이다.

역사에 수직성이나 수평성 밖에 인정하지 않는 입장에서 보면 상기의 역사는 상상력의 영역에 속하는 것인지도 모른다. 따라서 젊은 날의 슐리만이 망상에 사로잡혀 있는 것처럼 보였다 하더라도 무리는 아니다. 상기의 역사에서 궁극의 모습은 목소리에 의한 존재다. 상기의 역사는 호흡하고 발화하는 '살아있는 몸의 인간'을 떠나서는 존재할 수 없다.

그리고 확실히 이 점에서 상기의 기억은 어떤 중요한 역할을 담당하고 있다. 그것은 호흡하고 발화하는 살아있는 몸의 인간에게만 의존하는 기억의 실상이다. 그 기억에 빛을 비추는 작업은 어떤 의미에서 트로이 유적의 발굴보다 훨씬 힘들 것이다. 왜냐하면 거기는 자신의 신체와 공기와 목소리만 있고 그 외에는 아무것도 없는 장소기 때문이다.

《쇼아Shoah》가 가진 불가사의한 힘

하지만 우리는 클로드 란즈만Claude Lanzmann의 《쇼아》라는 영화를 알고 있다. 9시간 30분의 이 대작은 나치에 의한 강제수용소의 존재를 제작 당시 생존자들의 회상만으로 만들어낸 오늘날 상기의 역사에 결정적인 의미를 갖고 있다. 이 작품의 가장 큰 특징은 홀로코스트를 그린 영화인데 시신이 전혀 나오지 않는다는 점이다. 슐리만의 상기는 최종적으로 보물이 나오는 시점에서 끝난다. 그러나 《쇼아》에는 수직인 역사는 없다. 그것을 파헤쳐도 시신은 나오지 않는다. 아무것도 나오지 않는다. 시신은 영상이 아닌 단어로 등장한다. 이 상기에는 끝이 없다. 작품 초반부에 등장하는 시몽 스레브니Simon Srebnik라는 이름의 남성이 다음과 같이 말한다.[12]

분간하기 어렵지만 여기다. 여기에서 사람들을 태웠다. 수많은 사람들이 여기에서 화장되었다. 분명히 여기다.

그는 폴란드 중서부의 시골 헤움노Chełmno 소재 수용소에서 생환한 단 두 명 중 한 사람이다. 전후 텔아비브에서 생활하고 있던 스레브니를 란즈만 감독이 달려가 설득하여 소년이었던 스레브니가 매일 2,000명의 유대인을 화장했다고 한 그 장소에 세운다. 그는 잠시 망연자실 가만히 서있기만 하다가 마침내 입을 연다.

그것을 이야기하는 것은 불가능하다. 누구도 여기에서 일어난 일을 상상할 수 없다. 그것은 불가능하다. 누구도 그것을 이해할 수 없다. 나 자신, 지금도 ….

영화는 전편에 걸쳐 그것을 말하는 것이 얼마나 곤란한 것인가를 이야기한다. 스레브니가 말하듯 그것은 믿을 수 없는 일이다. 일찍이 40만 명의 유대인이 여기에서 학살되었다는 사실을 전혀 믿을 수 없다. 그 흔적은 어디에도 남아 있지 않다. 모조리 불살라 버린 탓에 연기가 되어 하늘로 사라져 갔기 때문이다.

스레브니의 존재가 이 영화 속에서 중심적인 위치를 차지하는 것은 그가 유대인 노동반班의 일원으로 가스에 의한 강제처형과 사체처리라는 철저한 말소작업에 관계하고 있었기 때문이다. 여기에서는 어떠한 발굴도 쓸데없는 짓이다. 수직적으로도 수평적으로도 두 생환자에게는 어떠한 역사도 남아있지 않은 것이다.

그럼에도 그는 이야기를 꺼낸다. 폴란드의 숲속 공기를 들여 마시고 그 정적을 들으며 기온을 느낌으로써 이야기를 꺼낸다. 감각은 그에게 남은 최종적인 것이다. 호흡하고 발화하는 신체는 이렇게 상기의 역사로 천천히 발을 내딛는다. 기억이 기억되는 내용은 물론 회상하고 상기하는 인간의 신체에 의해 그 감각과 감정에 의해 이루어진다는 것을 이처럼 명징하게 길어 올린 영상은 드물다.

우리는 이 다큐멘터리의 도입부부터 《쇼아》가 지닌 불가사의한 영상의 힘을 느낄 수 있다. 왜냐하면 카메라는 등장인물들의 '증언'만이 아니라 그들의 상기 방식을 즉 그들이 어떻게 '기억을 살리려고 하는가'를 절묘하게 다루고 있기 때문이다.

란즈만 감독은 그렇게 함으로써 유해의 수라든가 수용소의 지리라든가 자료의 신빙성이라든가, 다시 말해 역사의 수직성과 수평성만을 논거로 내세우는 과거에 있었던 일을 은폐하려는 수정주의자들에게 지금 거기에 왜 아무것도 없는가라는 부재의 의미를 묻는다.

그런 의미에서 이 영화의 9시간 30분은 시종일관 부재를 보여주기 위해 있는 것이라 해도 무방하다. 우리는 거기에서 상기의 방식을 배운다.

기억에 숨을 불어넣는 것을 알게 된다. 《쇼아》는 인간의 호흡과 목소리만으로 상기의 역사가 어딘가에 존재한다는 사실을 제시하고 있다. 여기에는 어떠한 기억영상도 나오지 않는다. 이 다큐멘터리는 기록영상의 의미에 대해 질문을 던진다. 기록된 광경과 상기되는 광경의 관계를 묻는 것이다.

기억의 정치학

위와 같은 영상과 상기가 몇 시간이고 계속된다. 따라서 인내심을 요구하는 이러한 영상은 오늘날 보기 드물지도 모른다. 전 세계적인 텔레비전의 보급과 거대한 네트워크에 의해 우리는 항상 뉴스를 뒤집어쓰다시피 하고 산다. 현대인이 하루 동안 받아들일 수 있는 이미지의 양은 중세인들이 일생 동안 본 이미지의 양을 능가하지 않을까.

특히 위성을 매개로 한 통신시스템 덕분에 실시간 영상을 누구나 볼 수 있게 된 것은 집단적 기억에 전혀 새로운 시대가 도래한 사실을 일깨운다. 지구 규모로 누구나 같은 영상을 동시에 볼 수 있게 된 것은 지구 규모의 집단적 기억이 생길 가능성이 있다는 것이리라. 19세기 이후 착실하게 확대해온 근대적 기억 공간은 '국가의 기억'을 단위로 하고 있었으나 영상기술은 이미 '혹성의 기억'을 만들어내는 데까지 와있는 것이다.

그러나 여기에서도 주의해야 할 것은 기호장치의 기술적인 발전과 인간의 기억 자체를 혼동해서는 안 된다는 점이다. 지구 규모의 뉴스보도에 의해 우리가 보고 있는 영상은 과연 새로운 집단적 기억을 낳을 수 있는 것일까. 현재로서는 아직 알 수 없다. 적어도 우리가 알고 있어야 할 것은 그 영상들이 고도의 편집기술을 바탕으로 만들어진다는 것이고 우리가 받아들이는 시점에서 해당 뉴스는 이미 수많은 가공 과정을 거친 후라는 사실이다.

즉 집단적 기억을 얼마간 조작할 수 있도록 되어 있다는 말이다. 그 기억이 어느 정도 지속하는가는 영상의 내용에 따를 것이다. 전쟁이 계속되는 사이든가 아니면 대통령선거 투표일까지든가 하여간 그러한 영상이 어떤 목적 하에 만들어지고 그 목적이 달성되는 단계에서 잊히는 현상은 현대만의 특유한 것이라 말하지 않을 수 없다. 그 영상들에는 지속성이 결핍되어 있고 그것은 현대인의 기억에 대한 성질에 대응하는 것이라 말 할 수 있지 않을까.

일찍이 볼탕스키는 전시회 카탈로그에서 기묘한 발명에 대한 문장을 인용한 적이 있다. 〈불가사의한 결혼의 기억〉이라는 제목의 기사는 볼탕스키의 인용이 맞다면 1955년 제네바에서 출판된《국제경찰범죄학잡지》의 다음과 같은 내용이다.

과거를 촬영하는 것은 여전히 현실적으로 어려운 시도다. 그러나 영국의 실험과학자 델라워는 칼데론법과 닮은 방법으로 이것에 성공했다. 우선 촬영 대상이 되는 과거를 본 적이 있는 증인이 필요하다. 이 증인에게 과거에 목격한 광경을 상기하도록 집요하게 요청한다. 그러면 그의 동공에 그 광경이 나타난다. 이것을 촬영하는 것이다. 이렇게 델라워는 20년 전에 벌어진 그 자신의 결혼식을 촬영하는 데 성공했다. 더욱 놀라운 것은 미국 조지타운대학의 슈린스키 박사에 의한 광학영역의 발견이다. 그것에 따르면 우리가 생애를 통해 보는 모든 광경이 저장되어 있는 '광학영역'이라 불리는 부분이 뇌 내부에 있다고 한다.

마치 광경이 시디롬처럼 뇌의 어딘가에 저장되어 있다고 생각하는 '기억의 존재론'은 기본적으로 이 칼데론법과 다르지 않을 것이다. 볼탕스키식의 얄궂은 말장난이다. 죽은 이를 떠올리는 행위, 죽은 한 사람 한 사람을 상기하는 것에 대한 가능성을 끊임없이 타진해온 예술가에게 '광학

영역'은 환상이다.

그러나 만약 칼데론법을 시도한다고 해서 현대인이 그것에 성공할 수 있을까. 우리가 생애 동안에 봐온 광경을 동공 위에 지금 다시 소환할 수 있을까. 너무나 많은 비극을 경험한 이 시대는 오히려 잊어버리고 싶은 광경이 더 많은 것은 아닐까.[13] 그도 아니라면 너무나 많은 광경을 본 탓에 하나도 불러내지 못하는 것은 아닐까. 성공하든 실패하든 20세기의 역사는 유실물보관소 안에서 소실되고 있는 듯한 느낌이 든다.

3. 평행사— 역사의 리사이클에 대하여

영화— 집단적 기억의 세기

영화의 역사는 역사의 영화와 서로 내포하는 관계에 있다. 이른바 에픽 영화Epic film라 불리는 역사를 주제로 한 서사영화가 대량으로 제작되기까지는 우선 필름의 대량생산과 촬영기자재의 개량이 전제되어야 한다. 지오반니 패스트로네Giovanni Pastrone의 《카비리아Cabiria》가 1914년, D. W. 그리피스David Wark Griffith의 《국가의 탄생The Birth of a Nation》이 1915년, 《인톨러런스Intolerance》가 1916년에 나왔다. 모두 1차 세계대전에 돌입한 시기인 것은 촬영 기기나 조명 등의 광학 기술이 군수산업과의 관련을 통해 발전한 것과 관계가 있다.

이 사이에 벌어진 일들은 군사기술, 특히 항공기술의 발달과 미래파와 관련된 연구가 있으므로 여기서는 상세하게 다루지 않겠다. 그러나 테크놀로지의 문제와 더불어 국민국가의 역사주의가 영화라는 대중예술에 최고의 매체를 발견한 것은 영화의 역사 자체를 규정하는 초기 조건이 되었다. 그런 의미에서 20세기의 집단적 기억을 영화 없이 논하는 것은 불가능하다.

그 상징적인 존재가 그리피스다. 세르게이 에이젠슈테인Sergei M. Eisenstein은 "모두 그리피스 혼자서 발명했다"고까지 말했지만 환등의 그림자를 끌어안고 탄생한 영화에 자유로운 카메라워크와 몽타주에 의해 20세기 예술로서의 생명을 불어넣은 이가 그리피스였음은 사실이다. 에이젠슈테인은 영화 내부에 드라마의 역학을 도입하는 한편 서사시에 필요한 몽타주를 거의 그리피스 혼자 발견한 것을 평가한 것이다.

하지만 그리피스의 독창성은 영화 내부에 드라마를 발생시킨 것에 머무르지 않는다. 영화의 메커니즘을 통해 독특한 역사기술記述을 선보임으로써 영화가 그 자체의 역사를 걷는 데 필요한 길을 연 것에 최대의 공적이 있다. 자유로운 카메라워크로 극장공간을 영화공간으로 바꿈과 동시에 몽타주를 기계적인 절차에서 미학적 판단 도구로 변환한 그리피스는 영화가 만들어내는 최대의 산물이 '역사'임을 직관적으로 이해하고 있었던 것은 아닐까.

서사시라 해도 호메로스의 그것과는 본질적으로 다른 것이다. 그리피스는 "만약 셰익스피어가 현대에 환생한다면 틀림없이 미국의 남북전쟁을 쓸 것이다. 그러나 그것을 읽으려면 수일이, 무대에 올리려면 수주가 걸릴 것이다. 영화라는 표현형식의 출현을 행운으로 받아들여야 한다"고 밝힌 바 있다.

남북전쟁 후의 '국가의 탄생'을 인종주의를 전제로 묘사함으로써 영화가 19세기 유럽의 백인이 발명한 역사적 산물임을 그리피스는 증명해 보였다. 따라서 《국가의 탄생》에서는 영화의 형식이 국가의 형식과 일치한다. 영상에 의한 일종의 역사적 마술이 20세기의 집단적 기억에 대한 기초를 세운 것이다.

이러한 서사 필름이 영화사의 본류로서 집단적 기억을 낳은 것에 대해 영화사의 여백이자 그 여백에 떠오르는 '파운드 푸티지found footage'라 불리는 일군의 영화작품이 있다. 실험영화의 세계 말고는 거의 알려지지 않은 이들 작품은 그 성질상 딱 떨어지게 소개되는 일이 드물어 초현실주의영화와 같은 지명도도 얻지 못하고 있다. '떨어져 있던 필름의 자투리'라는 의미인데 '콜라주 필름'이라 불러도 상관없을 것이다. 이미 촬영된 필름의 단편을 적당히 편집하여 만든 영화의 콜라주, 그것이 파운드 푸티지다. 여기에서는 이것을 '콜라주 필름'이라 부르기로 하고 그다지 알려지지 않은 그 성격을 밝힘과 동시에 반서사시적영화의 역할을 살펴보고자 한다.[14)]

콜라주 필름의 창세기

최초의 콜라주 필름은 언제 만들어졌을까. 필름에 종이와 가위를 준비한 것은 언제였을까. 그것은 예컨대 영사기와 함께 판매된 단편영화를 영화관이 마음대로 편집하여 상영했을 때부터 즉 최초의 몽타주와 함께 콜라주 필름이 시작되었다 해도 과언이 아니다. '미리 촬영된 필름을 콜라주 한다'는 정의에 따르면 콜라주 필름의 창세는 영화상영의 개시와 거의 시기를 같이하는 것으로 보인다.

하지만 콜라주와 편집의 관계가 물질과 기호의 관계에서 의식되기까지는 역시 1920년대를 기다려야 한다. 다다이스트라 불리는 가위와 풀의 게릴라들이 말과 소리와 기호라는 시스템의 해체작업에 착수할 무렵이다. 그때 한 쪽에서는 다다이즘과는 독립하여 기성 영화에 손을 보태 의미를 바꿔버리는 일종의 놀이가 시작되고 있었다.

어떠한 조건 하에서 기성 필름의 유용流用이 시작되었을까. 그것을 아는 데 하나의 실마리가 되는 것이 콜라주 필름의 선구자로 알려진 작가의 한 사람 에이드리안 브루넬Adrian Brunel이다. 영국 영화의 초창기를 함께한 브루넬은 동시대의 영화인 다수와 마찬가지로 영화산업을 구성하는 다양한 일을 경험한 후 마지막에는 프로듀서가 되었다. 영상 및 자막 편집 등의 경험을 통해 영화의 기묘한 성격을 발견한 그는 1920년대에 몇 편의 흥미로운 콜라주 필름을 제작한다.

여기서 말하는 기묘한 성격이란 영상과 의미의 괴리다. 브루넬은 프랑스나 미국에서 수입된 필름에 자막을 넣는 일을 통해서 번역 자막이 오리지널과 완전히 일치할 필요가 없다는 사실을 알고 있었다. 자막은 장황해서는 안 되며 간결하면서도 스토리를 알기 쉽게 해야 한다. 관객은 봐서 아는 것까지 읽으려 하지 않는다.

다시 말해 스크린에 묘사된 영상의 반복이어서는 안 된다. 따라서 영상의 내용과 자막의 의미 사이에는 편집자나 자막제작자의 해석이 개입하게 된다. 그로 인해 브루넬은 내용과 전혀 관계없는 자막을 넣음으로써 영상에서 의미를 벗겨내는 놀이를 시작한 것이다.

이와 같은 일종이 난센스 필름을 만들 때 브루넬이 기존의 필름을 유용한 것은 단순한 착상이 아니었다. 이에 대해 그는 다음과 같이 밝힌다.

> 예컨대 전쟁이나 댄스 파티, 해군의 신scene을 생각하면 된다. 영화 속의 이 장면들을 잘 들여다보면 그것들이 해당 작품을 위해 만들어진 것이 아니라 다른 작품의 일부에서 취해 와 디졸브dissolve와 슈퍼임포즈superimpose를 통해 해당 작품 속에 유용되고 있다는 사실을 깨닫게 될 것이다.[15]

1920년대 당시 영화제작사는 이른바 스톡 숏stock shot이라 불리는 재사용 이미지 필름을 모아서 많은 작품에 사용하고 있었으므로 브루넬이 그것들을 소재로 콜라주를 만든다고 해도 이상할 것이 없다. 주로 경제적인 이유에서 소재로서의 스톡 숏은 불가결한 것이었다.

여기서 떠오르는 것은 에이젠슈테인의《전함 포템킨》속의 한 장면이다. 잘 알려져 있듯이 대함대가 물마루를 넘어 다가오는 장면은 영국의 뉴스 영화에서 전용한 것이다. 이것을 속임수라 부를지 말지는 해석에 따라 달라질 것이다. 브루넬에 따르면 오히려 제작상의 물리적인 이유에서 이루어지는 보통의 방식이었다고 해도 될 것 같다.

브루넬이 1924년에 제작한 단편《그레이트 사그라다 횡단Crossing the Great Sagrada》은 스스로 연기한 부분에 스톡 숏을 대량으로 편집한 후 거기에 관계가 없는 자막을 붙인 작품이다. 제목만으로는 멕시코 아니면 스페인 어딘가에 있는 계곡이나 사막을 횡단하는 여행을 상상하기 십상인데 실은 런던을 출발한 사그라다행 열차가 도착한 곳은 런던교외다.

그러나 거기에서 전개되는 것은 세계 각지에서 촬영된 여행영화의 단편斷片이다. 원래의 여행 필름에는 오리지널 캡션이 붙어있는데 브루넬은 그 캡션과는 상관없는 자막을 처리함으로써 이중의 난센스를 저지른다. 스톡 숏을 대량으로 사용하여 저예산으로 만들어진 브루넬의 코믹영화는 거대해지는 영화산업에 대한 비꼼으로 볼 수 있으며 그 해학적 감각은 영국의 희극 그룹 몬티 파이튼Monty Python으로 통하는 대단히 현대적인 것이다.[16]

아카이발 아트Archival Art란 무엇인가

콜라주 필름의 작품은 거의 알려져 있지 않다. 텔레비전에서 방영될 가능성은 전혀 없다고 해도 과언이 아니고 이것을 소개하는 영화제도 기대난망이다. 프린트의 수도 한정되어 있으며 얼마만큼의 작품이 보존될지 확실한 보증도 없다. 그러나 방법으로서의 콜라주는 실험영화만이 아니라 메이저 작품 속에서도 볼 수 있다.

오손 웰즈G. Orson Welles의 대표작《시민 케인》은 초반부의 뉴스 필름에 의해 케인의 생애를 동시대의 역사와 콜라주하여 보여주었다. 우디 앨런 Woody Allen 역시 몇몇 작품 속에서 뉴스 필름을 사용한 콜라주를 시도한 바 있다. 《젤리그Zelig》 등은 뉴스 필름 패러디의 걸작이다. 이 작품들은 뉴스 릴이 영화적 경험의 일부였던 시대의 고고학이다.

우디 앨런, 《젤리그》, 1983년

다큐멘터리 영상과 픽션을 모자이크로 한 영화. 자기 정체성을 카멜레온처럼 바꿔가는 불안정한 인격의 한 남성의 생애를 쫓음으로써 앨런은 아카이브=자료라는 것의 불안정한 성격을 훌륭하게 부각시켰다. 웃음으로 가득한 작품이지만 그 뒷면에는 영상이 어떻게 개인의 기억이나 집합적 기억을 만들어가는가라는 문제가 자리하고 있다. 이른바 목격자의 기억의 부정확함도 주제의 하나일 것이다. 사진에 나타난 두 명의 남성은 동일인물 즉 우디 앨런 자신이다.

실험영화의 틀에서밖에 알려진 바가 없는 콜라주 필름과 오손 웰즈나 우디 앨런의 작품을 포함한 카테고리를 여기서는 임의적으로 아카이발 아트라 부르기로 하자. 뉴스 릴로 대표되는 자료군=아카이브를 소재로 하고 여기에 광의의 편집을 더해 생겨난 작품군을 가리킨다. 그러면 영화는 물론 굉장히 넓은 분야의 작품을 이 '아카이발 아트'에 포함시킬 수 있다.[17]

아카이발 아트에는 몇 가지 공통되는 성격이 있다. 가장 중요한 것은 모든 작가의 작업에 공통되는 아카이브에 대한 비판적인 태도다. 말할 것도 없이 그 비판정신은 독재주의나 전체주의가 아카이브를 조작하여 집단적 기억을 날조한 2차 세계대전 뒤에 생겨난 것을 말한다. 또 막강한 힘을 갖게 된 미디어에 의해 아카이브의 조직적인 재편성이 이루어지고 있는 현재를 마주한 상황에서의 것이다.

크리스티앙 볼탕스키, 〈리옹시의 아카이브〉, 1991년

'망각의 시대'는 굳이 중세에만 한정된 현상이 아니다. 반세기 전에 일어난 일조차 집단적으로 망각해버릴 가능성이 있음을 볼탕스키는 경고하고 있다. 1969년 개시된 아카이브의 재구축 작업(여기에서는 비시정권이 끝난 직후부터 종전 후 5년간)에 대해서 작가는 다음과 같이 밝힌다.

"우리는 어떻게 죽음이 수치스러운 것인가를 충분히 알고 있지 못하다. 죽음에 대해 정면으로 싸우려 하지 않으며 의사도 과학자도 죽음을 수개월, 수년 늦추면서 결국 죽음과 강화講和를 맺을 뿐이다. 정말 해야 할 일은 자신과 다른 사람들의 생존을 위해 집단적인 노력을 통해 문제의 근본을 공격하는 것이다. 이것이 내가 오랜 세월 마음에 품어온 계획을 실행하기에 이른 이유다. 다시 말해 우리의 살아온 모든 시간의 모든 흔적, 우리가 아낀 모든 물건, 우리가 말한 모든 일, 우리에 대해 이야기한 모든 사항 그 모두를 보존하는 것이 내 목적이다. 해야 할 일은 너무 많고 큰데 그것을 위한 수단은 너무 적다. 어째서 보다 이른 시기에 시작하지 못했을까. 1944년 9월부터 1950년 7월 사이의 기간에 있었던 너무나 많은 것들이 죄, 어떤 부주의 때문에 소실되어 버렸다. 여기에 전시된 것은 어떻게든 재구축한 것들 중 일부다. 그 진상을 증명하고 그것들을 바르게 평가하기 위해서는 끊임없는 질문과 상세한 조사밖에 없다."

여기에서 작가가 싸우려고 하는 '죽음'이란 개체의 죽음을 포함한 망각이라는 이름의 제2의 죽음임은 말할 것도 없다.

이 작가들은 과거의 기록영상이나 현재의 보도영상 혹은 광고영상이
나 선거용 영상 등을 소재로 독자적인 편집을 곁들여 합의의 문제나 검
열의 문제를 드러내려고 한다. 이는 영상예술이 기억의 메커니즘을 따지
지 않고서는 어떠한 표현도 자신을 배신할 가능성이 있다는 인식 때문일
것이다.

또 하나 짚고 넘어가야 할 것은 아카이브의 편집상에서 발생하는 키치
Kitsch적 성격이다. 브루넬이나 조셉 콘넬Joseph Cornell의 작품에서도 농후
하게 나타나지만 시대에 뒤처지는 대상에 대한 웃음의 감각은 종종 키치
로 이어진다. 키치는 아카이브에 대한 논리적인 분석을 뛰어넘어 시대에
뒤처지는 것에 대한 태도를 결정한다. 키치는 논리보다 태도에 가깝다.
그리고 시대에 뒤처진 것을 콜라주 할 때에는 종종 논리보다 태도가 우
선하는 것이다.

아카이브 편집을 키치로 보여주는 예는 텔레비전 프로그램만 따져도
일일이 셀 수가 없을 정도지만 가장 대중적인 영화는《원자 카페The Atomic
Cafe》가 좋은 예일지도 모르겠다. 미국에서 교육계몽의 목적으로 만들어
진 핵무기에 관한 필름이나 핵실험 뉴스 필름 등을 편집한 이 작품은 각
지에서 상영되어 반핵운동과 손을 잡게 되었는데, 그 상영회장이나 방영
시간에 터지는 웃음은 역시 키치에 대한 태도로 보인다.

편집된 각각의 영상에는 하나도 우스운 데가 없다. 그럼에도《원자 카
페》가 웃음을 유발하는 것은 그것들 모두가 시대에 뒤처진 것으로서 또
핵무기에 의한 힘의 균형을 믿었던 시대가 소박한 것으로서 받아들이게
끔 편집된 까닭이다.

하지만 핵을 시대에 뒤처진 것으로 인식하는 것과 핵을 폐기하는 것은
전혀 다르다. 현실에서 벌어지고 있는 핵실험에 키치적인 요소는 털끝만
큼도 없다. 따라서 아카이벌 아트에 늘 요구되는 것은 방법으로서의 키

치와 결과로서의 키치를 명확하게 의식하는 것이 될 것이다.

평행사平行史의 시도

아카이발 아트가 하나의 커다란 조류로서 20세기의 마지막을 장식할 것인지의 여부는 그다지 문제가 되지 않는다. 그보다 아카이브라는 집단적 기억 자체가 급속하게 변하려 하는 데에 사회가 얼마만큼 인식하고 있는가의 여부가 문제다. 우선 일상적인 현상으로서 자료영상을 바탕으로 한 다큐멘터리가 증가 추세에 있다는 사실에 주목할 필요가 있다. 일본을 포함한 각국의 텔레비전에서 방영되어 호평을 얻고 있는 프로그램을 보고 있으면 이러한 경향은 2차 세계대전 후 50년(1995년)을 경계로 박차를 가하고 있음을 느낄 수 있다.

원인으로는 2차 세계대전이 한창일 때 각각의 대전국의 군부가 기록한 영상이 긴 은닉기간을 거쳐 마침내 공개되고 있다는 점을 들 수 있다. 더욱이 이 전쟁에서 실제로 싸운 사람들에게, 다시 말해 직접 증언할 수 있는 사람들에게 50년째는 육체적, 정신적인 하나의 매듭이 되었다. 이는 기록영상에서 사회적인 기억을 시작하는 움직임에 박차를 가하게 했다.

그리고 이 두 가지 자명하게 보이는 이유의 그늘에 눈에 띄지 않지만 간과할 수 없는 현상이 있다. 그것은 공적인 아카이브를 사적인 것으로 위임하려는 일부의 움직임이다. 특히 미국에서는 메이저 네트워크가 사료영상에 대해 소유권을 확대하는 한편 독자적인 역사 데이터베이스 구축을 목표로 삼고 있다.[18]

그래서 미디어의 소유가 된 사적 아카이브가 어떠한 역사로 둔갑할지 문제가 되고 있다. 어떠한 편집이 이루어져도 결국은 소유자 책임 하에 인정될 것이다. 하지만 사회적 아카이브의 사유화는 무엇보다 사회 전체의 기억에 관한 문제가 아닐까. 예를 들어, 어떤 사료의 신빙성을 어떻게

평가할 것인가. 또는 새롭게 이루어지는 몽타주의 사회적 책임을 구체적
으로 어떻게 평가할 수 있을까. 현재 벌어지고 있는 집단적 기억의 재편
성은 중세의 그것에 필적할 정도로 커다란 문제를 야기할 것이다.

안토니 문타다스Antoni Muntadas, 《파일 룸》, 1994년

금속제 서류 캐비닛이 전구가 비추는 어두컴컴한 방을 사방으로 둘러싸고 있다. 전체주
의 정권 하의 기밀 정보관리를 연상케 하는 차가운 공간의 책상 위의 컴퓨터를 두드리면
세계 각지의 개인 · 단체가 보내온 검열 리스트가 화면에 뜬다.
이 파일 룸은 검열이라는 제도에 의해 망각의 구렁에 세워져 있는 작품이나 말(주장)을
구하려는 운동인 동시에 실시간 정보시대에서의 기억이란 무엇인가를 생각하는 방이기
도 하다.

'Histoire parallèle'의 배경 자막

1991년에 방송을 시작한 이래 프로그램에 나온 2차 세계대전 뉴스 필름과 코멘트를 망라
한 시디롬이 제작되었다. 반세기 전에 참전국 각국의 영화관에서 상영되었던 영상에 토
마스 만, 프리모 레비, 노먼 메일러, 베르톨트 브레히트 등의 회상이 더해졌다.

사료영상을 둘러싼 이상과 같은 문제에 대해 'Histoire parallèle=평행 사'라 불리는 시도는 하나의 해답처럼 보인다. '평행사'는 당초 프랑스 방송국 라 세트La Sept에서 시작하여 현재는 프랑스와 독일 공동 방송국 아르테ARTE에서 방영 중인 다큐멘터리 프로그램의 이름이다.

1989년 시작된 이 프로그램은 2차 세계대전 중에 만들어진 뉴스 릴을 여러 편 내보내면서 거기에 해설과 코멘트를 덧붙이는 형식을 취했다. 방송국 측의 비관적인 예상과 달리 호평을 떨쳐 벌써 7년째에 접어들고 있다. 사회자 마르크 페로Marc Ferro는 아날학파 출신의 역사학자로 제국주의나 식민지주의에 관한 저서를 다수 집필했다. 이 방송에서 그는 박학다식함과 독특한 영상 분석으로 새로운 영상역사학의 가능성을 제시하였다.

텔레비전 프로그램으로서는 확실히 빛바랜 것임에 틀림없다. 방영된 것은 반세기 전의 뉴스 릴뿐이다. 화려하게 각색된 다큐멘터리가 주류를 이루는 상황이었던지라 방송국이 당초 반 년의 방영기간을 설정한 것 역시 수긍이 가는 대목이다. 그랬던 것이 예상 외의 시청자를 끌어 모은 이유의 하나는 정확히 50년 전 같은 주週의 뉴스를 내보낸 프로그램 구성에 있었을 것이다.

예를 들면, 1989년 9월 첫 주의 방송에서는 1939년 9월 첫 주에 프랑스, 독일, 영국 각지에서 내보낸 뉴스 릴을 방영하였다. 단 뉴스 릴은 모두 무편집, 무해설로 나가는 것을 원칙으로 한다. 마르크 페로와 게스트의 코멘트는 영상과는 별도로 이루어진다.

아이디어는 매우 단순한데 그 강도는 담당자가 예상했던 것 이상이었다고 한다. 방송은 89년부터 95년까지 50년 전의 뉴스 릴을 2주에 한 번씩 내보냈다. 당시를 겪은 사람들은 50년 전의 달력을 영상을 통해 다시 한 번 산 셈이다.

분석의 가위 회상의 풀

이 기획에 대해 마르크 페로는 다음과 같이 설명한다.

> 여태까지 역사영화는 종류는 차치하고라도 몽타주에 의한 역사 "재구축
> 의 영화"였다. 이들 영화에서 전쟁은 두 시간 동안 계속 된다. 두 시간 동
> 안 어떤 여성은 남편을 잃고 새로운 애인을 사귄다. 나치독일군이 도착
> 했다가 떠나고 그렇게 두 시간을 완결한다. 이에 대해 우리의 '평행사'는
> 살아있는 역사의 리듬으로 매주 진행된다. '실시간 역사'인 것이다. 그렇
> 게 함으로써 시청자는 다시 한 번 역사를 겪는다. 그런 시청자들이 길에
> 서 말을 걸어온 경우도 있다. 그도 그럴 것이 그들은 방송을 통해 자신들
> 의 청춘을 다시 경험했기 때문이다. 그것은 이해라기보다 동의며 부활이
> 다. 거기에서 우리는 과거와 현재에 평행관계를 만들 수 있다.[19]

평행사의 스타일은 과거와 현재를 평행으로 잇는 것만은 아니다. 같은
주에 내보낸 다른 나라의 뉴스 릴을 편집하지 않고 평행으로 방영하는
것도 중요한 방법론의 하나다. 매주 세편 정도의 뉴스 릴이 방영되었는
데 바꿔 말하면 세 종류의 아카이브를 통해 '평행사'라는 한 편의 작품을
만들었다고도 할 수 있을 것이다.

예를 들어, 태평양전쟁의 어떤 단계를 일본과 미국, 독일이 각각의 뉴
스 릴로 다시 보면서 비교·분석할 수 있다. 각각의 프로파간다의 차이
는 물론 촬영기계나 필름, 몽타주와 같은 기술적인 차이를 상세하게 앎
으로써 역사가 영상을 어떻게 바꾸고 영상이 역사를 어떻게 만들어 왔는
지를 알 수 있다. 예술가들이 아카이브 필름을 소재로 삼았듯이 마르크
페로는 영상사료의 총체를 소재로 한 거시적인 콜라주를 만들었던 것이
다. 따라서 평행사는 일종의 아카이발 아트로 봐도 무방하다.

마르크 페로의 방법론 중 또 하나 빼놓을 수 없는 것은 매회 반드시 초

대 손님을 모셔 과거의 영상에 현재의 육성을 대치시킨 점이다. 초대 손님은 역사학자가 많았으나 생존자는 물론 방영분에서 다루고 있는 사건을 기억하는 사람도 종종 있었다. 한 시간의 방영시간 중 젊은 시청자는 상상도 못한 부모세대의 경험을 알게 되었을지도 모르고 연배의 시청자는 페로가 말하듯 실시간으로 과거를 다시 경험했을지도 모른다. 그러나 그들이 당시와 완전히 똑같은 경험을 겪었다고는 볼 수 없다. 진실로 덧씌워진 거짓이 있는 반면 거짓으로 오려붙여진 진실도 있게 마련이다. 그래서 역사에 버려도 좋을 부분은 하나도 없다는 것을 시청자는 확인한다. 살아남은 모든 시간은 다시 사용하지 않으면 안 된다. 역사에 리사이클은 지혜가 아닌 본질이다. 역사는 모든 압력에 저항하는 불연不燃의 것이어야 한다. 때문에 모든 역사의 단편이 다른 사이클 속으로 흘러들어가는 길을 발견하는 것을 두고 '콜라주사관'이라 불러도 좋다. 그리고 그들 단편의 집적에서 몇몇 다른 역사Histoires를 생성시키는 것은 초대 손님의 회상이며 시청자의 추억인 것이다.

콜라주 혹은 평행적인 사고는 복수의 기억을 평행으로 보일뿐 아니라 기억과 회상을 병치시킨다. 영상의 역사와 역사의 영상이라는 거대한 집적을 눈앞에 두고 봤을 때 분석의 가위만으로는 충분하지 않다. 회상이라는 풀이 있어야 비로소 우리는 기억에 형태를 부여할 수 있게 된다.

4. 바벨연대기

길의 이름

파리 8구 생 라자르Saint-Lazare역 뒤편에 유로파라는 이름의 지하철역이 있다. 지상으로 올라가면 6거리가 나온다. 시계방향으로 리에주Liège

로, 런던로, 빈로, 마드리드로, 콘스탄티노플로, 상트페테르부르크로가 있다. 이 길들을 교차하는 형태로 나폴리, 모스크바, 부쿠레슈티, 피렌체, 베른, 에든버러, 토리노, 부다페스트, 밀라노 등 무슨 유원지도 아니고 대체 이게 뭔가 하고 웃음이 나올 뻔 했다.

너무 촌스러운 이름은 유럽공동체에 잇대어 붙인 것이리라 생각하고 있었는데 언젠가 발터 벤야민의 《아케이드 프로젝트》에서 그럴듯한 설명을 찾았다. 그것에 따르면 이 '유럽 지역'의 통로에는 1802년의 계획단계에서 이미 유럽 각국의 수도이름이 붙어 있었다고 한다. 《아케이드 프로젝트》의 〈파리의 아케이드〉에 다음과 같은 인용이 있다.[20]

> 어느 날 한 명의 혁명광革命狂이 파리를 세계지도로 바꾸자고 제안한 적이 있다. 모든 가로街路나 광장의 이름을 바꾸는 데 세계 각지의 주목할 만한 광장이나 사물에서 딴 이름을 새로 붙이자는 것이다.

《1806년 이래 프랑스 제국 수도의 풍경Ansichten der Hauptstadt des französischen Kaiserreichs vom Jahre 1806 an》이라는 책에서의 인용이라 되어 있다. 이 혁명광의 아이디어가 실현되었는지 여부는 알 길이 없으나 여기에서 유럽의 수도를 길 이름으로 한다는 것의 정치적 의미는 감지할 수 있다. 여기에서 벤야민은 특별히 파리의 길 이름의 역사를 알려고 하는 것이 아니다. 그는 앞의 인용에 대해 다음과 같은 코멘트를 덧붙인다.

> 마음속에 그려보면 된다. 그러면 이 도시의 시각적 · 음성적인 이미지가 만들어내는 놀라운 인상에 의해 가로명에 숨은 중요성이 밝혀질 것이다.

벤야민은 가로의 이름이 그곳을 걷는 사람에게 환기하는 기억이나 감정을 문제시 한다. 가로의 이름이 부여하는 감각과 같은 문제는 도쿄에

오래 산 인간에게는 상상은 할 수 있을지라도 이해는 용이하지 않다. 아무튼 도쿄는 길에 이름이 있는 경우가 드문 도시다. 설령 있다고 쳐도 '나미키並木'거나 '아카시아あかしあ'다. 따라서 벤야민이 "가로에 이름을 붙이는 데는 독특한 즐거움이 있다" 라고 썼을 때 그것이 과연 어떤 즐거움인 것인지 얼른 알아듣지 못한다.

그러나 토지의 이름은 가령 그 역사를 모르는 사람에게도 어떤 영향을 미치리라는 것은 의심할 나위가 없는 사실이다. 라틴 아메리카를 여행해보면 거기에 각인된 모든 성인의 이름에 의해 하나의 대륙이 성서로 덮여있음을 실감하게 된다. 이름을 붙임으로써 대륙은 연대기가 된다. 기억의 대륙인 것이다. 하지만 그 성인들의 이름을 벗겨내면 그 밑에서 그 옛날 원주민이 부여한 이름이 비밀을 속삭이듯 드러날 터이다.

프랑스의 지리적 정원의 예, 18세기

뛰일리 정원Jardin des Tuileries의 평면도에 유럽의 지도를 겹쳐 인쇄한 것이다. 도시, 곶, 산, 호수의 이름이 정원 안의 작은 길이나 연못, 문과 겹친다. 일종의 공간적 몽타주인데 벤야민이 묘사하려 한 '역사'란 기억(그것은 가위이자 풀이다)을 사용한 이러한 몽타주나 콜라주의 집대성이었다고 할 수 있을 것이다.

벤야민도 가로명에서 성인이 이룩한 역할에 주목한다. 그것은 이름의 발음이나 의미가 어떠한 기억이나 감정을 일으키는가 하는 점이다. 보행의 기억과 역사가 만나는 포인트로서의 가로명을 해독하면서 그는 말과 기억, 보행을 통합하는 이론을 찾았던 것이다.

예를 들면, 파리 18구 벨빌Belleville에 있는 모로코광장에 대한 고찰이 그렇다. 그 장소는 사막에 있는 듯한 감정을 불러일으키는 동시에 식민지주의의 기념비처럼 보인다는 점에서 역사의식을 제공한다. 이에 대해 벤야민은 어떤 광경과 알레고리가 교차하는 경험이란 본래 마약이 일으키는 상태에서 나오는 것과 유사하다고 지적한다.[21]

> 그런데 실제로는 가로명도 이러한 경우에 우리 주변을 확대하여 다층적인 도취를 일으키게 한다. 가로명이 우리를 이러한 상태로 이끄는 힘을 환기력이라 부르고 싶다. 하지만 그렇게 부르는 것만으로는 부족하다. 왜냐하면 연상이 아닌 이미지의 상호 침투가 여기에서는 결정적이기 때문이다. 어떤 종류의 병리현상을 이해하기 위해서는 이 사실을 상기해야 한다. 몇 시간이고 밤거리를 배회하다가 돌아가는 일을 잊어버리는 병에 걸린 사람은 어쩌면 그러한 힘의 손아귀에 붙들린 것이다.

병에 걸릴 정도가 아니라면 가로명의 환기력을 이해하고 '가로명의 이론'을 구축할 수 없을 것이다.

명칭 변경

어떤 도시의 기억에는 이러한 가로명에 의해 환기되는 이미지가 깊이 관여한다. 벤야민은 이것을 마력이라고까지 부른다. 그러면 일단 기억된 가로의 명칭이 변경되면 어떻게 되는 것일까. 기억의 지도에 중대한 변화가 생길 것이다. 친숙해진 장소가 갑작스레 소원해져버린 느낌이 들지도 모른다.

오늘날 베를린에서 일어나고 있는 것은 그 극단적인 예라 할 수 있다. 주지하는 바대로 '벽'의 붕괴 이후의 동유럽은 공산당 시대의 기억을 소거하기라도 하듯이 모든 명칭의 변경을 단기간에 이루었다. 옛 명칭으로 부활한 길도 있으나 전혀 새롭게 명명된 광장도 있다. 지도의 수정에 때가 맞지 않아 어디서건 혼란이 일어났는데 그것도 지금은 어느 정도 진정되어 우편배달부나 택시기사가 헷갈려하는 하는 일은 잦아들었다. 그러나 새로운 명칭에 모든 시민이 익숙해진 것은 아닌 모양이다. 특히 베를린에서는 명칭 변경을 마뜩찮게 생각하는 사람도 있는 것 같다.[22]

차이트Die Zeit지의 보도에 따르면 베를린에서는 이미 80개 이상의 가로명이 변경되었다. 대부분의 경우는 구 소비에트 연방 혹은 동독 공산당과 관련된 이름이 말소되고 사회민주주의당과 관련된 이름으로 바뀐 것이다. 그런데 문제는 그것들 모두가 구 동베를린 지구에 집중되어 있다는 사실이다. 명칭 변경은 우선 부근 주민의 양해를 얻어 이루어졌다고는 하나 실제로는 시 측의 결정에 따른 사후 승낙으로 종결되었다고 한다.

그런데 옛 명칭에 애착을 갖고 있는 사람도 있는 것이다. 시민들은 당국에 의한 일방적인 명칭변경을 일종의 '역사적 말소'로 여기고 알렉산더 광장에서 명칭변경 반대를 위한 서명운동을 개시했다. 베를린 미테 지구Mitte district의 구청장 스스로 가두에 선 일도 있어 돌연 주목을 받게 되었다. 그로 인해 이 문제가 '공산당 독재시절에 대한 향수'와 같은 단순 설명으로는 해결되지 않는다는 사실이 밝혀졌다.

그도 그럴 것이 구 서베를린 지구의 가로명은 전혀 손을 대지 않았다는 점이다. 분명히 이곳에는 공산당의 역사를 환기하는 이름은 없을지도 모른다. 그러나 베를린 올림픽이 개최된 경기장을 향하는 길은 지금도 나치가 명명한 대로 라이히스포르트펠트 스트라세Reichssportfeld Strasse

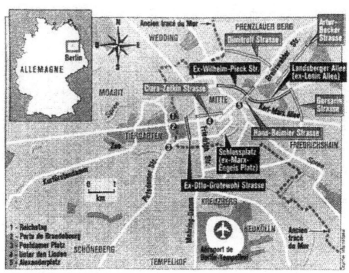

개명이 이루어진 베를린의 주요 가로, Courrier International에서 발췌
구 동베를린에 집중되어 있음을 알 수 있다.

이다. 이 외에도 2차 세계대전기 영웅의 이름이 몇몇 남아 있어서 구 동
베를린 지구의 주민은 이에 대해 의문을 품고 있다. 물론 이러한 반목도
'통일'의 응어리라면 응어리라 하겠다. 하지만 문제의 본질은 일단 동의
를 얻었다고는 하나 이 정도로 간단히 80개의 가로명이 변경되었다는 사
실에 있지 않을까.

변경되기 전의 가로명은 독일 분단 이래 좋든 싫든 시민들에게 친숙해
진 이름이다. 베를린 미테구청장을 비롯한 반대파는 가로명의 역사적 의
미에 집착한 것은 아닐 것이다. 그들이 살았고 현재도 살고 있는 장소의
이름이 사라지는 사실 자체에 반대한 것이다.

왜냐하면 그 시대가 얼마나 최악이었든 그것은 다른 누구보다도 우선
거기에 산 사람들의 시대이자 역사였을 터이다. 만약 기억이 단순한 흔
적으로서의 이름이 아닌 그 이름의 장소를 왕래하고 그 이름의 장소 앞
으로 편지를 쓰며 그 이름의 장소에서 사람을 만난다는 일상의 영위 속

에 살아있는 것이라 한다면 장소의 명칭을 바꾸는 것은 곧 어떤 시대의 기억을 변경하는 것이 된다.

따라서 80개에 이르는 길의 이름이 정말로 동의를 얻어 변경된 것이라면 그것은 주민들이 과거를 불식하고 싶었기 때문이겠지만 어쩌면 그 가로명에서 환기되는 기억이나 감정 그 자체에 무감각해져 버렸기 때문일 수도 있다.

이런 의구심을 피력하는 이유는 새로운 길의 이름이 동쪽 주민의 기억에서 나온 것이 아니라 과거 벽을 사이에 두고 있던 반대쪽 사람들이 생각해낸 것이기 때문이다. 벤야민은 가로명에 숨은 감각성을 '보통의 시민이 겨우 감지할 수 있는 감각성'이라고 지적한다. 왜냐하면 보통의 시민은 가로의 물리적 특성을 모르기 때문이다. 그렇다면 베를린은 대략 80개의 감각성을 잃어버린 것이나 마찬가지다.

바벨탑의 고고학

예전에 독일 도르트문트 출생의 젊은 아티스트 헤르만 피츠Hermann Pitz의 전람회에서 기묘한 물체를 본 적이 있다. 방추형의 노란 라이트에 다리가 달린 몇 개의 물체가 이쪽을 향해 서 있었다. 그 나트륨등의 불빛을 지켜보면서 허버트 웰즈H. G. Wells의 《우주전쟁》을 떠올렸는데 아티스트 본인에게 물으니 실은 구 동베를린의 가로등을 잘라 만든 것이었다. 새로운 가로등으로 바꾸기 위해 폐기처분된 것을 얻어온 것이라 했다. "이런 것에는 아무도 눈길을 주지 않아 거저 얻어왔다"며 웃었다.

모든 것이 버려졌다. 1989년 가을을 기점으로 의류, 전기제품, 가구, 자동차에 이르기까지 모든 일상생활용품이 버려졌다. 문자 그대로 그것들은 길가에 버려졌다. 동독, 다시 말해 독일민주공화국Deutsche Demokratische Republik의 생활은 거대한 쓰레기로 버려진 것이다. 게다가 아직 10년도 지나지 않았는데 그것은 폐허가 되어 버렸다. 그 증거로 독일 민주공화국의 고고학이 이미 시작되고 있는 것이다. 동독이라는 폐허는 발굴 작업이 필요할 정도로 산더미가 되어 버린 것이다.

임시로 '아이젠휘텐슈타트Eisenhüttenstadt박물관'이라 불리는 곳의 컬렉션은 동독에서 만들어졌거나 사용된 적이 있는 모든 일상생활용품이다.[23] 그것들이 버려지고 소멸되는 속도는 상상을 초월하는 것이었다. 그로 인해 이 사태를 어떻게 다루어야 할지를 두고 아이젠휘텐슈타트 주민회관에서 토론회가 열렸다.

시민은 물론 사회학자, 역사학자가 참가하여 여기에 어떤 형태로든 적극적인 대책을 강구하지 않는다면 동독의 생활에 대한 기억은 조만간 지상에서 모습을 감출 것이라는 결론에 이르러 '고고학적 조사'를 개시하게 된 것이다. 이 뉴스를 접하고 여행비둘기Passenger Pigeon의 멸종이 떠올랐다. 하늘을 검게 뒤덮을 정도로 엄청난 수의 개체를 자랑하던 그 비둘기가 인간들의 남획으로 멸종하리라고는 누구도 상상하지 못했을 것이다. 절멸은 상상력의 한계로 다가오게 마련이다.

그러나 고고학이라고는 하지만 아직 실제로 쓰이고 있는 것도 있기 때문에 이것을 알리는 뉴스는 '실시간 고고학'이라는 모순된 어법을 쓴다. 폐허로 변하는 속도와 그것을 발굴하는 속도가 일치하고 있는 것이다. 말 그대로 와륵더미가 순식간에 쌓여 올라가는 상황이다. 거기에서 파국을 꿰뚫는 이는 벤야민이 묘사한 바 미래를 향해 등을 돌리고 강풍에 떠밀려 가는 천사뿐이었다. 실시간 고고학자격인 우리가 도착하는 때는 늘 천사가 떠나간 뒤인 것이다.

아이젠휘텐슈타트박물관의 특징은 해당 물건과 함께 그 소유주와의 인터뷰를 동시에 채집한 데 있다. 컬렉션은 모두 '기증'의 형태로 마련되었는데 그 때 반드시 '기증자'의 인터뷰를 딴 것이다. 일본에서의 기증이란 말뿐으로 조잡한 쓰레기더미다. 누구나 가지고 있는 똑같은 대량생산품이기 일쑤지만 그렇기 때문에 소유주의 이야기가 중요한 것이다.

물건에 대한 전기를 만들기 위해서는 와륵더미에서 말을 골라내지 않으면 안 된다. 그들은 버리는 물건을 통해서 잃어버린 나라에 대한 기억을 말하기 때문이다. 버려지는 대량생산품을 통해 하나의 사회에 대한 기억을 말하게 하는 그것이 아이젠휘텐슈타트박물관의 진정한 목적이라 보면 틀림없다. 소비에 의해 날이 갈수록 더 높아지는 폐기물의 탑에서 기억을 끄집어내는 시도라 봐도 무방하다. 만약 이 시도가 참을성 있게 계속 된다면 아이젠휘텐슈타트박물관은 두 개의 탑을 갖게 될 것이다. 하나는 폐기물의 탑, 그 옆에 크기는 같지만 볼 수 없는 말의 탑이 서 있을 것이다. 어쩌면 그것이 잃어버린 독일민주공화국의 기념비가 될 것이다.

붕괴의 예언

독일민주공화국에 대해 이야기할 때, 이 나라는 토마스 만의 말대로 '속삭이듯 과거를 불러내는 화자로서 존재했던 것일까. 다시 말해 그것은 결국 파탄할 수밖에 없는 대담한 계획으로서 존재했던 것일까. 그렇다면 무엇 때문에 좌절한 것일까. 나쁜 결말은 사정에 따라 일어날지도 모른다. 좋은 시작을 조금도 부정할 필요는 없다. 이 국가와 이것과 더불어 파멸한 지도자들의 주지하는 악행이 민주주의적인 공동의지가 낳은 수많은 희망, 성과, 표현형식을 존재한 적이 없는 것으로 치부할 수는 없다.[24]

한스 마이어Hans Mayer는 《바벨탑Der Turm von Babel》에서 독일민주공화국에 대한 회상을 자신의 반생에 포개어 위와 같이 토로했다. 1991년에 출판된 이 회상록은 이미 가로명의 변경에 항의하는 사람들의 목소리를 대변하는 것 같기도 하고 또는 폐기물에 쏟아지는 시선에 앞서는 것처럼도 보인다. '대담한 계획'이라는 표현에서도 알 수 있듯이 마이어는 그 회상을 바벨탑 신화에서 시작한다. 동독의 국민적 시인이자 독일민주공화국의 작사가였던 요하네스 R. 베처Johannes R. Becher의 시 〈바벨탑〉의 해석에서 시작하고 있는 것이다.

마이어에 따르면 1950년대 전반에 발표된 이 시는 "바벨탑은 붕괴하여 무無로 산산이 부서질 것이다"라는 마지막 시를 통해 대강 40년 후에 찾아올 파국을 예감하고 있었다고 한다. 더욱이 그는 이 시에 담긴 깊은 의미를 간파하고 왜 신생국가 '건설'을 국가 안에서 노래한 같은 시인이 그 붕괴를 동시에 읊고 있었는지를 고찰한다. 결론부터 말하면 이 시는 동독만이 아니라 실은 스탈린에 대한 시였다. 마이어는 제국으로서의 스탈린에 대한 저항시라는 해석을 끌어내고 있는 것이다.

그가 지적하는 이유의 하나는 소련이라는 다민족국가에서는 많은 언어가 사용되고 있었다는 사실에 있다. 바벨탑의 건설에 동원된 노예들 사이에 소문과 불안이 파다하다. "진실은 입술을 다물고 말이 없다". 모든 것은 허위가 되고 "말은 단어가 되어 의미를 잃고 사라져 간다". 언어의 혼란은 탑의 건설을 중지시켜 "바벨탑은 붕괴하여 무無로 산산이 부서질 것이다".

마이어의 회상은 고통에 차 있고 안이한 희망은 한 줄도 쓰지 않았다. 그렇게 함으로써 마이어는 탑이 붕괴한 후에도 말들이 살아남아 있음을 밝혔다. 베처의 시에 나타나있듯이 바벨탑 건설의 실패 요인은 하늘의 뜻이 아니라 실은 수많은 말이었다.

베를린의 아이

이미지·기억·역사를 둘러싸고 전개된 벤야민의 사유에는 그것들이

고도로 추상적인 담론인 경우에도 얼마간 구체적인 감촉을 느끼게 하는 데가 있다. 현실의 광경 속에 대상의 물질성과 알레고리를 동시에 느끼기 위해서는 항상 자신이 선 위치를 알고 있어야 한다.

그에 관한 한 벤야민의 능력은 탁월했다. 직관적으로 자신의 위치를 알고 순간적으로 나타나는 원근법 속에 세계를 끌어들이는 독특한 사유의 방식은 스냅사진snapshot과 굉장히 유사하다. 역시 라이카가 보급되고 스냅사진이 유행한 시대 특유의 직감이 아닐까. 벤야민이 기억이나 시간, 역사를 둘러싼 사고를 밀고나갈 때 뇌수 어딘가에서 영상장치가 작동하고 있는 듯한 느낌이 든다. 예를 들어, 《베를린 연대기》에는 다음과 같은 구절이 나온다.[25]

> 우리가 사물의 인상에 몸을 맡기고 있는 시간의 길이는, 그 인상이 추억 속에서 갖는 운명에 대해 아무런 의미도 없다는 사실, 이것은 누구나 납득할 수 있는 것이다.

기억의 강도가 어떤 일을 체험한 시간의 길이에 의존하지 않는 것은 평소 경험하는 것이다. 일과routine라 불리는 시간은 거의 망각 속으로 가라앉는다. 기억하는 것은 일과에서 벗어난 특별한 사건이다. 벤야민은 이것을 촬영의 메커니즘을 이용해 설명한다.[26]

> 상기라는 건판乾板 위에 상像이 맺히지 않았다고 해서 그것을 두고 반드시 노출시간이 너무 짧았던 탓이라고는 절대 단언할 수 없다. 어쩌면 타성이라는 박막薄膜 때문에 오랫동안 건판에 필요한 빛이 닿지 않고 있다가 어느 날 마치 마그네슘을 태웠을 때와 같은 불분명한 광원으로부터 빛이 날아 들어와 스냅 촬영의 사진으로서 드디어 그 방을 건판에 가두는 경우가 많은 것인지도 모른다.

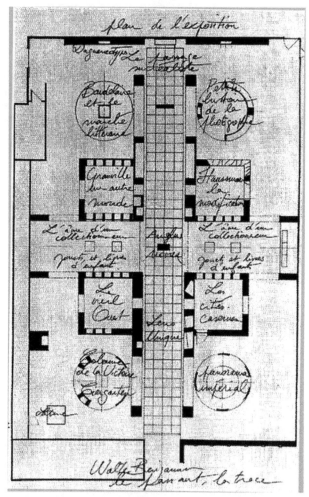

〈벤야민— 통행인, 흔적〉전의 평면도, 퐁피두센터, 1994년

발터 벤야민의 대표적인 에세이를 몇 개의 구역으로 나누어 재구성한 전시회. 오래된 완구나 사진, 20세기 초의 간판이나 오브제 등을 배치함으로써 벤야민의 회상을 걸으며 체험할 수 있게 했다. 장場과 이미지, 걷기를 통해 기억이 만들어져간다는 의미에서 전시회장에는 '기억술적'인 몸짓의 잔재殘滓가 있다.

　　사진기의 역사를 연구하고 사진을 물질 차원에서 깊이 이해하고 있던 사상가다운 참으로 절묘한 비유다. 마그네슘의 섬광에 의해 정착되는 기억이라는 표현은 나중에 심리학에서 쓰는 '플래시백Flashback'의 개념을 가리키는 것처럼도 보인다. 하지만 벤야민의 진정한 독창성은 그렇게 촬영된 사진에 누가 찍혀있는가를 탐색할 때 드러난다. 여기에서의 누구는 우리 자신이다. 섬광에 비추어 드러나 충격을 받는 것은 보통 의식되지 않는 또 하나의 자아인 것이다.

우리가 지니고 있는 추억의 가장 견고한 영상의 획득은 다름 아닌 이러한 충격을 받은 우리의 가장 깊은 자아의 희생 덕분이다.

프로이트의 충격 방어이론을 상기시키는 이 흥미로운 구절은 유년기 벤야민이 어느 날 밤 침대에서 아버지로부터 사촌형의 부고를 들은 기억에 대한 주석이다.[27] 《1900년경 베를린의 유년 시절》에 따르면 아이는 아버지가 설명하는 이야기를 그다지 이해하지 못했지만 어쨌든 그 부고로 인해 그의 방과 침대는 마음속에 똑똑히 새기게 되었다. 왜냐하면 아버지가 사촌형의 사인을 심장마비라 거짓말 한 것을 나중에 알게 되었기 때문이다.

《베를린 연대기》와 《1900년경 베를린의 유년 시절》에서 각각 다르게 나타나 있는 것도 흥미롭지만 이 이야기는 기억이 어떻게 형성되는가를 말해준다. 즉 유년 시절의 방과 침대를 기억한 것은 아버지가 부고를 알려주었을 때가 아니라 사춘기의 벤야민이 사촌형의 사인이 매독이었음을 알았을 때였다. 사진과 플래시를 동원한 벤야민의 비유는 매우 선명하다. 그러나 정작 설명되어야 할 벤야민 자신의 유년 시절에 대한 기억은 플래시에 의해 정착된 것이 아니라 나중에 그것을 회상했을 때 형성되었던 것이다.

순간의 건축

이 미묘한 엇갈림에서 우리는 벤야민의 사유가 순간과 지속이라는 두 개의 시간으로 이루어져 있음을 깨닫게 된다. 순간과 지속은 대립하는 두 개의 시간성이 아니다. 순간은 지속 속에서 추출된 것이고 그것은 사진술의 탄생기에 루이 다게르Louis-Jacques-Mandé Daguerre를 비롯하여 수많은 발명가들이 경험한 것이었다. 벤야민은 다게르의 파노라마나 디오라마를 연구하면서 빛의 변화에 따른 시간성의 도입을 다음과 같이 파고든다.[28]

> 파노라마에 대한 시간적인 계기의 도입은 낮 동안의 다양한 시간을 연속적으로 표현함(잘 알려진 조명 트릭)으로써 실현된다. 이로 인해 파노라마는 진작부터 회화를 넘어 사진 쪽을 가리키고 있다. 그 기술적인 사정 때문에 사진은 회화와 다르게 일정 부분 지속적인 시간 과정(노출시간) 속에 엮어 넣을 수 있으며 또 그렇게 해야 하는 것이다. 이 시간적인 엄밀함 속에 사진의 정치적 의의가 씨의 형태로 잉태되어 있다.

여기서 말하는 정치적 의의란 사진의 순간성이 매스 미디어의 융성을 통해 진실성의 옷을 입게 된 사정을 가리키는 것이라 생각하면 될 것 같다. 하지만 벤야민 자신이 사진의 순간성에 대해 특별한 가치를 인정한 것은 아니다. 오히려 그가 칭찬한 자화상은 노출에 시간이 걸린 시대의 것이다. 어두운 렌즈와 감도가 낮은 건판 때문에 긴 노출시간 동안 가만히 앉아 있는 피사체의 풍부한 표정이 정착되었다. 이것은 프라하 출신 화가 에밀 오를리크Emil Orlik의 생각을 따른 것인데 브레히트Bertolt Brecht도 비슷한 생각을 하고 있었던 것 같다.

벤야민은 1880년대 이전의 촬영기법에 대해 "기법 차체가 모델들을 순간으로부터 벗어나 사는 것이 아니라 순간을 향해 사는 것처럼 만들었다"는 식으로 표현했다. 이와 같이 "초기 사진에서의 모든 요소는 지속하는 성질을 가지고 있었던 것"이고 이 시기를 마지막으로 사진에서 아우라는 추방된다. 순간을 향해 사는 것처럼 만들었다는 어법, 다시 말해 지속에서 순간이 추출된다는 사유를 과연 벤야민은 사진연구에서 획득한 것일까. 아니면 벤야민의 역사의식이 사진의 기술적 진보에 대한 의미를 직관적으로 이해시킨 것일까. 여하튼 양쪽 모두 서로에게 영향을 미쳤던 것만은 확실할 것이다.[29]

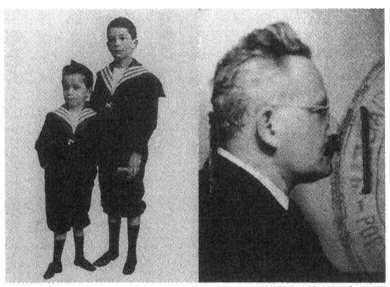

벤야민의 유년 시절 사진과 피레네 산중에서 포르부portbou 국경경찰이 촬영한 최후의 사진

여기에서도 사진은 기억 속 이미지와 대립한다(이 책 3장 호르헤 사우레 참조). 사법司法 사진은 곤충표본의 핀이다. 그는 체포되어 필름에 붙박인다. 그것은 그에게 다다른 최후의 빛을 확실히 정착定着하고 있다. 프레임 안에 있는 것만을 기억이라 부른다면 사진은 묘비명 혹은 '평평한 죽음'(롤랑 바르트)이 된다. 그러나 사진을 보는 이나 프레임의 바깥쪽에 있는 것으로 상상의 시선을 돌릴 때 사진은 산 구축이 될 수 있다.

과거의 진정한 이미지는 휑하니 스치고 자나간다. 과거는 그것이 인식가능하게 된 찰나에 일순 번쩍이다 다시는 나타나지 않는다. 과거는 그러한 이미지로서 확보하기 힘들다.

지나간 일을 역사적인 것으로 명확하게 표현하는 일은 그것을 실제 있었
던 대로 인식하는 것이 아니라 위기의 순간에 번쩍 떠오르는 상기를 포
착하는 것을 가리킨다.

사진의 성립과 역사주의의 성립이 같은 시기에 일어났다는 사실을 지
적한 이는 벤야민의 친구 지그프리트 크라카우어Siegfried Kracauer다. 그 '역
사적인' 귀결의 하나로 쓰인 것이《역사의 개념에 대하여》라면 거기에서
파악해야 할 것은 아우라 붕괴 후의 인식에 대해서일 것이다. 우리는 더
이상 '순간을 향해 살기' 위해 물끄러미 앉아 있을 수 없다. 브레히트는
이것을 이미 예감하고 있었다.[30]

이제 새로운 사진기는 다양한 표정을 통합하지 않는다. 그런데 표정은
통합되어야 하는 것인가. 혹시 새로운 사진기에 다양한 표정을 분산시키
는 등의 촬영방법이 있는 것은 아닐까.

기억의 거꾸로 된 탑

역사를 촬영하는 일은 가능한 것일까. 하나의 대답은 근대의 집단적
기억에 주목함으로써 얻을 수 있을 것이다. 벤야민은 그것을 "달력의 첫
번째 날은 역사의 저속도 촬영이라는 의미를 담고 있다"고 표현한다. 혁
명이 도입하는 달력의 의의 그리고 축제일의 의의 예컨대 프랑스의 7월
14일은 혁명으로 시작되는 기억을 슬로모션으로 보이는 데 있다. 하지만
그렇게 기념해야 할 축제가 없는 경우에는 어떻게 해야 할까. 베를린의
축제일은 언제일까. 장벽 붕괴를 베를린은 기념할 수 있을까.[31]

우리는 역사적인 사건을 그러한 것으로 제시할 수 없다. 독일 근대사 중에 기념해야 할 날들은 제대로 지켜지지 않고 있다. 거기에는 7월 14일처럼 역사에서 후대에 걸쳐 영향을 미치는 붕괴라는 것은 존재하지 않는다.

한스 마이어가 《바벨탑》을 이렇듯 비극적인 어조로 갈무리 할 때 우리는 축제일이 달력에서 해내는 역할과 가로명이 지도에서 해내는 역할의 관계를 알게 된다. 하지만 과연 기념일이 제대로 지켜지지 않는 일은 불행한 것인가. 이 질문은 바벨탑 붕괴를 기념하는 이는 누구인가라는 질문과 본질적으로 같은 의미를 지닐 것이다.

많은 분량의 사실을 더해 감으로써 가능한 일반적인 역사, 이것을 바벨탑적인 사고라 한다면 벤야민은 '사고의 정지'를 통해 이에 대항한다. 원래 그것은 사유의 포기를 의미하는 것은 아니다. 오히려 그것은 모든 사유가 역사적 공간을 채워 포화점에 이르는 그 순간에 결정結晶이 생기는 상황을 의미한다. 그가 역사적 대상에 다가서는 것은 그 결정 상태에 서다. 그 순간 그는 역사에서 시대를 시대에서 생을 생에서 하나의 작품을 끄집어낸다.[32]

그것이 성공했을 때 하나의 작품 속에는 하나의 생이 남긴 모든 작품이 그 작품들 속에는 시대의 모든 것이 그 시대 속에는 역사 전체가 보존되어 있는 것이다.

이러한 순간이 환기하는 이미지는 분명히 바벨탑적인 것은 아니다. 우리는 과거의 모든 총체가 사유의 포화점을 향해 수렴해가는 즉 거꾸로 된 탑을 상상해야 한다. 과거에 일어난 일 중 무엇 하나 잃어버리지 않고 보존되어 그 모든 순간을 호출하는 궁극의 날이 벤야민에게는 최후의 심판 날이다. 바꿔 말해 일어난 모든 것에 대한 기억을 호출하는 일은 거꾸

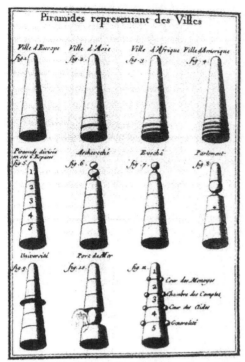

부이 남작, 〈도시를 나타내는 피라미드〉, 1737~1753년

기억과 탑의 이미지는 고대로부터 모습을 바꾸면서 면면히 흘러오고 있다. 이 기묘한 도상은 도시를 원추 모델로 분류하여 기억을 돕는다는 아이디어를 나타내고 있다. 피라미드라 적혀 있지만 그보다는 나무 쌓기 완구에 가깝다. 원추에 새겨진 선이나 구의 위치에 따라 세계 각국의 도시나 의회, 대학, 교회 등을 분류했다. 기억의 탑 전통은 19세기 베르그송의 기하학적인 모델에서 절정을 이룬다.

로 된 탑의 정점에서만 가능하다. 벤야민에게 이 거꾸로 된 탑에서의 호출은 메시아가 찾아오는 순간이다.

이 이미지에서 우리는 즉시 그 반세기 전에 발표된 대단히 특이한 기억의 이론을 상기하게 된다. 거꾸로 선 원추의 정점이 바닥의 평면과 접촉하는 베르그송의 원추형 단면이 그것이다. 신체가 기억하는 운동 메커니즘과 과거로부터 보존 유지되는 기억이라는 두 개의 타입을 고안한 베르그송Henri Bergson은 기억에 축적된 이미지 전체를 거꾸로 선 원추로 설정하고 그것이 현재를 나타내는 바닥의 평면과 닿는 접점에서 운동 메커니즘이 작동한다고 생각했다. 원추 끝 정점과 바닥면 사이에서는 무한의 왕복운동이 가능한데 그 운동이 곧 회상이나 연상이다. 베르그송은 이 거꾸로 선 원추 모델로 기억과 정신의 관계를 다루고자 했다.

> 정신의 활동은 축적된 기억 전체를 무한히 넘나들며 기억 자체가 현재의 감각과 운동을 무한히 넘나든다. 그러나 감각과 운동이 실생활에 대한 주의력을 결정한다. 마치 정점으로 지탱되는 역 피라미드처럼 정상적인 정신생활 전체가 양자의 긴밀한 관계로 유지되는 것이다.

발굴 현장으로

베르그송의 기억론이 당시의 과학적 기술을 바탕으로 구축된 이상 현대 신경심리학의 관점에서 봤을 때 거기에 의미가 불분명한 점이 많은 것도 어쩔 수 없는 사실이다. 그러나 베르그송이 당시의 뇌기능 국재설 localisation cérébrale에 반대하여 독자적인 방법으로 실어증에 대해 설명한 이상 그의 논법에 신경 다위니즘과 상통하는 점이 적지 않은 것은 오히려 당연하다고 할 수 있을 것이다.

예를 들면, 베르그송이 기억의 메커니즘을 운동으로 다루려 한 점은 '재인再認의 과학'의 관점에서 봐도 탁견이었다고 할 수 있고 또 '현재'를 실제로 존재하는 것이 아닌 단순히 되어가고 있는 것이라 생각한 점, 나아가 지각과 기억이 다른 과정이 아니라 '지각은 이미 기억이다'라는 인식 역시 신경세포군도태설이 가정하는 '기억되는 현재'와 모순되지 않는다. 베르그송은 '현재의 의식이란 기억이다' 라고 분명히 밝히고 있다.[33]

이렇듯 끊임없이 전진하는 정점 S를 가진 베르그송의 원추는 기억을 운동으로 다룬다는 점에서 기억을 상기로 판단하는 벤야민의 역사개념과 굉장히 좋은 대칭을 이루고 있다. 벤야민이 역사를 하늘을 향해 뻗어 가는 폐허 더미가 아닌 벌어진 일 전체로 채워진 총체고 그것이 현재라 는 정지 지점에서 결정結晶되는 것이라 생각하면서, 끊임없이 전진하는 현재라는 한 점에서 기억의 총체를 지지한다는 베르그송의 인식과 정면 으로 대치했던 것은 아닐까.

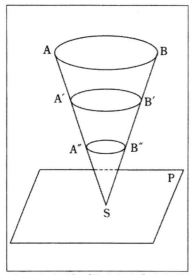

'베르그송의 원추',《물질과 기억》에서 발췌

"S에는 나의 신체 즉 어떤 감각 운동적 균형에 대한 현재의 의식이 있다. AB상에는 내 기 억이 남김없이 배열되어 있다고 하자. 이처럼 규정된 원추 속에서 일반 관념은 꼭짓점 S 와 바닥면 AB와의 사이를 끊임없이 왕복한다."
《물질과 기억》 3장의 〈기억과 정신〉에서 베르그송은 우리의 정신을 전도된 원추의 바닥 면과 꼭짓점 사이의 운동으로 규정했다. 기억 전체와 현재의 감각운동계 사이에 상승과 하강이라는 2중의 흐름이 있다. 한편으로 그것은 발음되는 말로 수렴되고 또 한편으로는 기억 속에 분산된다. 각각의 단면은 무수하게 반복 재생하는 의식의 상태를 나타낸다.

폴 발레 리를 모방하자면 미래란 건축이다. 만약 미래가 탑의 건축이 라면 땅 속에는 미래의 탑과 같은 높이의 기초라 불리는 거꾸로 된 탑을 파야 한다. 탑이 미완성임에 따라 탑의 본질을 유지하는 것이라면 거꾸로 된 탑은 과거의 총체기 때문에 땅속 깊이 파고들어가야 할 것이다.

> 기억은 과거를 탐지하기 위한 도구가 아니라 그 현장이다. 대지가 사멸
> 한 도시가 묻혀 있는 매체인 것과 마찬가지로 기억은 체험된 과거의 매
> 체다. 묻힌 자신의 과거에 다가가려고 노력하는 자는 발굴하는 사람과
> 같은 자세를 지녀야 한다. 이것이 진정한 상기를 위한 작업의 기조와 태
> 도를 결정하는 것이다.[34]

유지된 시간을 떠받치는 뒤집힌 탑의 꼭짓점은, 다시 말해 '기억되는
현재'다. 과거나 미래가 아무리 절망적으로 보이더라도 그것은 최후의
순간까지 그 운동을 멈추는 일은 없을 것이다. 왜냐하면 여태까지 살펴
본 수많은 예술가들의 작업에서도 알 수 있듯이 출토품이 아닌 '발굴작
업' 자체가 기억이기 때문이다. 기억을 '현장'으로 판단하는 탁월한 견해
는 우리에게 환경이라는 시점을 요구한다. 일어난 모든 일은 잊혀서는
안 된다.

그러기 위해서는 그것을 전하는 언어가 잊히지 않는 것이 전제되어야
할 것이다. 그런 의미에서 언어적 혼란이 바벨탑의 건설을 중지시켰을
때 그 건설현장이 어떤 환경에 있었고 거기에서 어떤 말이 나누어졌는
지를 생각해야 한다. 그것은 기원전의 현장을 발굴하는 것은 물론 지금
현재의 문명이 드러내고 있는 모습을 주의 깊게 관찰함으로써 밝혀질
것이다.

원주

1) 기억의 역사에 대해서는 다음을 참조했다.

　　Jacques Le Goff, *Histoire et mémoire*, Gallimard, Paris, 1988

　　André Leroi-Gourhan 著, 荒木亨 訳, 《身ぶりと言葉》, 新潮社, 1973

　　여기에서 간략하게 '기억'이라는 단어의 변천을 프랑스어의 예를 들어 살펴보자. 나중에 밝히겠지만 mémoire는 중세에서 가장 중요한 개념으로 이미 11세기에 등장한다. 여기에서 파생된 mémorial은 재무기록을 의미하고 mémoire도 남성형으로 행정상의 서류를 가리켰다. mémoires가 오늘날처럼 회상록을 의미하게 된 것은 16세기에 접어들면서부터다.

　　인쇄술의 발달과 더불어 18세기 이후 mémoirandum가 라틴어에서 영어를 경유하여 정착하고 또 남성형의 mémoire가 지금의 보고서나 연구논문의 의미를 획득한다. 19세기는 의학상의 식견이 넓어지면서 amnésie(건망증, 기억상실), mnémonique(기억에 관한) 등의 단어가 쓰이게 되었고 근대적인 교육체계가 정비됨에 따라 mémoriser(기억에 남게 하다)나 mémorisation(기억화) 등의 용어가 출현했다.

2) 기억과 구어(일상어)/글말(문장어) 연구는 Jack Goodby의 일련의 연구가 상세하다.

3) 고대 그리스에 대한 연구는 이하를 참조했다.

　　Jean-Pierre Vernant/ Pierre Vidal-Naquet, *La Grèce ancienne-Tome 2, L'espace et le temps*, Gallimard, Paris, 1991

4) Patrick J. Geary, *La Mémoire et l'oubli*, Aubier, Paris, 1996

　　또 중세를 대상으로 한 역사 연구로는 다음의 책이 상세하다.

　　Mary Carruthers, *The Book of Memory: A Study of Memory in Medieval Culture*, Cambridge University Press, Cambridge, 1990

5) Patrick J. Geary 앞의 책

6) *Beyrouth Centre Ville*, Éditions du Cyprès, Paris, 1992

7) Warchitecture는 사라예보의 건축잡지《ARH》가 영어판과 더불어 특집 중간호로 간행한 것이다. 시내 주요 건축물의 파괴 현황을 사진과 도표로 상세하게 기록했다. 그 조직적인 파괴를 보면 이 전쟁의 목적 중 하나가 '기억의 말살'에 있음이 여실히 드러난다.

'ARH, Warchitecture', Sarajevo, 1993

8) ⟨Le Trésor de Troie⟩전은 1997년 4월까지 푸시킨미술관에서 열린다. 갈리마르 사에서 상세한 해설을 붙인 카탈로그가 출판되어 있다.

Le Trésor de Troie, Gallimard/Electa, Paris, 1996

9) 전시회와 논쟁에 대해서는 다음의 기사를 참조했다.

Emmanuel de Roux, 'Le Trésor de Troie', Le monde, 1996.04.19.

10) 크리스티앙 볼탕스키의 출판물은 방대한 수에 이르는데 여기에서는 퐁피두센터 가 기획한 전시회의 카탈로그를 참조했다.

Christian Boltanski 2 février 1984–26 mars 1984 horaires variables Galeries Contemporaines – Centre Georges Pompidou Paris

11) 행방불명이 된 크리스티앙 볼당스키를 찾는다는 설정의 일본어판 비디오(⟨볼탕 스키를 찾아서A La Recherche de Christian⟩, 1990, 유로스페이스)가 있다. 감독은 사진가인 알랭 플라이셔Alain Fleischer다.

12) 현대의 기억과 영상에 대해 생각할 때 그리고 상기의 역사를 생각할 때《쇼아》 는 결코 피할 수 없는 작품이다. 이 문제에 대해서는 이 책과는 다른 형태로 파 헤쳐볼 생각이다. 특히 우카이 사토시鵜飼哲 씨와 다카하시 데쓰야高橋哲也 씨의 《쇼아》의 상영을 포함한 평론과 연구는 시사하는 바가 크다. 또 이 장의 집필에 는 우카이 사토시 · 니시타니 오사무西谷修 두 분과 더불어 이루어진 원리주의를 둘러싼 일련의 토론에서 많은 자극을 받았다. 이 자리를 빌려 감사드린다. 이하 의 도서들은 일본어로 읽을 수 있는 것들 중 극히 일부에 해당한다.

Claude Lanzmann 著, 高橋武智 訳,《쇼아Shoah: An Oral History of the Holocaust: The Complete Text of the Film, Pantheon Books, New York, 1985》, 作品社, 1995

Shoshana Felman 著, 上野成利 訳,《声の回帰—映画『ショアー』と「証言」 の時代 "The Return of the Voice: Claude Lanzmann's Shoah" in Felman,

Shoshana and Laub, *Dori Testimony: Crises of Witnessing in Literature, Psychoanalysis and History*, Routledge, New York, 1992, p.204~283》, 太田出版, 1995

鵜飼哲·高橋哲也,《『ショアー』の衝撃》, 未來社, 1995

鵜飼哲·西谷修·港千尋,《原理主義とは何か》, 河出書房新社, 1996

13) 현재의 기억에 대한 가장 충격적인 현장은 이마후쿠 류타今福龍太가《야성의 테크놀로지野性のテクノロジー》(岩波書店, 1995)에서 선명하게 묘사하고 있다.

14) 〈Found Footage〉에 관한 연구서는 아직 많지 않다. 여기에서는 스페인 발렌시아 소재 IVAM미술관이 기획한 〈Found Footage〉 특집의 카탈로그를 참조했다. 제목에서 알 수 있듯이 이 필름들의 본질을 몽타주와 반대되는 '데몽타주 Desmontaje'라는 개념에 두어 필름 '해체'를 통해 기성의 역사개념에 대한 해체를 목적으로 한 자극적인 기획이다.

Desmontaje: film, viodeo/apropiación, reciclaje, IVAM centre, 1993

15) 앞의 Desmontaje, p.171

16) 대륙의 움직임과는 독립적으로 브루넬이 만들어간 패러디는 식민지주의적인 여행필름Travel film을 소재로 사용함으로써 다다이즘이나 초현실주의 작업을 병행한 것이라 볼 수 있을 것이다. 이 점 때문에《그레이트 사그라다 횡단Crossing the Great Sagrada》은 그 후의 콜라주 필름에 포함되는 하나의 경향을 앞지른다. 그것은 이 시기부터 할리우드에 의해 확대재생산 되는 투어리즘의 이국적 취향에 대한 비꼼이다.

17) 예를 들면, 크리스티앙 볼탕스키의 작품은 확실히 기록의 성격이 강하다 할 수 있다. 1993년의 작품 〈리옹시의 아카이브〉는 리옹시가 2차 대전 말기의 자료를 폐기하려고 한 것을 저지하여 전시회장 지하실에 흩뿌려놓은 것이다. 2차 세계대전 중의 리옹시가 어떤 도시였던가를 떠올리면 어두운 역사를 파헤치는 작업이라 할 수 있을 것이다. 이른바 문자주의자Letterist International나 상황주의자 Situationist International들의 작품이나 행동도 아카이발 아트Archival art로서의 성격을 띠고 있음을 알 수 있다.
실험영화에서는 브루스 코너Bruce Conner, 켄 제이콥스Ken Jacobs가 아카이발 아트의 비평적 성격을 명확하게 드러냈다고 할 수 있다. 또 안토니 문타다스Antoni

Muntadas가 인터넷 상에서 전개하고 있는 〈파일 룸〉은 제목대로 자료실인데 세계 각지에서 보고되는 작품이나 작가에 대한 검열을 하나의 장에서 공개하려고 하는 진보적인 아카이브 운동이다.

18) 개인 소유의 사료 영상에 대한 매입가격은 상승일로에 있고 최근에는 분당 2,000달러를 넘는 경우도 있다는 보고가 나올 정도다. 이러한 아카이브의 소유 문제에 관해서는 다음 책이 상세하다.
Herbert I. Schiller "The Privatization and Transnationalization of Culture." In Ian Angus and Sut Jhally, eds., Cultural Politics in Contemporary America, New York, 1989, p.327

19) Marc Ferro, Cinéma et Histoire, Gallimard, Paris, 1993 p.133
페로가 역사와 영상에 관해 약 20여 년에 걸쳐 연구한 결과물을 정리한 역작이다.

20) Walter Benjamin 著, 今村仁司 · 三島憲一 訳, 《パサージュ論 第3巻 都市の遊歩者Das Passagen-Werk》, 岩波書店, 1994, p.215

21) Walter Benjamin, 앞의 책, p.217

22) Vera Gaserow, 'BERLIN', Die Zeit, 1995

23) 나중에 언급하겠지만 이러한 '실시간 고고학'을 과감하게 실천한 사람이 벤야민이다.
"발굴 작업을 성공시키기 위해서는 확실한 계획이 필요하다. 더불어 어두운 땅속을 더듬는 삽의 신중한 사용법도 불가결하다. 발굴 목록만을 작성하고 발굴 현장 자체에 있는 어두컴컴한 행복을 기록하지 않는 자는 최고의 발굴물을 스스로 놓치는 것이다. 그렇게 하지 않기 위해서는 탐구 작업의 실패도 그 성공과 마찬가지로 필요하다. 때문에 추억은 이야기나 보고 형식으로 이루어지는 것이 아니다. 가장 엄밀한 의미에서 서사시적, 음유서사시적으로 차례차례 장소를 바꿔 그 삽을 찔러봐야 한다. 옛 장소로 돌아간 경우에는 더욱 깊은 층으로 탐색의 삽을 밀어 넣어야 한다."
여기에서 슐리만의 트로이 발굴의 먼 메아리 소리를 듣는 일은 어렵지 않을 것이다.
Walter Benjamin 著, 小寺昭次郎編集解説, 《ベルリン年代記》, 《ヴァルター・

ベンヤミン 著作集 12 ベルリンの幼年時代》, 晶文社, 1971, p.156

24) Hans Mayer 著, 宇京早苗 訳,《バベルの塔 － ドイツ民主共和国の思い出Der Turm von Babel-Erinnerung an eine Deutsche Demokratische Republik, Suhrkamp, Frankfurt, 1991》, 法政大学出版局, 1993

25) Walter Benjamin, 앞의 책《ベルリン年代記》, p.199

26) 하지만 벤야민에게 상기는 반드시 사진적인 것만으로 한정하기는 어렵다. "미궁의 다양한 방이나 통로에서 오는 각각 다른 공기의 흐름과 냄새, 빛과 소리"(《ベルリン年代記》)라는 기술에서도 알 수 있듯이 그는 냄새나 소리, 촉각에 대해서도 언급하고 있기 때문이다. 촬영의 비유가 중요한 이유는 벤야민이 기억에 물질적인 관계(여기서는 빛)를 인정하는 점에 있을 것이다. 사진은 빛의 물리법칙을 따른다. 촬영된 대상과 상이 빛에 의해 묶이듯이 상기되는 이미지와 추억이 무언가 물리 법칙에 의해 묶이고 있는 것은 아닐까 하는 추측이다.

27) 여기에서 벤야민의 기억에 대한 사유는 물론이고 현대의 기억이론에도 특이한 형태로 영향을 미치고 있는 프로이트의 〈과학적 심리학 초고Entwurf einer Psychologie〉(이하 〈초고〉)에 대해 간략하게 다루고자 한다. 〈초고〉는 프로이트가 1895년에 쓴 것으로 그가 신경생리학에서 정신분석으로 옮겨가는 전환점의 논문이다. 친구인 빌헬름 플리스Wilhelm Fliess에게 편지와 함께 보낸 이 〈초고〉의 출판을 프로이트 자신은 원하지 않았고 오히려 폐기할 것을 바랐기 때문에 프로이트 사후 1950년까지 그 존재가 알려지지 않았다(이때까지의 사정에 대해서는 일본어판 〈초고〉《フロイト 著作集 7》에 수록된 역자 오코노기 게이고小此木啓吾의 해설 참조). 프로이트는 살아생전에 이 〈초고〉의 존재조차 다른 사람에게 알리고 싶어 하지 않았다고 전해질 정도여서 이것을 정신분석학의 결과물로 인정하기에는 무리가 있다. 반대로 신경생리학적인 관점에서 읽은 경우에도 그것이 뉴런 이론에 입각하고 있다고는 하나 빈번하게 등장하는 독창적인 아이디어(예컨대 카섹시스cathexis) 때문에 유사 과학적 기술로 다루는 경우도 적지 않다. 어쨌든 생리학에서 심리학으로의 전환기에 쓰였다는 사정 때문에 양쪽 모두 커다란 의문을 제기하는 논문이다.
그러나 이 논문이 칼 프리브럼Karl H. Pribram이나 제럴드 에덜먼을 비롯한 현대 뇌과학자들에 의해 재평가 되고 있다는 사실은 주목할 만하다. 1976년 프리브럼과 머튼 길Merton M. Gill은 최신 신경과학의 성과를 토대로 〈초고〉를 재평가하면서 그 선구적인 성격과 현대적 의미를 밝혔다. 예를 들면, 시냅스라는 용어가 등장하기 2년 전, 이미 신경계에 있을 것으로 추정되는 불연속 부분을 '접촉–방벽'이라는 용어로 기술하고 있었던 점, 혹은 극소전극이 발명되어 처음으로 전기적 활동이 기록되기 60년 전에 '카섹시스'라는 독자적인 개념을 써서 뉴런의 국소전위 변화를 기술하고 있었던 점, 다시 말해 에너지의 양을 기본에 두고 있었다는 사실 등 프리브럼도 인정하듯이 거기에는 놀라운 식견이 오랜 세월동안 먼지를 뒤집어 쓰고 있었던 것이다.

우리에게 당장 중요한 것은 〈초고〉가 뉴런을 지각을 관장하는 '투과성' 뉴런과 기억을 담당하는 '비투과성' 뉴런의 두 종류로 나누고 있다는 점일 것이다. 전자는 '접촉–방벽'이 존재하지 않기라도 하듯이 에너지를 통과시키지만 후자는 '접촉–방벽'의 저항을 받아 조금밖에 통과시키지 못한다. 프로이트는 이 전자의 프로세스를 피ϕ시스템, 후자를 프시ψ시스템이라 부르고 프시시스템의 과학적인 기술을 위해 심혈을 기울였다.

"신경조직의 주요한 특징은 기억이다. 즉, 아주 일반적으로는 단 한 번의 발생으로 영속적인 변화를 수용하는 능력이다. 이는 파동을 통과시킨 후 또 원래 상태로 돌아가려는 물질의 반응과는 현저한 대조를 이루는 것이다. 조금이라도 검토할 가치가 있는 심리학은 이 기억에 대한 설명을 해야 한다"

"기억은 프시ψ뉴런 간에 존재하는 소통으로 나타난다."

프리브럼도 인정하듯이 프로이트는 〈초고〉에서 현대의 시냅스 가소성을 앞지르고 있다. 어쩌면 에덜먼이나 로젠필드 등 신경세포군 도태설을 지지하는 쪽에서도 프로이트가 든 '자연과학을 기초로한 심리학 제시'라는 의도를 전면적으로 찬성할 수 있을 것이다. 여하튼 이들 연구자는 특히 프로이트의 기억에 대한 접근방식에 주목한다. 그 배경에는 당시의 프로이트가 뛰어난 해부신경학자로서 다위니즘의 영향을 받은 점도 있을 것이다.

여기에서 기억과 동기에 관한 접근방식의 한 예를 들어보자. 프리브럼은 이 프시시스템의 가장 중요한 점의 하나는 그것이 선택적 소통을 낳는다는 것이고 프로이트가 그로 인해 기억과 동기의 구조를 동일한 것으로 다뤘다는 데 있다고 주장한다.

"기억과 동기 모두 선택적 소통에 입각한 프시ψ과정이다. 기억이라는 것은 소통에 대한 회고적 측면이고 동기는 예측적 측면이다. 회고에서의 소통은 생체의 경험에서 생겨나고 경험을 반영한다. 그런데 예측의 경우, 소통은 완성을 향해 나아가는 피드 포워드Feed forward(control) 프로그램이다. 따라서 동기부여 행동

에 지침을 제공한다."(이 주석 말미 Karl H. Pribram p.83)

프리브럼은 이상과 같이 설명하고 이 모델의 연구를 이끌어감으로써 ① 기억의 학습, ② 기억의 재현 ③ 동기의 중요성에 주목하는 것의 가치를 강조한다.

그런데 벤야민은 당연히 〈초고〉를 읽지 못했을 테지만 그의 상기나 기억에 관한 기술에는 프시시스템을 방불케 하는 데가 있다. 어쩌면 그것을 전달한 것은 벤야민이 읽은 프로이트의 《쾌락원칙의 피안快感原則の彼岸Jenseits des Lustprinzips》(3판, 1923년)에 나오는 자극방어에 관한 구절이고 그것이 벤야민이 보들레르나 프루스트로 대표되는 문학의 생리적 독해를 시도할 때 용수철로 작용했을 것이다.

"충격방어가 갖는 독특한 작용은 (중략) 사건 내용이 완전성을 희생시켜 그 사건에 그것이 의식 속에서 차지해야 할 정확한 시간적 위치를 지정하는 것이다. 이게 가능하다면 반사가 처리하는 가장 훌륭한 작용이 될 것이다. 반사는 사건을 하나의 체험으로 삼을 것이다."(이 주석 말미 〈ボードレールにおけるいくつかのモティーフについて〉, p.431)

프로이트는《쾌락원칙의 피안》에서 이미 '기억의 흔적'이라는 존재를 믿고 있고 벤야민이 그에 대해 명확하게는 반대하고 있지 않다는 것을 감안하더라도 벤야민이 문학에서 사진이나 영화를 논할 때 그 '기록성'보다는 '충격성'에 중점을 두고 있다는 사실은 중요하다. 그런 벤야민이 보들레르를 읽을 때 거기에는 다음과 같은 〈초고〉의 선명한 울림을 짐작할 수 있을 것 같다.

"시냅스 저항이 저하하면 신경자극전달은 소통을 이루어 통로가 신경 내부에 새겨진다. 이 가설에 따르면 기억은 신경자극전달 통로의 소통이며 어떤 체험의 효과는 그 사건의 '크기와 빈도'에 비례한다. 그러나 이 관계는 반드시 정비례는 아니다."

Sigmund Freud 著, 小此木啓吾 訳, 〈科学的心理学草稿〉,《フロイト 著作集7》, 人文書院, 1970

Karl H. Pribram · Merton M. Gill 著, 安野英紀 訳,《フロイト草稿の再評価—現代認知理論と神経心理学への序文Freud's 'Project' Re-assessed: Preface to Contemporary Cognitive Theory and Neuropsychology, Basic Books, New York, 1976》, 金剛出版, 1988

Walter Benjamin 著, 浅井健二郎編 訳, 〈ボードレールにおけるいくつのモティーフについて〉,《近代の意味》ベンヤミン・コレクション①, ちくま学芸文庫, 1995

또 프로이트의 〈草稿〉와 벤야민의 관계에 대해서는 그것을 도시론/영상론으로 이끈 우에노 도시야上野俊哉 씨의 탁월한 논문을 참고하기 바란다.
〈ターミナル・コンプレックス―都市不安の諸形式Terminal Complex: Forms of the Anti−City〉,《10+1》No. 02, INAX出版, 1994
〈映画の始まり, 映画の外〉,《電影七変化》, 山形ドキュメンタリー映画際 (YIDFF) '95のための小冊子

28) Walter Benjamin 著, 今村仁司 訳,《パサージュ論 第5巻 ブルジョワジーの夢 Das Passagen-Werk》, 岩波書店, 1995, p.280

29) 〈歴史の概念について〉, Walter Benjamin, 앞의 책《近代の意味》, p.648

30) Walter Benjamin, 앞의 책《パサージュ論 第5巻 ブルジョワジーの夢》

31) Hans Maye,r 앞의 책

32) 〈歴史の概念について〉 Walter Benjamin, 앞의 책

33) Henri Bergson 著, 岡部聡夫 訳,《物質と記憶: 精神と身体の関係について Matière et mémoire》, Presses universitaires de France, Paris, 1965, 駿河台出版社, 1995
베르그송의 기억이론에는 현재의 신경심리학에서 보면 수용하기 힘든 점도 적지 않다. 하지만 상제 등도 그에 대한 인정을 전제로 베르그송을 예로 든다. 이에 대해서는 일본어 번역판에 오카베 아키오岡部聡夫 씨의 면밀한 해설이 붙어있다.

34) Walter Benjamin, 앞의 책《ベルリン年代記》, p.156

문화로서의 기억

언어의 위기

인간의 기억, 특히 언어를 매개로한 문화로서의 기억계는 현재 커다란 전환기에 있다. 그 전환의 힘과 속도는 종종 우리의 상상을 초월한다. 국부적인 변화를 알아차릴 수는 있어도 전체 현황을 아는 일은 만만치 않다. 현재 상황의 최대 축이 환경과 정보라는 두 분야에 의해 그려지고 있는 것은 거의 틀림없는 사실이다.

자연환경과 인공환경 사이에서 인간의 신체는 예전에 겪어보지 못한 변화를 경험하고 있다. 또 전자정보 쪽은 인간의 기억에 대한 방식을 바꾸고 있는 중이다. 나아가 환경문제와 정보문제는 하나 같이 우리의 생활권을 단번에 연결함으로써 단일 문명권으로 만들려 하고 있다. 서로 다른 분야에서 종래의 세계관에 의문을 던지는 것은 본질적으로 환경의 변화와 정보화에 의해 인간 자신이 바뀌려하고 있기 때문일 것이다.

환경의 변화와 정보화는 필연적으로 인간 기억의 현실에 영향을 미친다. 어쩌면 이것은 인류의 기억으로 다루어야 할 문제일 것이다. 언어를 둘러싼 세계 상황은 일상 언어로 연결된 집단적 기억이 향하는 방향을 가리키고 있는 것처럼 보인다. 오늘날 세계에서 쓰이는 언어는 대략 5,000에서 6,000개 정도라고 한다. 방언을 어떻게 다루느냐에 따라 다소 차이가 있겠지만 전문가들은 그 중 약 3분의 1이 가까운 미래에 소멸될

위기에 있다고 예상한다. 종종 언어는 살아있는 생물이라고 말하지만 언어라는 생물은 지금 그야말로 역사적인 위기에 봉착해 있는 상황이다.[1]

인구비로 보면 위기 상황은 명백하다. 영어, 중국어, 스페인어, 러시아어, 힌디어의 5개 국어로 거의 세계 인구의 절반이 의사소통을 꾀하고 있다. 여기에 100개 국어를 더하면 지상에 사는 95%의 인간이 채워져 버린다. 남은 언어 중 3분의 1은 사용자 수가 1,000명에도 못 미친다. 1세기 안에 소멸될 염려가 있는 것은 이들 극소언어다. 언어학자 중에는 소멸 위험이 전혀 없는 언어는 600개 정도에 지나지 않을 것이라 말하는 이도 있다.

예를 들어, 그렇게 경고하는 언어학자 중 한 사람인 마이클 크라우스 Michael E. Krauss는 알래스카대학에서의 연구를 바탕으로 알래스카에 거주하는 아메리카 원주민의 20개 언어 중 살아남을 가능성이 있는 것은 2개 정도라고 말한다.[2] 그 2개조차 혹시라도 부모가 아이들에게 가르치지 않거나 아이들이 습득하려 하지 않으면 몇 세대 안에 죄다 잊혀버릴 것이다. 언어 습득은 우선 부모와 자식 간에 이루어진다. 그리고 생활환경의 변화에서 직접 영향을 받는 것은 제일 먼저가 언어인 것이다. 같은 상황에 처한 언어는 남북 아메리카를 통틀어 100개를 헤아린다고 전해져 많은 언어학자가 염려를 표명하고 있다.

그야말로 멸종에 임박한 동물을 떠올리게 하는 상황인데 확실히 몇 가지 공통점이 있다. 최대 원인은 생활환경의 변화에 있을 것이다. 자연환경의 파괴도 그 원인의 하나다. 예를 들면, 하나의 숲이 없어지면 전통적인 공동체가 자율적인 삶을 영위하는 일은 불가능하다. 보다 커다란 경제권 안으로 편입됨으로써 소통 모드는 필연적으로 우세한 쪽을 따를 수밖에 없게 된다.

위기에 직면한 극소언어가 종종 열대림이나 한대寒帶와 같은 극단적인 자연환경에 존재하고 있는 것은 그들을 둘러싼 환경이 격변하고 있기 때문이다. 환경변화뿐 아니라 정보화도 커다란 요인이다. 최근에는 아마존 변경지역에서조차 파라볼라 안테나를 보는 일이 생소하지 않다. 미디어가 이렇게까지 발달하게 되면 더 이상 지리적인 특수성만으로는 독자적인 문화를 유지하기 어렵다.

월경하는 언어들

소수언어의 존속에 환경이나 정보와 더불어 중요한 위협이 되고 있는 것은 국어개념이다. 국어개념은 말할 것도 없이 국민국가라는 시스템을 모체로 한다. 소수언어의 운명은 서구 여러 나라가 국경과 국어를 제정하고 국민국가를 만들어낸 시점에서 정해진 것이라 할 수 있다. 그리고 현재의 유럽이 국민국가를 초월한 공동체의 길을 걷는 중이라면 일찍이 억압되었던 '비국어'들은 재생의 기회를 놓치지 않으려 할 것이다. 그런 현상은 국어개념에 가장 엄격하고 철저한 프랑스 주변에 서식하는 언어 동향에 자주 나타난다. 브르타뉴어Bretagne, 오크어Occitan, 바스크어Basque와 같은 지금까지 중앙에서 푸대접 받아온 언어들이다.

대표적인 예로 인도유럽어족이나 우랄어족 등 유럽의 다른 언어와 유연관계가 없어 '수수께끼의 언어'로 알려져 있는 바스크어가 그렇다. 유럽이 라틴어화되기 이전부터 존재한 가장 오래된 언어의 하나로 그것이 특이한 습속과 더불어 바스크인에게 미스터리한 이미지를 부여한다. 바스크어 문장으로 된 최초의 기록은 1545년에 발행된 운문집 《Linguae Vasconum Primitae》이다. 16세기에는 프랑스어, 스페인어 등 비 라틴어가 차례차례 공용어화 되었는데 바스크어도 그 점에서는 같은 시기에 동등한 지위를 획득한 셈이다.

그러나 피레네 산맥을 중심으로 퍼져있는 이 지방이 프랑스와 스페인으로 분단되어 지배를 받게 되자 두 나라 모두 바스크어 사용에 직간접적인 탄압을 가한다. 가장 오래된 언어는 몇 세기에 걸쳐 구어로서만 연명해야 했던 것이다. 덧붙이자면 '바스크'는 타칭他稱이고 '에우스카라Euskara'가 본래의 바스크어다.[3]

비아리츠Biarritz는 스페인 국경까지 30킬로미터 정도 걸리고 맑은 날 등대가 있는 곳에 서면 비스케이만 너머 스페인이 바라다 보이는 프랑스 남부의 휴양지다. 뒤돌아보면 바스크지방의 신선한 초록이 상쾌하다. 수년 전 그 비아리츠에서 어떤 학교의 기공식이 열렸다. 초중학교를 합친 것으로 규모는 결코 크지 않으나 지역신문에 보도될 정도로 중요한 기공식이었다.

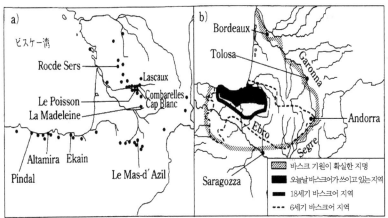

a. 크로마뇽인이 살고 있었던 지역의 동굴(후기 구석기인의 장식이 있음) 분포도
b. 바스크 기원의 지명 범위와 오늘날의 바스크어권

바스크지방은 현재 피레네산맥을 타고 스페인과 프랑스로 나뉘어 있다. 대략 2만 평방킬로미터의 면적에 300만 명의 인구가 살고 있다. 바스크인이 언어적으로 크로마뇽인 직계의 사람들이 아닐까 하는 카발리-스포르차Cavalli-Sforza의 추측에는 많은 이론異論이 있을 것이다. 그러나 많은 연구자가 바스크인이 유럽 최고最古의 민족 집단일 가능성이 있다고 지적한다. 유전자 차원의 연구에서는 바스크인이 다른 지역과 비교해서 혼혈 정도가 매우 낮게 나오는데, 물론 이것은 현재의 바스크인이 '순혈'의 민족이라는 의미는 아니다.(루카 & 프란체스코 카발리-스포르차 저, 千種 堅 訳,《나는 누구, 어디에서 온 거야わたしは誰, どこから来たの》, 三田出版会 참조)

이카슈톨라Ikastola는 1914년 결성된 최초의 바스크어 교육기관이다. 이후 국경을 사이에 두고 프랑스 스페인 양측에서 조금씩 그 수를 늘려왔다. 물론 프랑스에서도 스페인에서도 공식적으로는 인정되지 않은 비인가 교육기관이다. 특히 스페인 측의 바스크는 프랑코 정권 시절에 가혹한 탄압을 받은 적이 있는 데다 이대로 가다가는 바스크 말이 사라질 것이라는 위기감과 자치독립의 요구가 맞물려 독자적인 교육활동이 이어져왔다. 그러나 2000년 이상 생존해온 언어가 그렇게 간단히 사라지지는 않을 것이다. 기공식에 참석한 이카슈톨라 교육연맹대표 필립 고이에체Philippe Goyetche 씨에게 물어보았다.

현재 바스크는 부분적인 자치를 획득하고 있다. 하지만 소수언어에 진정한 위협은 정치적 억압이 아니다. 공적인 증명서나 계약서에 바스크어는 쓰이지 않고 더욱이 신문이나 방송 등의 매스컴의 영향은 지대하다. 다시 말해 바스크지방 곳곳까지 도시화되고 현대사회의 커뮤니케이션이 표준이 됨에 따라 바스크어는 여태까지 경험하지 못한 엄중한 환경 변화를 겪고 있다. 바스크의 총 인구 약 300만 명은 국경을 끼고 프랑스 쪽에 3개주, 스페인 쪽에 4개주로 나뉘어 분포하는데 그들 사이에서 바스크어인구 비율은 상당한 격차를 보인다. 프랑스 쪽에서는 인구 30% 이상이 바스크어를 사용하고 있는 데 반해 스페인 쪽에서는 그 정도가 10~20%로 떨어진다. 왜냐하면 전후 스페인의 다른 지역에서 공업지대가 있는 바스크지방 연안으로 대규모의 이주민이 밀려들었기 때문이다. 이 국내 이주민이 스페인 쪽 바스크의 언어 환경을 크게 바꿔버린 것이다.

그런 의미에서 이카슈톨라 기공식에 비아리츠 시장의 참석은 주목할 만한 사건이었다. 여태까지는 학생의 부모가 무보수로 교사의 건축에서 운영까지 맡았는데 20번째가 되는 이 학교는 처음으로 시의 원조를 받아 개교했기 때문이다. 스스로 시멘트를 고르고 벽돌을 쌓아올린 시장은 연설을 통해 민주주의란 다수만으로 결정권을 부여하는 것이 아니라 소수자에 대한 배려를 갖는 시스템이라고 역설했다. 지금까지 어떤 정권이 들어서든 바스크어 교육 등에 귀를 기울이지 않았던 공공단체가 급히 태도를 바꾼 데는 EU의 태동과 무관하지 않다. 유럽연합에 의해 국가의 중앙집권이 상대적으로 약해지면 지방은 그만큼 힘을 갖게 될 것이다.

공식적인 이카슈톨라 개교도 어쩌면 지방에 지방으로서의 자율성을 부여하기 위한 첫걸음으로서 실현된 것이리라. 동시에 그것은 국가에 의해 정해졌던 언어교육이 국경을 초월하여 지역 차원에서의 새로운 언어권의 존재를 인정한 것을 의미한다. 이미 바스크어 텔레비전 방송국이 두 개나 있고 또 프랑스의 지역총국에서도 일부는 바스크어로 방송을 개시했다.

유럽의 시대는 실제로 지역에 중앙집권적인 정치에서 탈출할 둘도 없는 절호의 기회가 찾아온 것을 의미한다. 그것을 깨달은 것은 바스크만이 아니다. 이카슈톨라는 대표를 포함하여 모두 자신의 직업을 가진 자원봉사자들이라 식이 끝남과 동시에 모두 자리를 떴다. 고이에체 씨는 헤어지면서 아직 난관이 많지만 아카슈톨라는 쓰러지지 않을 거라며 웃었다.

바스크어는 예외가 아니다. 스페인은 1983년을 전후로 바스크어, 카탈로니아어, 갈리시아어를 공용어로 할 것을 잇달아 공포하였다. 또 같은 80년대 이후의 동향으로서 이카슈톨라와 아이누어 교육을 비교하는 것도 가능할 것이다. 비슷한 예는 특히 89년 이후의 동유럽이나 구 소비에트 연방의 여러 나라에서 발견할 수 있다. 예를 들어, 1876년 이래 공식적으로 금지되어있던 우크라이나어는 1991년 독립과 동시에 되살아나 현재는 공립학교에서 공용어로 가르치고 있다.

이중언어 도시

이들의 예에서 확실히 소수언어는 수세대 안에 쇠퇴할 가능성이 있는 동시에 그 언어가 공공 공간에서 사용된다는 최소한의 조건만이라도 가다듬어진다면 부활의 기회가 있음을 짐작할 수 있다. 살아있는 언어의 힘은 무엇보다 우선 '목소리'에 존재하기 때문이다. 불가리아나 코르시카 등 유럽의 변경에서 폴리포니로 총칭되는 전통 혼성합창이 주목을 받는 것 역시 언어의 부활과 관계가 있음에 틀림없다. 언어의 힘이 목소리에 있다면 그 목소리가 반수에 이른 상태를 이중언어라 할 수 있을까. 구대륙의 변경에서 잃어버린 언어가 부활하는 것과는 별개로 신대륙에서는 도시의 이중언어화가 일어나고 있다.

1992년 마이애미주의 플로리다는 스페인어를 공용어로 인정했다. 공항에 도착했을 때부터 변화를 느낄 수 있었다. 세관에는 영어와 함께 스페인어 표기가 있었고 도로표지도 일부는 스페인어로 되어 있었다. 아직 아일랜드나 벨기에처럼 철저한 이중표기가 이루어진 것은 아니지만 머지않아 투표용지는 물론 공립학교 수업에 이르기까지 공공 공간은 영어/스페인어의 이중언어가 될 것이다. 히스패닉 주민의 증가가 가져온 언어 공간의 스페인어화가 콜럼버스의 신대륙 도착으로부터 정확히 500년 후에 일어났다는 우연도 흥미롭다.

마이애미라는 도시의 성격은 합중국의 지도로 봐서는 알 수가 없다. 아이티를 중심으로 한 카리브 해 지도를 그려보고서야 비로소 중남미로 나아가는 관문으로서의 마이애미가 보이기 시작한다. 80년대에는 이미 남미에 진출하려는 다국적 기업은 본사를 상파울로나 카라카스가 아닌 마이애미에 두려고 했고 인구 면에서는 아바나에 이은 제2의 도시가 마이애미다. 실제 다운타운을 걷고 있으면 영어 쪽이 소수언어가 되어도 낯설지 않을 것이라는 느낌이 든다.

합중국으로의 이민이 라틴아메리카와 아시아에서 이루어짐에 따라 영어를 중심으로 한 언어지도는 크게 바뀌려 하고 있는 것이다. 특히 그 경향이 강한 캘리포니아 주에서는 공립학교 학생의 3분의 1이 가정에서는 영어 이외의 언어를 사용하고 있다는 보고도 있다. 이러한 경향이 진척되면 제2, 제3의 마이애미가 탄생해도 이상할 것이 없다. 여기에서도 언어지도는 국민국가지도에서 한없이 벗어난다. 마이애미는 카리브 해의 도시고 로스앤젤레스는 태평양의 도시로서 각각의 소통 권역을 형성하고 있다고 보는 쪽이 타당할 것이다.

캐나다의 퀘벡 주도 영어/프랑스어의 이중언어를 채택하고 있다. 1995년 분리 독립 주민투표에서는 근소한 차로 반독립파가 승리를 거두어 화제가 된 바 있다. 투표가 있기 전 현지를 둘러본 바로는 그야말로 살아있는 '목소리'가 미래를 선택하는 모습을 확인할 수 있었다. 투표 전에는 독립추진파가 유리하다고 예상했는데 부동층이 분리 독립 후 경제적 영향을 고려하여 결국 반대로 돌아섰다고 전해진다.

투표가 있은 후 몬트리올에서 지켜본 것에 지나지 않지만 특히 북아프리카, 이란, 동남아시아에서 온 이주민들의 판단이 결과에 상당한 영향을 미친 게 아닌가 하는 생각이 든다. 그들 대부분은 독립 문제라는 형태에서 일종의 내셔널리즘이 조성되는 분위기를 민감하게 느끼고 있었다. 그들의 직감은 아마 아시아나 북아프리카의 현실 경험에서 비롯되었을 것이다. 많은 사람들이 가게 문을 닫으면서까지 투표소로 향한 데는 내셔널리즘의 위험을 느끼고 있었기 때문이 아닐까.

언어의 생태학

이상과 같이 어떤 언어를 부활시키거나 그 사용을 적극적으로 확대하려는 쪽에서 바라보면 다시금 언어와 기억을 떼어서 사고하는 일의 어려움을 깨닫게 된다. 어떤 언어의 상실은 단어나 표현의 상실에 머무르는 것이 아니라 그 언어가 축적해온 기억 전체의 상실로 이어지기 때문이다. 따라서 계산이 불가능할 정도로 큰 상실을 경험하게 되면 언어와 기억은 동일하다고 단언하는 연구자를 만나더라도 그리 놀랍지 않을 것이다.

옥스퍼드대학의 동물학자로 환경정보이론을 연구하는 마크 패이젤 Mark Pagel은 어떤 언어를 지키는 것은 그것에 특유한 표현 모드를 보존하는 것은 물론 하나의 학습 모드를 보존하는 것이라 한다. 다시 말해 어떤 언어는 그것을 사용하는 인간집단이 특정 환경에 어떻게 적응해왔는가를 보여준다. 이것은 그들을 둘러싼 세계를 어떻게 학습해왔는지를 보여준다는 환경-정보이론적인 논리다.[4]

패이젤의 이론은 두 가지 가정에 바탕을 두고 있다. 첫째, 어떤 언어의 사용은 신경시스템에 변화를 준다. 예컨대 일본어를 모어로 하는 사람의 뇌에는 일본어 특유의, 프랑스어를 모어로 하는 사람의 뇌에는 프랑스어 특유의 구조가 만들어진다는 것이다. 이는 대단히 신경다위니즘적인 언어관이다. 둘째, 언어의 다양성은 생물의 다양성과 마찬가지로 자연계의 법칙을 따른다. 예를 들어, 단위면적당 종의 수와 기후대와의 관계가 언어 수와의 관계와 비슷하다. 즉 위도가 낮을수록 단위면적당 종의 수가 늘어나듯이 언어의 다양성도 증대한다. 이것을 패이젤은 언어의 생태학이라 부른다.

둘 다 도전적인 가설이어서 당연히 이론이 많다. 전자가 내세우는 언어의 상위를 사고의 상위로 삼는 이른바 언어상대성은 현재는 거의 부정적으로 보고 있고 후자의 논리에 대해서는 언어의 복잡한 구조를 자연에만 환원하는 것이 타당한가의 여부를 놓고 사회적인 입장에서의 반론이 많다. 그러나 언어를 정태가 아닌 동태에서 다루려는 패이젤의 접근방식에는 급격하게 쇠퇴하거나 변화해버리는 소수언어 문제를 특정 언어 간 비교를 통해서가 아니라 보다 글로벌한 시야에서의 연구가 가능하다 는 이점이 있는 것도 부정하기 힘들다.

지금까지 패이젤 등이 조사한 것은 16세기 북아메리카 원주민들의 언 어분포인데 확실히 거기에는 위도와 언어 사이에 일정한 상관관계를 찾 을 수 있다. 물론 그것이 다른 지역에도 적용가능한지의 여부는 앞으로 의 성과를 기다릴 수밖에 없다. 그럼에도 기후나 지세, 생식과 같은 자연 환경과 언어의 생성변화 사이에 존재하는 어떤 일정한 관계를 인정하는 것에 대해 반드시 언어를 자연에만 환원하는 태도로서 부정할 수는 없을 것이다.

오히려 언어생태학적 접근은 자연환경에 사회가 어떻게 적응해왔는가 를 아는 데 도움이 되지 않을까. 발생하고 분화해가는 언어를 그것이 쓰 이는 토지와의 관계에서 봤을 때 언어의 생태학은 작업가설로서의 매력 을 발휘한다. 그것이 글로벌한 관점을 가능하게 한다.[5]

그러나 만의 하나 언어가 생물종처럼 자연도태를 통해 진화해온 것이 라면 지금 남아있는 언어는 어떤 의미에서 환경에 최적화된 것이라 할 수 있을까. 그렇다면 무슨 근거로 그것을 최적이라 할 수 있을까. 이 점 에서 언어의 생태학은 한계에 부딪히는 것 같다. 패이젤 자신도 언어의 생태학에 어떤 한계를 설정한다. 결국 그것은 기술 발전에 동반하는 언 어 도태다.

그에 따르면, 언어의 다양성이 최대에 다다른 것은 지금부터 1만 5천 년 전이다. 인구는 지금의 500분의 1정도였음에도 약 1만의 다른 언어가 쓰이고 있었다. 그 이후로는 감소 일변도다. 지역에 따라 차이는 있지만 문화적 · 경제적 · 정치적 통합이 진행됨에 따라 언어적 다양성은 사라져 가고 16세기 이후의 식민지화에 의해 그 경향에 박차를 가한다. 현재는 그것에 매스 미디어에 의한 통합이 더해져 언어의 감소 경향은 최대치를 달리고 있다.

언어는 공통된 선조를 갖고 있을까

그 경향이 어디에서 멈출 것인지 현재로서는 알 길이 없다. 그러나 언어의 수가 1만에서 감소에 감소를 거듭하여 마침내 10개가 되었다고 치자. 나아가 그것이 셋이 되고 둘이 되었다가 하나만 남게 되었다고 치자. 이 상상의 광경은 금방 하나의 상상과 서로 겹친다. 즉 우리의 언어가 과거의 어떤 시기에 공통의 선조를 갖고 있었던 것은 아닐까 하는 신화적 상상 말이다.

스탠포드대학의 언어학자 조셉 그린버그Joseph H. Greenberg는 현존하는 세계의 언어를 17개 어족과 몇 개의 고립된 언어로 분류한다.[6] 유럽에 2개, 아프리카에 4개, 아메리카에 3개, 호주와 뉴기니에 1개씩, 나머지 6개는 아시아다. 이 지리분포는 후기 구석기시대의 인류 즉 현생인류가 확산해온 역사와 겹쳐 볼 수 있다. 어족 문제는 언어학에서도 가장 논쟁적인 부분이어서 지역적으로 보느냐 지구적으로 보느냐에 따라 이 수치는 약간 바뀔 수 있다. 또 언어가 바뀌는 속도는 빨라서 패이젤과는 달리 6천 년 이상 거슬러 올라가 어족의 관계를 연구하는 일은 어렵다는 사람도 있다. 그럼에도 어족을 가능한 한 거슬러 올라가 그것을 통합하는 초어족에 대한 연구가 활발하게 이루어지고 있다.

그린버그가 제창한 유라시아 대어족Eurasiatic languages에는 인도유럽어족, 우랄어족, 알타이어족, 일본어, 한국어, 에스키모와 축치어족이 포함되어 있다. 이것과는 독립적으로 러시아 언어학자들이 생각하는 노스트레이트대어족Nostratic languages에는 인도유럽어족, 우랄어족, 알타이어족에 더해 드라비다어족, 코카서스어족이 포함된다. 두 개의 대어족은 유라시아대륙에서 아프리카 북부에 걸쳐 겹쳐있고 동쪽과 서쪽 끝에 격차가 있기는 하지만 본질적으로는 일치한다.

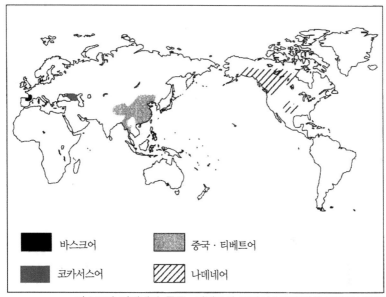

바스크어, 나데네어, 중국·티베트어, 코카서스어에 대한 현대의 분포도
카발리-스포르차는 이들 언어군이 노스트레이트, 유라시아 대어족에 속하는 언어의 보급에 의해 대륙이 분단되기 이전의 아주 먼 시대에 대어족을 형성했을 것으로 추측한다.
(루카 & 프란체스코 카발리-스포르차 앞의 책 참조)

여기까지 이르게 되면 단일 언어의 존재 여부에 대한 문제는 현실감 있게 다가온다. 이 물음에 답하고 있는 이가 그린버그고 그는 모든 언어에 공통된 어근을 제시함으로써 단일 언어의 존재가능성을 시사하고 있다.

그린버그가 모든 언어의 핵이라 생각한 것은 tik이라는 형태로 이는 손가락, 손, 팔 혹은 하나라는 의미다. tok-나일·사하라어족, ik-우랄어족, tik-중국·티벳어족 등 다양하게 변화하면서도 의미는 '하나'다. te-일본어, ti-오스트로아시아어족, tong-인도·태평양어족에서는 '손'을 의미한다. 하나의 어근이 동시에 손가락과 하나를 의미하는 것은 숫자 1을 나타내는 데 보통은 검지를 쓰기 때문이다. 이 외에 신체기관의 명칭 말고도 바뀌지 않는 어근으로서 일상생활과 깊은 관련이 있는 물이나 젖을 의미하는 것이 발견되고 있다.

단일 언어가 많은 학자의 동의를 얻기까지는 상당한 시간이 걸릴 것이고 또는 영원히 얻지 못할 수도 있다. 그린버그가 하나의 어족이라 판단한 것을 60으로 헤아리는 학자가 있을 정도다. 그러나 언어 다양성이라는 나무 속에서 두꺼운 하나의 줄기를 찾으려는 꿈이 사라지는 일은 없을 것이다.

유전자의 나무와 언어의 나무

대어족에는 이 외에도 데네 · 코카서스어족Dené-Caucasian languages이라는 대어족이 상정되어 있다. 북미 나데네어족, 코카서스어족, 중국 · 티베트어족과 예의 바스크어족이 포함된다. 이 대어족이 유라시아대어족이나 노스트레이트대어족 이전 약 3만 년 전에 존재했을 가능성을 주장하는 이는 유전학자 루카 카발리-스포르차다. 같은 스탠포드대학에서 그린버그의 대어족설을 강력하게 지지하는 카발리-스포르차는 바스크어가 유럽으로 진출한 최초의 현생인류 크로마뇽인 언어의 후예일 것이라고 추측하는 것이다. 만약 그렇다고 한다면 바스크라는 언어는 약 3만 년에 걸쳐 사용되었다는 것을 의미한다. 예의 이카슈톨라가 분발하는 까닭도 일리가 있는 것이다.

카발리-스포르차가 그토록 대담한 의견을 근거 없이 제출할 리 만무하다. 그도 그럴 것이 그는 최근에 세계 각지에 분포하는 인간집단의 유전자 분석을 통해 마침내 인류의 유전계통도를 그리는 데 성공했기 때문이다. 카발리-스포르차 연구팀은 대략 1,500개 집단에 대해 유전적 데이터를 채집하고 여기에 언어적인 기준을 더한 결과 인류를 42개의 그룹으로 분류하는 데 성공했다. 나아가 그들 집단 간의 유전적인 차이를 비교하여 최종적으로 27개 그룹으로 정리했다. 그 성과를 바탕으로 그는 유전계통도와 언어계통도 사이에 관계가 있다는 결론을 내렸다. 예를 들어, 어족이나 대어족은 유전계통도의 27개 줄기의 끝 쪽 즉 비교적 최근에 갈라진 줄기를 정리한 것과 일치한다.

물론 모든 규칙에 예외가 있듯이 유전-언어계통도에도 예외는 있다. 그 하나가 사미인Sami people이다. 유전계통도에서 사미인은 유럽인과 같은 계통의 줄기에 속하면서 언어계통에서는 우랄어족과 묶인다. 카발리-스포르차는 유전학적 데이터를 근거로 사미인과 시베리아인 사이의 혼혈을 인정하면서 순록 유목을 중심으로 한 그들의 문화가 언어적 특수성을 낳았을 가능성이 있다고 지적한다.

언어학과 유전학이 만나는 곳은 따지고 보면 진화라는 지점일 것이다. 예를 들면, 단어의 전달방식은 물에 돌을 던졌을 때처럼 중심에 있는 기원에서 바깥쪽으로 퍼져간다는 언어진화이론이 있다. 어떤 단어가 다른 언어 속으로 들어가는 경우, 다시 말해 언어의 차용이 빈번하게 일어나는 현상이다. 일본어는 그 좋은 예의 하나일지도 모른다.

이에 대응하는 것으로서 카발리-스포르차는 유전학에서의 '거리에 따른 분화'를 지적한다. 지리적으로 가까운 사람들은 빈번하게 접촉하고 그 때문에 멀리 있는 사람들보다 유전적으로 서로 닮아가는 현상이다. 가까이에 사는 집단의 다른 언어는 상호 영향을 주고받는다. 두 집단 간 유전적 거리는 지리적 거리의 증대와 더불어 벌어진다는 이론이 언어에 대해서도 유효할 것이라는 주장이다.

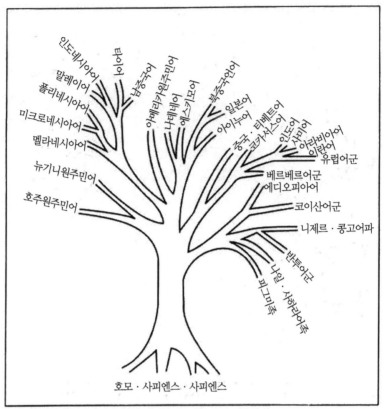

인도네시아어
말레이아
폴리네시아어
미크로네시아어
멜라네시아어
뉴기니원주민어
호주원주민어
타이오
남중국어
아메리카원주민어
나데네
에스키모어
북중국어
일본어
아이누어
중국·티베트어
코카서스어
인도어
드라비다어
아랍비아어
이란어
유럽어군
베르베르어군
에디오피아어
코이산어군
니제르·콩고어파
반투어군
나일·사하라어족
피그미족

호모·사피엔스·사피엔스

세계의 주요 인류집단의 유전적 관계도 및 어족과의 대응관계

또 생물진화에서의 돌연변이에 대응하는 것으로 언어진화에서는 비슷한 현상으로서 언어의 확산을 든다. 하나의 언어 형태, 예컨대 동사의 변화형이 다른 언어로 확산해가는 것이다. 이 현상은 일정한 방향으로 확산해 가는 까닭에 언어적 표류linguistic drift라 불린다. 비슷한 예로 퀘벡을 방문한 프랑스인을 놀라게 하는 현상 중 하나로 여성형의 확산을 들 수 있다. 퀘벡 사람들은 프랑스어를 창조적으로 지키고 있다며 감동하는 프랑스인을 만난 적이 있다. 프랑스에서는 알려지지 않은 여성형을 퀘벡의 사람들은 만들어내고 있는 것이다.

기억, 이동의 너머로

앞의 패이젤 등은 단어를 유전자와의 유추로 생각할 정도인데 그러나 언어의 진화는 대부분의 경우 자연도태가 아닌 문화도태로서 일어난다. 카발리-스포르차도 엄밀히 말하면 사전에 변화의 가능성을 갖고 있지 않은 유전적 표류는 언어적 표류와 본질적으로 다르다고 밝히고 있다. 여하튼 언어는 이주와 상호 영향 등 그 내부에서 언어의 이동을 일으키면서 변화해간다. 카발리-스포르차는 언어진화와 유전자진화가 병행하는 이유를 언어에 내재하는 이 이동성에서 찾으면서 다음과 같이 주장한다.[7]

> 현생인류가 확산하는 과정에서 새로운 지역과 새로운 대륙은 태어난 고향의 공동체로부터 벗어나 새로운 토지에 정착한 집단에 점령되었다. 거기에서 별개의 집단이 생겨나 훨씬 먼 장소로 나아간다. 이와 같이 차례차례로 이어지는 일련의 분리나 이동을 통해 먼 지역에 이르게 되는데 너무 먼 까닭에 태어난 고향의 토지나 집단과 관계를 유지하는 일은 곤란하거나 불가능했다. 이렇게 형성된 많은 집단의 고립화는 피하기 힘든 두 가지 현상을 결정지었다. 유전적 차이의 형성과 언어적 차이의 형성이 그것이다. 양쪽의 현상 모두 독자적인 길을 더듬어 독자적인 활력을 유지해 왔는데 이 차이의 원인인 분리의 역사는 양쪽에 공통된다. 유전자를 통해서와 마찬가지로 언어를 통해 복원되는 역사는 바로 분리의 역사여서 어쨌든 같아질 수밖에 없다.

퀘벡 주를 차로 이동하면서 처음으로 생각이 미친 것인데 캐나다에서도 이곳만 차 번호판이 색다르다는 점이다. 모든 번호판의 숫자 아래쪽에 표어 같은 것이 씌어 있다. Je me souviens!

처음에 봤을 때는 제법 멋지다고 생각했는데 교차로에서 이웃하고 있는 모든 차량에 '나는 기억하고 있다'는 문구가 박혀 있어 대체 이게 뭔가 하고 놀랐다. 물어보았더니 퀘벡 사람들이 어떻게 프랑스어를 지켜왔는지를 '기억하고 있다'는 의미라고 한다. 그것을 가르쳐 준 사람은 세인트로렌스 강Saint Lawrence River 벽지에서 민박을 하고 있는 청년이었다.

그는 숙박업을 겸해 북아메리카 원주민풍의 나무 조각이나 판화를 팔고 있었다. 그의 헤어스타일이나 옷매무새에서 영락없이 거류지 출신의 캐나다 토착원주민Aboriginal Canadians일 것이라고 생각했더니 사내는 알제리 출신의 이민자였다. 확실히 같은 프랑스어권으로서 알제리 출신이 적지 않다. 그리고 수년간 이곳에 살면서 그는 알제리/북미원주민이 되는 길을 선택한 것이다. 그의 자동차 번호판도 'Je me souviens'였다.

그러면 그는 무엇을 기억하고 있는 것일까. 각각의 이민자들이 각각의 언어를 회상하고 있을 것이다. 알제리 사람은 알제리의 이란 사람은 이란의 타이완 사람은 타이완의 현재와 과거를 이동과 분리를 적응과 변화의 역사를 핸들을 잡고 회상하고 있을 것이다. 언어와 회상과 이동이 이정도로 순수하게 결합되어 있는 광경은 문명의 희망이 아닐까.

우리의 여행에 끝은 없다. 따라서 우리는 이동과 분리의 저 너머에 아직 보지 못한 지평을, 기억의 자동차가 달리는 풍경을 상상해도 좋을 것이다.

원주

1) 소수언어의 소멸문제에 대해서는 1996년 2월에 파리에서 열린 〈언어엑스포〉에서의 다양한 보고를 참고했는데 특히 발표된 연구보고 중 일반인을 대상으로 정리한 다음 자료의 도움이 컸다.
'2000 Languages en péril'(위기에 처한 2,000의 언어), "Courrier International," 1996 증간호

2) Gail Vines, 〈사멸하는 별처럼 사라지는 문화〉, "New Scientist," 1996

3) 바스크어에 관해 벤야민은 〈언어사회학의 문제〉에서 프랑스의 언어학자 조제프 방드레아스Joseph Vendryes(1924년)의 다음과 같은 기술을 인용한다.
"니콜라스 마르Nicholas Marr는 언어를 그룹으로 분류하고 그것들의 친연관계를 추적하려 했다. 그 작업은 그것을 코카서스권역을 훨씬 넘어선 데로 이끌었다. 그리고 그는 산악지대에 있어 외부의 침입을 거의 받지 않는 지방에 보존되어온 코카서스의 여러 언어와 바스크어는, 인도유럽어족이 유럽으로 침입해오기 이전에 정주하고 있던 거대한 어족의 상호 분리되어 버린 흔적이라는 결론을 도출했다. 그는 이 어족을 야벳어족Japhethites이라 명명할 것을 제안했다. (중략) 기억에 남아있지 않은 태고의 시대에 이 어족에 속하는 민족의 대무리가 친연관계에서 연쇄적인 분가를 이루면서 끊임없이 피레네 산맥에서 (중략) 아주 먼 아시아의 여러 지역까지 이동했을 것이다. 이 광대한 지역에서 야벳어족은 인도유럽어의 선조였다고 주장하는 것이다."
이 야벳어족을 나중에 다루게 될 카발리-스포르차와 그린버그의 거대어족론과 비교하면 언어사회학을 준비하는 벤야민의 조감능력에 놀라게 된다. 그는 1940년 임종의 땅이 되고만 피레네 산중에서 어떠한 언어를 들었던 것일까?
Walter Benjamin 著, 久野収編集解説, 〈言語社会学の問題〉, 《ヴァルター・ベンヤミン 著作集 3 言語と社会》, 晶文社, 1981

4) Gail Vines의 앞의 논문 〈사멸하는 별처럼 사라지는 문화〉

5) 이에 대해서는, Steven Pinker 著, 椋田直子 訳, 《言語を生みだす本能The Language Instinct: How the Mind Creates Language, HarperCollins, New

York, 1994》, 日本放送出版協会, 1995를 참조하기 바란다.

6) 카발리-스포르차와 그린버그에 대해서는 이하를 참고했다.
Luca Cavalli-Sforza · Francesco Cavalli-Sforza 著, 千種堅 訳,《わたしは誰, どこから来たの: 進化にみるヒトの「違い」の物語 *Chi Siamo: La Storia della Diversita Umana*, Codice Edizioni, Torino, 1993》, 三田出版会

7) Luca Cavalli-Sforza · Francesco Cavalli-Sforza, 앞의 책, p.339

저자후기

　기억의 문제에 대해서 가능한 한 글로벌한 접근을 시도하고자 한 결심은 '군중'이나 '촉각' 등의 주제가 등장하기 이전부터 늘 품고 있었던 것이다. 그러나 그것들을 구체화하기 위해서는 우선 다양한 기억의 현장을 관찰하는 것이 불가결했고 그 관찰의 결과는 종종 사진가로서의 표현으로 바뀌어 버리는 경우도 있었다. 예상을 뛰어넘는 시간을 소비하는 결과를 낳은 것은 생각해보건대 기억이라는 문제를 탐구하는 작업 자체가 자기 자신의 기억에도 영향을 미친다는 상호작용 때문일 것이다. 이 책 곳곳에 등장하는 적도나 대서양 연안을 도는 여행의 삽화는 이 상호작용의 반영이다.

　항상 그렇듯이 시행착오의 여행 도중에 얻을 수 있었던 많은 분들의 귀중한 협력이 없었다면 이 책은 완결될 수 없었을 것이다. 샤를 마통과 루이스 포와로 두 분은 시간을 아끼지 않고 기억에 대한 각자의 생각을 피력해주셨다. 두 분과의 만남을 통해 비로소 '기억이란 창조다'라는 명제에 대한 구체적인 느낌을 획득할 수 있었다. 그 대화들을 포함하여 이 책의 내용에는 부분적으로 발표한 것들도 있다. 결과적으로 내용을 대폭 수정한 탓에 첫 발표문들에 대해서는 일일이 밝히지 않겠으나 이 책과 관련된 모든 담당자 분들께 감사의 말씀을 전하고 싶다.

　이 책의 바탕을 이루는 기억이론으로서의 신경다위니즘에 대해 배울 수 있었던 것은 주로 파리의 병원이나 진료소에서 치료와 간호에 애쓰시는 분들의 도움이 컸다. 여기에 그분들의 이름을 호명하는 대신에 한 지인에 대한 메모를 남기고자 한다.

프랑수아는 내가 처음으로 연 전시회에서 만난 남성이다. 그 때 그는 60세를 앞두고 있었는데 젊었을 때부터 피레네 산맥의 시골에서 가이드로 활동한 신체는 전혀 나이 들어 보이지 않았다. 그런데 그로부터 정확히 5년이 흐른 어느 날 나는 프랑수아가 기억을 잃어가고 있다는 소식을 들었다. 이 책을 탈고한 뒤 한 여름의 바스크 지방으로 간 나는 즉시 고향 마을에서 요양 중인 그를 찾아갔다.

순례지로 유명한 루르드Lourdes에서 다시 산속으로 들어간 마을에 그는 부인, 자식들과 살고 있었다. 집안의 문이란 문은 죄다 그림을 그린 종이가 붙어 있었다. 프랑수아는 그 문들 너머에 식당이 있는지 침실이 있는지조차 알지 못하게 된 것이다. 그는 나를 기억하지 못했다. 나뿐만이 아니라 하루 종일 그를 돌보는 부인이나 자식들의 이름조차 까딱하면 잊어버릴 정도였다. 하지만 수차례에 걸친 수술을 동반한 검사도 원인불명이라는 결과로 끝났다. 무슨 일이 일어났는지 본인도 주위 사람도 이해하지 못한 채 그의 기억력은 1년도 되지 않아 급속히 떨어져 버렸다.

마을의 중심부에는 15세기에 지어진 수도원이 자리하고 있다. 그리고 프랑수아는 수도원 내부에 들어가 있는 동안에만 가까스로 과거의 기억을 되돌릴 수 있었다. 그 수도원은 내부의 치수가 모두 기독교 교의를 상징하도록 만들어져 있어서 그러한 상징체계나 내력을 꿰뚫고 있었던 그는 20년이 넘도록 그에 대한 안내를 했던 것이다. 중세의 수도사들이 빠르지 않은 리듬으로 걸으면서 체득하고 있었을 기억의 공간! 그 공간이 지금 프랑수아의 기억을 도우려하고 있는 것일까.

하지만 눈을 감은 채 필사적으로 기도문을 떠올리려는 그를 앞에 두고 나는 속수무책이었다. 알츠하이머병을 포함한 기억장애로 고통 받는 사람들은 오늘날 점점 증가추세에 있다. 기억의 창조적인 측면에 주목하는 입장에서 이 문제를 어떻게 대처해 갈 것인가가 앞으로의 과제임을 나는 간호에 전념하는 사람들과의 대화를 통해 깨달았다.

그들을 비롯해서 본문에는 이름이 없지만 기억이라는 주제를 둘러싸고 대화 상대가 되어준 사진가나 작가, 연구자들 그리고 여행지의 나그네를 반겨준 모든 분들께 감사드리는 것은 내 의무다. 그리고 이렇게 거듭되는 여행을 위해 자칫하면 중단될 뻔한 집필을 참을성 있게 기다려준 이는 고단샤講談社 편집부의 소노베 마사카즈園部雅一 씨다. 그의 조언이 없었더라면 내가 기획한 글로벌한 접근은 책의 형태를 갖추지 못했을 것이다. 마음속 깊이 감사드린다.

마지막으로 이 책의 데 쿠닝의 분석과 에필로그의 언어문제 부분은 바스크 지방, 퀘벡 주, 유럽 각지로의 여행을 바탕으로 이루어졌다. 이들 취재와 관찰은 나를 바스크 문화로 이끌어준 아내 카트린이 없었다면 불가능했다. 혹시 이 책이 저자와는 독립된 '기억'을 갖고 있다면 그것은 종종 어려움을 동반한 여행에 함께해 준 그녀와 아이들의 기억과 연결되어 있음을 밝히며 작은 감사의 표시를 남기고자 한다.

1996년 10월 도쿄에서
미나토 지히로

근대적 시간과 문화적 기억

1. 과거의 시간과 미래의 시간

북미 인디언 호피 족의 시제는 항상 '현재'라고 알려져 있다. 그들이 쓰는 말에는 과거나 현재, 미래를 명확하게 구별하는 시제의 표현이 없이 언제나 현재형으로 말한다거나, 파푸아뉴기니의 트로브리안드 군도 Trobriand Islands에서는 사건이 일어난 날짜를 'x댁이 어린이였을 때', 'y군이 결혼한 해'라는 식으로 표현한다.

또 케냐 출신의 존 음비티John Mbiti는 아프리카 사람들이 '현실의 시간'은 현재와 과거의 것이라고 구분, '과거에 일어났던 일'과 '지금 일어나고 있는 일'로 이해한다고 보고하고 있다.

소위 그레고리안력을 사용하고 있는 근대 이후의 시간에도 각 문화권에서는 그들만의 독특한 시간관념이 여전히 존재한다. 시간관념은 각각의 현실에 발 딛고 살아왔던 사람들의 공간과 사물, 사건에 대한 체험과 분리하여 설명할 수 없다. 해변가 갯벌을 끼고 살았던 사람들은 '조금' '사리' 등, '물의 시간—물 때'를 기억한다. 그들의 '물 때'는 그 시간에 따라 드러나는 갯벌의 '공간적 넓이'와 정확히 일치한다.

이렇듯 과거와 현재 그리고 미래를 규정하는 근대적 시간관념이 어느 문화권 안에서나 유일할 수 없는 이유는 각각의 역사적 시간체험이 갖는

'비 균일성' 때문이다. 시간의 비 균일성 문제는 일찍이 그리스 사람들의 시간관에서도 나타난다. 크로노스chronos의 시간과 카이로스kairos의 시간 그리고 아이온aion의 시간이 그것이다. 크로노스의 시간은 지극히 일상적인 시간이다. 그것은 균질하게 흐르는 선적인 시간이며 근대인들이 규정한 '시계적 시간'과 동일하다. 하루, 한 달, 일 년 등 흘러가는 '단위'의 시간인 것이다.

그러나 카이로스의 시간은 '시각'에 가깝고 결정적인 '그 때'를 의미한다. 그것은 곧 '사건'의 시간인 것이다. 이에 반해 아이온의 시간은 매우 '질적인 시간'이며 지극히 개인적인 체험의 시간이다. 이때의 시간은 균질하지 않으며 '일각이 여삼추' 같기도 하고 '도끼자루 썩는지 모르는 시간'이 되기도 한다. 또 지극히 밀도 있는 체험이 되는 경우 '순간 속에 영원이 담기는 시간'이 되기도 한다. 감동 깊은 예술작품 앞에서 전율을 느낄 때 그 시간은 '수직적으로 고양'되는 시간이 된다.

세계를 균질한 것으로 규정하는 근대의 시간은 크로노스의 시간에 가까우며, 찰리 채플린의 '모던 타임즈'가 시사하 듯 그것은 이 세계의 생산 시스템과 관계가 있다. 최근 북미 체험주의 철학자 조지 레이코프와 마크 존슨Lakoff and Johnson(1980)은 오늘날 우리에게 지배적인 시간관념이 돈, 한정된 자원, 상품이라는 세 가지 메타포와 연관되어 있으며, 자본주의 아래에서 시간과 돈은 교환 가능한 상품으로 되어가고 있다고 주장했다. 근대 도시에서 중요한 시간은 열차의 시간, 상인의 시간, 교회의 시간, 노동의 시간 등이었으며, 이는 표준화된 역법체계와 표준시를 필요로 하는 시간이었다. 이는 직선적인 시간, 양화된 시간으로 표준화, 일반화를 추구한다.

반면 카이로스의 시간은 '그 때'를 규정한다. 곧 어느 특정한 '사건'을 중심으로 기억되는 시간인 것이다. 이 때 '사건'은 문화공동체 안에서 공유되는 시간으로 '공동체적 사건의 시간'이 된다. 문화적 기억을 얘기한 얀 아스만Jan Assmann의 말을 빌리자면 '당대'를 살아온 사람들이 공통으로 기억하는 '소통의 시간'이 된다. 소위 '휴거론자'들이 회개를 외치며 기다렸던 '그 때'도 카이로스의 시간이다. 허무하지만 그들에게 '그 때'는 그들의 종교 공동체 안에서는 '결정적 시간'이었던 셈이다.

　아이온의 시간체험은 비교적 개인적이다. 그러나 그 강도는 매우 강한 것이어서 순간에 '수직적 고양'을 체험하게 되는 시간이다. 120분 정도밖에 안 되는 스탠더드 영화 한 편을 감상하면서 우리는 한 시대의 역사를 보기도 하고, 한 개인의 일생을 체험하기도 한다. 때로 그 '예술적 시간'은 우리 앞에서 순서대로 나타나지 않기도 한다. 미래가 먼저 오고, 과거로의 회상이 이루어지다가 현재적 시점이 눈앞에 드러나기도 한다. 하지만 우리는 그러한 시간의 뒤섞임을 아무런 혼란 없이 받아들이며 영화감상이 끝나는 순간 뒤죽박죽이던 시간의 배열을 우리 내부에 순차적으로 정렬하게 된다.

　시간에 관한 모든 경험이 균질하지 않은 까닭은 우리들의 체험이 서로 다른 까닭이며 그것은 우리들의 시간 체험이 각각 다른 공간, 장소, 사물, 사건과 함께 이루어지기 때문이다. 그러한 시간과 공간의 축이 교차되는 지점의 수많은 기억과 기록들을 우리는 '역사'라고 말한다. 곧 역사는 시간의 축 위에 형성된 사람들의 공간, 사물, 사건에 대한 '체험의 이야기들'인 셈이다. 그러한 체험의 기록들은 현재적 삶에 성찰의 기회를 제공하며 늘 새롭게 해석될 수 있는 가능성을 열어두게 된다. 여기에서 '해석'의 의미는 단속적이고 자의적인 해석을 의미하지 않는다.

　해석학자 가다머Hans Georg Gadamer는 그의 저서《진리와 방법Wahrheit und Methode》에서 '상호 영향사적 인식'이라는 개념을 설정, 역사에 대한 이해가 그것이 일어났던 상황으로부터 출발하면서 추후 이해되는 것과의 사이에서 서로 '지평융합Horizontverschmelzung'을 불러 일으켜야 한다고 주장했다. 이 지평융합의 방법은 원전과의 대화를 통해서만 스스로의 편견을 깨우치고 이를 극복할 수 있다는 의미이다. 그러나 여기에서 또 다른 편견이 일어날 수 있으므로 끊임없이 대화를 이어 나가야 된다고 역설한다. 가다머에게 지평Horizont이란 '역사적 존재로서 인간이 처해 있는 상황과 한계성'을 의미하는데 지평이야말로 해석적 지반이 되고 해석학적 상황이 된다고 보고, 지평융합이란 '역사적 텍스트에 나타나는 지평과 해석자의 지평이 만나는 것'으로 '몰입', '배제', '적용'의 과정이 필요하다고 주장한다.

'몰입'은 우리가 현재의 지평에서 다른 지평으로 몰입하는 과정으로 이를 통해 자신의 개별성을 극복하고 타자의 개별성도 극복하여 한층 더 높은 보편성으로 고양되는 것을 의미하며 그 과정에 자신을 '배제'시키고 해석자들은 낯선 지평으로 들어가 그와 현재 상황 간의 거리를 극복하고 역사적 텍스트가 말하고자 하는 것에 자신을 맞추어 가는 '적용'이 필요하게 된다는 것이다.

시간을 거슬러 과거의 기억과 기록을 끊임없이 '소환'하여 보다 높은 보편적 진리에 이른다는 가다머의 지평융합을 하버마스Jurgen Habermas는 '반성의 힘', '비판의식'의 결여라고 주장했다. 가다머가 말한 인간은 역사적 존재로 어느 주어진 지평 위에서 이해작용을 수행해가지만 그 '전이해前理解'를 반성하고 비판하지 않으면 안 된다고 말하고 있다. 그는 '가다머의 진리와 방법에 대하여'라는 글에서 가다머의 해석학은 '비판과 반성이 결여'되어 있으므로 그의 이해의 개념은 단지 '전통에의 동화'를 의미한다고 지적하였다.

'비판적 사회이론'으로 확장된 하바마스의 이러한 이론은 인간의 이해 현상에 대한 해명으로 해석학적 기능을 사회비판적 이론으로 전환했다는 의미를 가진다. 또 이전의 철학적 해석학이 전통의 매개 작용을 꾀하며 현재에 대한 과거의 의의를 결정하려 노력했다는 점에서 과거 지향적이라고 한다면, 하버마스의 비판적 해석학은 현실을 단순히 해석하기보다는 보다 나은 사회를 위해서 현실에 대한 변혁을 추구한다는 점에서 미래지향적이라고 볼 수 있을 것이다.

2. 불편한 현재와 문화적 기억

굳이 하버마스의 예를 들지 않더라도 역사적 사실에 대한 현재적 해석은 자족을 위해 필요한 것이 아니다. 그것은 때로 매우 불편한 얼굴로 우리에게 드러나며 그 불편함을 감수할 용기를 지닐 때 의미 있는 성찰의 기회를 제공한다. 즉, 불편함을 들어 불편함을 극복할 수 있게 하는 근거가 되는 것이다.

일례로 프랑스 경우를 보면, 2차대전 종전 후 프랑스는 과거 청산이라는 이름 아래 전국적으로 32만 명의 나치 부역자를 색출했고, 그 중 12만 5천 명이 실제로 재판을 받았으며 약 9만 5천명이 실형을 받았고 770명이 처형되었다. 4만 명 이상이 징역형을 받았고, 5만 명 이상이 공민권을 박탈당했다. 그 외에도 해방 직전과 직후의 길거리 인민재판에서 8천여 명이 처형되었다. 그 후 1947년부터 분위기가 바뀌어 사면법이 시행되고, 1953년 2차 사면법이 통과되어 1956년에는 단 62명만이 감옥에 갇혀있었다. 그러나 처벌만으로 시대적 정체성을 성립시킬 수 없었던 프랑스는 '레지스탕스'에 유일한 정통성을 부여하고, 그것을 곧바로 '공화국 프랑스' 즉 '프랑스 혁명'과 동일시하기 시작했다.

거기에는 드골로 대표되는 레지스탕스의 개념만 있을 뿐 나치의 침략에 대한 기억, 독일 포로수용소에 갇혀있다 귀환한 병사들, 독일에서 강제노동에 시달렸던 75만 명의 프랑스인들의 목소리는 없었다. 더욱이 프랑스 남부의 비시 정권이 나치에 자발적으로 협력했던 과거는 망각 속으로 잠기는 듯 했다. 그러나 68혁명으로 불리는 프랑스의 문화적 내전은 1969년 마르셀 오퓔스Marcel Ophüls가 감독한 다큐멘터리 〈비탄과 연민The Sorrow and The Pity〉을 통해 그간에 감춰져 있던 프랑스의 맨 얼굴을 고통스럽게 들춰내고 말았다. 드러난 사실은 세 가지였다.

첫째, 나치 협력자들은 프랑스 민족의 배신자가 아니라 아예 친 나치였다는 것, 따라서 비시체제는 나치라는 외부적 요소에 의해서가 아닌 자발적, 내부적 산물이었다는 것, 둘째, 풀뿌리 레지스탕스들은 상당 부분 '사회 부적응자들'이었다는 증언, 셋째, 영화에 등장한 증언자들의 발언에 의하면 비시정권의 반유대주의 정책이 온전히 그들의 신념에서 나온 것이라는 사실이었다. 곧 그 영화는 레지스탕스에 대한 '반 신화'가 되었고 '레지스탕스 속에서 통일된 프랑스 민족'이라는 신화를 '비겁함 속에서 통일된 프랑스 인'이라는 새로운 신화로 바꿔놓고 말았다. 그 영화가 제기한 것은 역사적 진위 이전에 '기억'의 문제였다. 결국 1970년대를 지나며 비시정권과 홀로코스트는 프랑스의 역사, 프랑스의 악몽이 되었지만 감춰진 불편함을 스스로 드러냄으로써 '망각된 시간의 축'을 되살려놓을 수 있게 되었던 것이다(앙리 루소, 《비시 신드롬》, 2007. 휴머니스트. 김학이: 문화적 기억과 학습 참조)

1, 2차 대전의 악몽과 나치 점령의 기억을 망각하고 레지스탕스에 정통성을 부여하여 그것을 곧바로 루이 16세 시기의 '프랑스 혁명'이라는 역사적 사실과 연결시키려 했던 '망각의 정치'는 곧 '시간'에 대한 '기괴한 압착'이자 '문화적 기억'의 문제를 제기한다. 얀 아스만은 인간의 기억을 4가지 차원으로 분류한다.

첫째는 '모방적 기억'으로 도구의 사용법 등 인간의 일상 행위를 가능하게 해주는 학습기억이며, 둘째는 '사물의 기억'으로 거주하는 공간과 가구, 집, 도로 등 인간이 자기 자신에게 부여한 시간적 차원을 갖는 기억이다. 셋째는 '소통의 기억'으로 한 시대가 자기 시대의 과거에 대해 보유하고 있는 기억으로 여기까지의 기억들은 신체적이고, 공간적이며 다분히 개인적인 기억에 가깝다. 마지막 '문화적 기억'은 앞의 세 가지 기억들이 '의미'를 통해 전환되는 집단적, 사회적 기억이다.

그에 따르면 문화 공동체 내에서 모방적, 관습적 행위가 제의祭儀적 차원으로 전달될 때 의미가 부여되며 문화적 기억이 형성된다. 그에게 영향을 주었던 모리스 알박스Maurice Halbwachs의 견해를 좇아가 보면 '사회적 기억'은 기억의 대상이 되는 사건이 발생한 뒤 일정한 시간이 흐른 후 사후적으로 재구성되며 그 기억은 집단적인 것으로 사회가 기억을 '제작'한다는 것이다. 또 기억이 만들어지고 전승되기 위해서는 일련의 장치가 필요한데 상징, 텍스트, 그림, 의례, 기념비 그리고 장소 등이 그것이다.

기억이 그렇듯 '고안된 것'이라면 기억은 의지적이고 거기에 내포된 의도는 '서사적 구조'를 지닌다. 이렇듯 기억이 특정집단의 의도 아래 성립된다면 기억은 분명히 선택적이며 그 선택적 기억은 '여타의 것에 대한 망각'을 전제로 한다. 따라서 특정집단에 의해 재구성된 기억은 분명히 권력적이다. 물론 기억은 변화하지만 사회적 기억은 변화에 한계가 있고 사회적 구성이 전면적으로 변경될 때에만 근본적으로 바뀔 수 있다. 결국 사회적 기억이란 문화구성체가 지니는 '집단 정체성'이라는 말로 귀결된다. 또 문화구성체 속에서 유통되는 공동 의미 속에는 항상 '지혜'와 '신화'가 존재한다.

지혜는 '어떻게 행동해야 하는가?'라는 물음에 답하는 '규범적 격언'이며 신화는 '우리는 누구인가?'에 답하는 '형식적 서사'다. 따라서 '규범적 의미'와 '문화적 의미'는 그 유통방식이 다르다. 규범적 의미는 일상의 소통 속에서, 문화적 의미는 기념비적 소통 속에서 유통된다. 다시 말하면 문화적 의미는 어떤 의도로든 연출되는 것이며 그 의미의 소통은 제도화 된다. 즉, 사회적 정체성은 문화적 의미에 의해 형성되며 문화를 전승해주는 기억이란 집단 정체성을 형성해주는 사회적 기억에 다름 아니다.

'소통적 기억', 즉 '당대적 기억'이 문화적 기억과 다른 점은 시간성에 있다. 문화적 기억은 '사후적으로 성립된 전언(傳言)'이다. 여기에는 역사적 과거가 어떻게 전승되느냐 하는 매우 중요한 문제가 도사린다. 문화적 기억 속에서 과거는 항상 현재와 동렬로 배치되어버리기 때문이다.

3. 지금과 이 곳 그리고 역사와 문화에 대한 우문

현대는 문화라는 말이 과잉된 시대이다. 이러한 까닭은 BC 4~5세기의 아테네나 14~5세기의 피렌체처럼 현대의 인류에게 갑자기 문화적 인식이 폭발했기 때문이 아니다. 그간 '자율성의 영역'으로 여겨졌던 문화가 '경제적 대상'으로 인식되기 시작하면서 의도적으로 문화의 생산과 유통 그리고 소비에 이르는 과정에 개입하기 시작했기 때문이며 그것은 근대적 시간과 표준화된 전지구적 자본주의 시스템 속에서 또 하나의 소비대상으로 떠올랐기 때문이다.

여기에서 문화와 역사는 가치에 대한 기억과 전승의 대상이 아니라 '생산의 현장'이 되었으며 삶의 방식으로서의 문화는 '생산의 원자재', '가공되어야 할 대상' 또는 '고부가 산업'의 대상, 즉 '상품으로서의 가치'를 획득하게 된 것이다. 가공되어야 할 대상에 한계 또한 없다. 역사, 장소, 공간, 스토리, 음식, 가옥, 의복, 의례, 심지어 인간의 신체와 의도된 자연 대상까지가 상품으로써 인식되기 시작한 것이다. 물론 이러한 인식변화의 배경에는 글로벌 시장경제의 급격한 변화가 자리 잡고 있다. 대략

1980년대를 전후하여 세계의 산업구조는 더 이상 이전의 모습으로는 경쟁력을 담보하기 어렵게 되었고 생산 시스템 또한 변화를 거듭하는 추세다. 많은 도시들이 보유하고 있던 생산시설과 생활기반 시스템은 더 이상 쓸모없는 애물단지가 되거나 용도전환을 요구받게 되었다. 발 빠른 국가와 도시들이 선택할 수 있는 전략은 한 가지였다.

"모든 것을 문화콘텐츠화 하라!"

슬로건에 따라 모든 것은 문화콘텐츠라는 중간재로 전환되기 시작했고 디지털 환경은 이러한 중간재의 CT와 ICT와의 결합을 용이하게 했다. 물류이동 비용과 한계비용이 거의 제로에 가까운 문화상품의 디지털 복제기술을 통해 새로운 시장은 개척되기 시작했다.

유네스코의 《창조경제 보고서*Creative Economy Report, UNCTAD*》는 창조경제라는 이름으로 이루어지고 있는 세계 각국의 문화산업 현장을 자세한 데이터와 함께 소개하고 그 성장추세를 국가별로 비교하며 일자리 창출과 생산성의 향상에 대해 소개하고 있다. 여기에서 개발도상국, 혹은 저개발국가에게 권고하고 있는 주된 내용은 '필요 없이 비싼 외국차관을 빌려 산업시설에 투자할 것이 아니라 너희들의 고유한 역사와 문화자원을 문화상품화 하라'는 것이다. 그 보고서 제작은 2008년 이후 2010~2013년 특별판에 이르기까지 지속적으로 이루어지고 있다.

군사력과 경제는 영토와 시장을 확보해야 하는 '하드 파워'로 외향적 힘이며, 역사자원과 문화는 '소프트 파워'로서 내향적 힘이라는 고전적 구분이 흔들리게 된 것이다. 여기에서 역사와 문화적 자산이 '규범적 격언'이건 '형식적 서사'이건 '경제적 가치'로 치환되는 현실 앞에서 역사와 문화의 다층적 의미망을 읽어내기에 필자의 언어는 너무 빈곤한 탓으로 몇 가지 불편한 우문을 스스로에게 던져봄으로써 이야기를 마무리 해보고자 한다.

첫째, 글로벌한 시장경제와 새로운 생산 시스템의 시간체계 속에서 역사와 문화는 가공되어야 할 문화상품의 자원일 뿐인가? 다시 말하면 장소와 사건, 사물과 사유, 시간과 공간 위에 교직되어왔던 사람들의 삶의 태도가 새로운 미래를 위한 성찰의 근거가 아닌 경제적 자원으로만 인식될 때 우리가 놓치고 있는 것은 없는가? 하는 문제다.

둘째, 디지털 기술을 필두로 한 새로운 기술체계의 등장으로 세계는 확실히 기술주도Technology Push의 사회로 급격한 변화를 겪고 있는 바, 이는 모든 문화적 촉각을 비물질화된 영역으로 끌어들이며 모든 것을 표준화시키고 인간의 신체적, 물질적, 감각적 영역을 쇠잔하게 만드는 것이 현실이라면 여기에 도사리는 위험은 없는가? 혹 지역문화의 신체화된 암묵지Tacit knowledge, 그 '문화적 기억'들을 통해 새로운 삶의 양식을 수요견인Demand-pull 할 수 있는 출구는 없는 것인가 하는 문제다.

셋째, 과문한 탓인지는 모르지만 최근 여러 곳에서 회자되고 있는 역사문화 자원의 활용과 지역재생, 도시 활성화 등의 논의에서는 주로 '공간의 축과 유형 자원의 개발 및 보존'이 거론되는 데 반하여 왜 '시간의 축 위에 선 사람들의 삶의 변화' 문제에 대한 논의는 빈곤한가? 하는 문제다.

이러한 질문이 필요한 것은 역사와 문화에 대한 성찰이 곧 그 시대의 시간과 장소에서 살았던 사람의 문제로부터 시작돼야 하는 것이라면 '과거에 일어났던 일'이건 '지금 일어나고 있는 일'이건 결국 '삶의 태도에 대한 가치설정의 문제'로 귀결된다고 믿는다. 과거에 대한 '기억'을 망각의 그물망을 찢고 '소환'해내야 하는 까닭은 현실에서 끊임없이 드러나고 있기 때문이다.

색인

창조적 기억
창조와 상기의 힘

초판 1쇄 인쇄 2017년 4월 5일
초판 1쇄 발행 2017년 4월 10일

지은이 미나토 지히로
옮긴이 김경주 · 이종욱
펴낸곳 논형
펴낸이 소재두
등록번호 제2003-000019호
등록일자 2003년 3월 5일
주소 서울시 영등포구 양산로 19길 15 원일빌딩 204호
전화 02-887-3561
팩스 02-887-6690
ISBN 978-89-6357-179-9 03380
값 18,000원

이 도서의 국립중앙도서관 출판예정도서목록(CIP)은 서지정보유통지원시스템 홈페이지
(http://seoji.nl.go.kr)와 국가자료공동목록시스템(http://www.nl.go.kr/kolisnet)에서 이용
하실 수 있습니다. (CIP제어번호: CIP2017007848)